Par tout le monde francophone

LE CANADA

LE QUÉBEC

L´Océan
Atlantique

L´AMÉRIQUE
DU NORD

St-Pierre-et-Miquelon

LA LOUISIANE

HAÏTI

LA GUADELOUPE

LA MARTINIQUE

LA GUYANE FRANÇ

L´Océan
Pacifique

Clipperton

L´AMÉRIQUE
DU SUD

LA POLYNÉSIE FRANÇAISE

Wallis-et-Futuna

Tahiti

LE MONDE
FRANCOPHONE

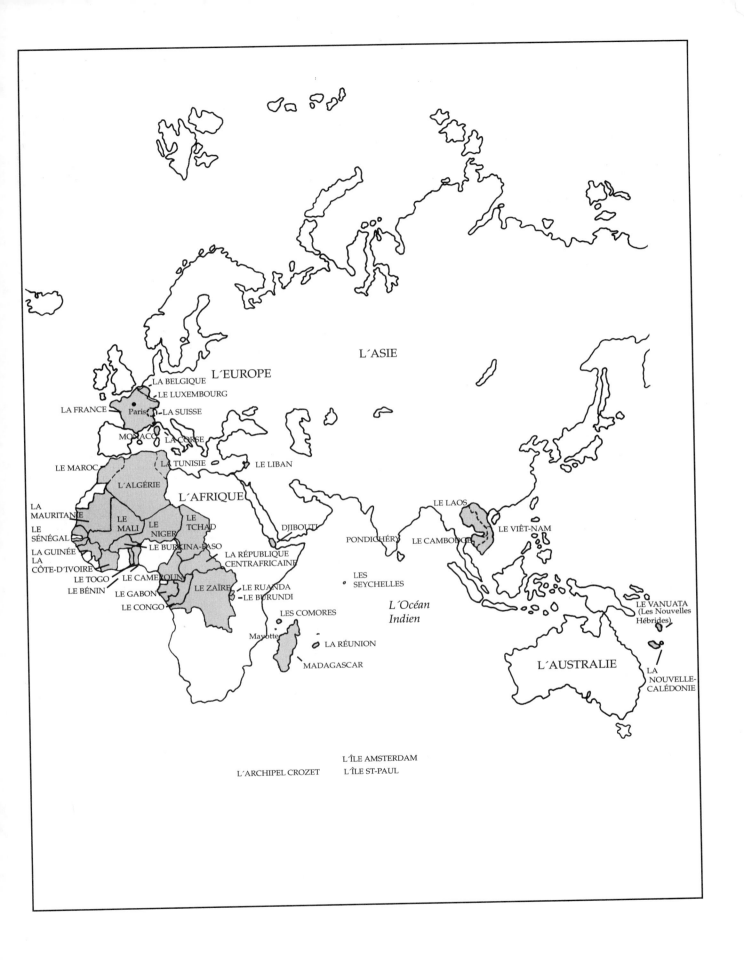

L'ASIE

L'EUROPE

LA BELGIQUE
LE LUXEMBOURG
LA FRANCE   Paris   LA SUISSE
              MONACO   LA CORSE
LE MAROC   LA TUNISIE   LE LIBAN
         L'ALGÉRIE   L'AFRIQUE
                                         LE LAOS
LA
MAURITANIE   LE VIÊT-NAM
LE   LE   LE   LE   PONDICHÉRY   LE CAMBODGE
SÉNÉGAL   MALI NIGER TCHAD   DJIBOUTI
LA GUINÉE   LE BURKINA-FASO
LA   LA RÉPUBLIQUE
CÔTE-D'IVOIRE   CENTRAFRICAINE
  LE TOGO   LE CAMEROUN   LES
  LE BÉNIN LE GABON   LE ZAÏRE LE RUANDA   SEYCHELLES
         LE CONGO   LE BURUNDI
                                    L'Océan
                         LES COMORES   Indien
              Mayotte   LE VANUATA
                          LA RÉUNION   (Les Nouvelles
                   MADAGASCAR   Hébrides)
                                         L'AUSTRALIE
                                              LA
                                              NOUVELLE-
                                              CALÉDONIE

                        L'ÎLE AMSTERDAM
         L'ARCHIPEL CROZET   L'ÎLE ST-PAUL

Consultants

Chantal J. Astore   The Sidwell Friends School
Constance K. Knop   University of Wisconsin-Madison

Par tout le monde francophone

Cours intermédiaire

Henry Lynn Herbst
Hale Sturges II

Par tout le monde francophone

Cours intermédiare

Addison Wesley Longman, 10 Bank Street, White Plains, N.Y. 10606

Cover photo credits: Left to right: © Jerry Meland/Word & Image Design; © The Stock Market/Bryan F. Peterson, 1993; ©CHC/A. Pichette.

Editorial director: Joanne Dresner
Acquisitions editor: Lyn McLean
Development editors: Julia Price, Nicole Dicop-Hineline
Senior production editor: Carolyn Viola-John
Production editor: Tina Barland
Text design: Curt Belshe
Cover design: Naomi Ganor
Text art: Stephen K. Swift, Len Shalansky
Map design: Donna Johnson, Kim Teixeira
Photo research: Aerin Csigay

ISBN-0-8013-1190-X case
ISBN-0-8013-1189-6 paper

2 3 4 5 6 7 8 9 10-CRW-00

Table des matières

Vocabulaire

Preface

Par tout le monde francophone introduces authentic, pertinent, and often amusing stories taken from the *Le petit Nicolas* series by Sempé and Goscinny, from *La Rue Cases-Nègres* of Joseph Zobel, and from African and Québecois authors. The development of vocabulary, syntactical structures, pronunciation exercises, and irregular verbs are stimulated by the cultural content of the stories and are constantly reinforced throughout each chapter in examples and creative exercises. The book is meant to be used as an entire program, but we also suggest using the films *La Rue Cases-Nègres* and *L'Argent de poche*.

Features:

- *Par tout le monde francophone* is written entirely in French.
- Topical vocabulary, expressions, and idioms are systematically presented, explained, and used throughout the book.
- Creative testing of vocabulary and structures abounds in numerous exercises in each lesson.
- Continual review of vocabulary and structures takes place throughout the book.
- Lively drawings stimulate varied linguistic responses.
- Theater games at the end of each lesson allow students to activate all vocabulary and structures.
- Vocabulary and structures are introduced through authentic, pertinent, and frequently amusing stories dealing with young French-speaking students, thereby giving knowledge of francophone cultures.
- There is a systematic introduction and drilling of irregular verbs throughout the book.
- The all-French definitions of words in the stories are located on the page facing the stories.
- The book is divided into 12 lessons making it adaptable to both a semester and a trimester system.
- Structurally oriented conversation exercises for each lesson and a *Tableau des verbes* are found in the appendix to the book.
- A glossary of the vocabulary introduced in each lesson with page references to its location in the text and a detailed index conclude the book.

Organization

A new story introduces each lesson. Expanded vocabulary and grammatical study develop from each story. Where appropriate, we have abridged the texts and have occasionally, but infrequently, altered the syntax to render the text more accessible to intermediate students.

Facing each page of story the pertinent vocabulary is explained in all-French definitions, through examples or by means of illustrative drawings. All starred definitions and non-defined vocabulary in the stories should be learned actively. In order to guide students in their initial reading comprehension, the teacher may suggest that students familiarize themselves with the questions *before* reading; in this way the questions become an inductive introduction to the stories. After having read and understood the story, students are asked to recreate it by responding orally to many questions, thus giving them the opportunity to use actively the structures and vocabulary introduced in each story. Topical vocabulary, pronunciation sections, and irregular verbs, stimulated by the content of the story, follow each questionnaire, thus actively reinforcing the theme of each story and lesson. The structures that are explained and drilled in each lesson are also keyed to those appearing in the stories, but are arranged in such a way that the first five chapters form an in-depth review and systematic reinforcement and expansion of the structures learned in a first-year course. The great quantity of creative exercises, including drawings and theater games, permits the students to practice actively and imaginatively the structures and vocabulary both at the time of presentation of the grammar and as a review at the end of each lesson. Each lesson contains a *Révision* section that elicits responses of specific vocabulary and structures in a controlled setting while permitting the students to begin creating more thoughtful or even original responses. The last set of exercises, *Discussions et création*, creates settings for the free flow of ideas and classroom communication through various theater games based on the situations, vocabulary, and structures introduced in that lesson. Consequently, the students receive the continued stimulus to use and learn the thematic vocabulary and structures throughout each lesson. The *Exercices oraux* in the appendix offer students the opportunity to create automatically and instinctively a large number of syntactical structures in a conversational context. A *Glossaire* of all of the defined vocabulary with page references to the definitions has been added so that students may reinforce their acquisition of the new vocabulary.

The *Student Test Book* and *Teacher's Test Book*

The *Student Test Book* and the *Teacher's Test Book* have been published separately so that each of the 12 lessons may be tested in both written and oral form. The *Student Test Book* contains the written tests to be administered to the students when the teacher feels that the students are ready to be examined on the material of each lesson. Since the written tests are comprehensive and tend to be relatively long, a teacher may decide to split them into two examining periods on different days, testing the students on the details of the grammar on the first day and on the vocabulary and stories on another day. The *Teacher's Test Book* contains the written tests for each lesson along with the correct responses and the oral tests for each lesson. The answers for the short essay questions for the written tests included in the *Teacher's Test Book* are the most complete answers that we have envisaged for the questions; of course, no student should be expected to include absolutely all of the answer in his or her response. The *oral tests* in the *Teacher's Test Book* should be administered by the teacher either in an individual interview with each student or in a language laboratory where the teacher asks the questions orally and the students respond by each making an individual tape. Each of the 10 questions on the oral exam is worth 10 points and consequently, should be graded according to the following principles: 1) comprehension, 2) pronunciation, 3) structure, 4) vocabulary, and 5) fluency. The teacher should write an appraisal of each student's performance on each oral test so that the student understands what areas of his or her oral use of the French language need perfecting.

Acknowledgments

It would be impossible to recognize all those who have given us encouragement and constructive criticism from the genesis to the completion of this book. The project was made possible initially through a grant from the Kenan Foundation. Much encouragement and support have come from our colleagues in the French Department at Phillips Academy.

Our colleagues from School Year Abroad, Monsieur André Gorguès, ancien proviseur au Lycée Émile Zola, Madame Gorguès, and Monsieur Marcel Bierry, professeur honoraire au Lycée Chateaubriand, painstakingly reviewed and commented on every page of the original manuscript. We are particularly indebted to Monsieur Bierry for his gracious permission to include in this book conversation exercises that he created and used extensively in his courses in French grammar and phonetics at the School Year Abroad Campus in Rennes, France.

Such a book could not have existed without the talent of our illustrators, Stephen K. Swift and Len Shalansky, who spent many hours interpreting and listening to our requests for imaginative and stimulating drawings. We must also thank our tireless typist, Dorit Sandorfi, for her deciphering of our handwritten manuscript and our original editor David Greuel. We would also like to thank Julia Price and Nicole Dicop-Hineline, our development editors, and Executive Editor, Lyn McLean, of Addison Wesley Longman, Aerin Csigay, Assistant Editor, and Tina Barland and Carolyn Viola-John, Production Editors.

Finally this work could never have been completed without the encouragement and selflessness of our wives, Sally and Karen, and of our families.

HLH   HS

Par tout le monde francophone

L'Homme qui te ressemble

J'ai frappé à ta porte
J'ai frappé à ton cœur
pour avoir bon lit
pour avoir bon feu
5 pourquoi me repousser?
Ouvre-moi mon frère! ...

Pourquoi me demander
si je suis d'Afrique
si je suis d'Amérique
10 si je suis d'Asie
si je suis d'Europe?
Ouvre-moi mon frère! ...

Pourquoi me demander
la longueur de mon nez
15 l'épaisseur de ma bouche
la couleur de ma peau
et le nom de mes dieux
Ouvre-moi mon frère! ...

Je ne suis pas un noir
20 Je ne suis pas un rouge
Je ne suis pas un jaune
Je ne suis pas un blanc
mais je ne suis qu'un homme
Ouvre-moi mon frère! ...

25 Ouvre-moi ta porte
Ouvre-moi ton cœur
Car je suis un homme
l'homme de tous les temps
l'homme de tous les cieux
30 l'homme qui te ressemble! ...

Petites gouttes de chant pour créer l'homme
de René Philombe
Anthologie de la Poésie Négro-Africaine pour la Jeunesse
Les Nouvelles Editions Africaines

*permettre	donner la permission
*présenter	*Georges, je te présente ma sœur.*

**un personnage	une personne dans une histoire
*francophone	qui parle français
*un copain, une copine	un ami, une amie
à travers	du commencement à la fin, «pendant», au moyen de
*partager	*Alceste partage son sandwich avec son copain Nicolas. Comme ça, les deux garçons mangent le sandwich de Nicolas ensemble.*
*quotidien(ne)	de chaque jour
**de taille moyenne	ni grand ni petit
*ne... que	seulement
les cheveux ébouriffés	les cheveux en désordre
**une mine	une expression, un air
un cartable	

un élève sérieux	un bon élève
*réussir	bien faire, avoir du succès
*réfléchir	penser
**les mains poissées	les mains couvertes d'une substance collante telle que de la confiture
la tartine	du pain avec du beurre et de la confiture
*être en train de	une action progressive
un goûter	un petit repas qu'on mange après l'école vers 4 h de l'après-midi

*Une étoile (*) à côté d'un mot indique son importance active par rapport aux autres expressions, c'est-à-dire qu'il faut savoir employer activement chacun de ces mots.

**Deux étoiles (**) à côté d'un mot indiquent qu'il existe des expressions associées dans les *Expressions supplémentaires.*

Première Leçon

Présentations

Bonjour! Permettez-nous° de vous présenter° les personnages°
de nos histoires. Ce sont des gens qui représentent diverses cultures
francophones.° Ils parlent tous français puisque c'est leur langue
commune, mais ils viennent du monde entier. Nicolas et ses copains°
5   fréquentent une école parisienne. La reine Pokou vient de la Côte-
d'Ivoire. Sidi Mohammed habite le Maroc, Gilles et Eva vivent au Québec et
José est Martiniquais. A travers° leurs histoires ils partagent° avec nous
leur vie quotidienne° et leurs aspirations.

Nicolas

On l'appelle le petit Nicolas car il est de
10   taille moyenne° et il n'a que° huit ans. Il a
les cheveux ébouriffés,° de petits yeux
noirs et une mine° souriante. Ici il porte
une chemise, un tricot et un short. A la
main il tient un cartable,° car il va à
15   l'école. Ce n'est pas un élève sérieux,°
mais il réussit° quand il réfléchit.°

Alceste

C'est le gros qui mange tout le temps. Il a les
mains poissées° par la tartine° et par le croissant qu'il est en train de° manger, en même
20   temps, pour son goûter.°

*en effet   c'est-à-dire

  c'est un cerveau   c'est un élève très intelligent

*le maître, la maîtresse   un(e) enseignant(e), un professeur, un
                                                    instituteur, une institutrice

  le chouchou (*fam.*)   le favori

  taper (*fam.*)   frapper

*dessus

*un(e) camarade   un(e) ami(e)

*au contraire de   en opposition à

  le cancre (*fam.*)   le plus mauvais élève

*malgré   en dépit de (exprimant une concession)

*à cause de   ≠ malgré

*à présent   maintenant

  la récré (*fam.*)   la récréation (temps libre entre les
                                                    cours pendant lequel les élèves
                                                    peuvent jouer)

*un(e) voisin(e)   une personne qui habite à côté

  chouette (*fam.*)   magnifique

  terrible (*fam.*)   formidable

  les nattes

*un sourire

*se battre   disputer

**donner un coup de poing   *Un boxeur donne des coups de poing.*

**avoir peur de   *Elle a peur du lion.*

Agnan

Agnan est toujous le premier de la classe;
en effet,° c'est un «cerveau».° Comme la
maitresse° l'aime bien, Nicolas l'appelle le
«chouchou° de la maîtresse». Il porte une
5   veste et une cravate mais ce qui le distingue
surtout des autres ce sont ses lunettes. Alors,
même s'il n'est pas bon camarade on ne tape°
pas beaucoup dessus.°

Clotaire

Au contraire d'°Agnan, Clotaire est toujours
10   le dernier en tout. Il ne répond jamais aux
questions de la maîtresse parce qu'il ne
comprend jamais bien ses questions. C'est
le cancre° de la classe. Malgré° cela ou peut-
être à cause de° cela, les autres le trouvent
15   bien sympathique. A présent° il a le bras
cassé et ne peut pas jouer à la récré.°

Louisette

Cette petite fille est la voisine° de Nicolas.
Il la trouve chouette° parce qu'elle a un shoot
terrible° quand ils jouent ensemble au foot-
20   ball. Elle a les cheveux blonds avec des
nattes,° les yeux bleus, un petit nez adorable
et un sourire° innocent.

Eudes

Il est très grand, très fort et aime bien se
battre° avec ses copains en leur donnant des
25   coups de poing° sur le nez. Par conséquent,
les autres ont peur de° lui.

*une tribu un groupe social et politique fondé sur une parenté ethnique

*actuel(le) contemporain
*fuir partir très vite
*une case une habitation traditionnelle surtout en Afrique ou aux Antilles

*pénible difficile, fatigant
un pagne vêtement africain d'étoffe qui sert de robe

l'école coranique où l'on enseigne le Coran
le Coran le livre sacré des Musulmans
une djellaba une longue robe à manches longues et à capuchon portée en Afrique du Nord

*la poussière les petites particules fines dans l'air:
Sidi enlève la poussière de sa djellaba.

*une journée un jour

un porteur d'eau

*surtout particulièrement
*une équipe un groupe de gens qui pratiquent ensemble un même sport, ou une même activité

la patinoire l'endroit où on fait du patinage ou on joue au hockey

*ancien(ne) ≠ actuel, qui a existé dans le passé mais n'existe pas dans le présent

*fier, fière *Le nouveau papa est très fier de son bébé.*

**un chandail la chemise que les joueurs d'une équipe de hockey portent quand ils jouent dans un match; le chandail a un numéro au dos.

déchiré — *Le chandail est déchiré.*
troué — *Le chandail est troué.*

La Reine Pokou

Pokou est la reine d'une des tribus° des Ashanti, la grande tribu dominante du XVIIIᵉ siècle dans la région du Ghana actuel.° Elle doit fuir° avec sa tribu et abandonner ses
5 plantations et ses cases.° Le voyage jusqu'au territoire qu'on appelle aujourd'hui la Côte-d'Ivoire est long et pénible.° Pokou porte ici un pagne° très coloré et des bracelets d'or qui indiquent qu'elle est reine. Elle porte son jeune
10 fils au dos.

Sidi Mohammed

A l'âge de six ans, comme tous les jeunes Marocains, Sidi Mohammed va au Msid, l'école coranique,° où le fqih,[1] le maître, lui apprend le Coran.° Pour aller à l'école, Sidi porte une
15 djellaba° grise sous laquelle il porte une chemise et un pantalon. Il porte la djellaba pour protéger ses vêtements de la poussière des rues. L'après-midi, Sidi Mohammed retrouve ses amis et sa famille à la djéma,[2] où
20 tout le monde discute les événements de la journée.° On s'y amuse à regarder le charmeur des serpents, à écouter les histoires du conteur et à acheter au porteur d'eau.°

Gilles

Gilles, jeune Québecois de dix ans, adore les
25 sports et surtout° le hockey. Ses copains d'équipe° et lui portent tous le même uniforme bleu, blanc et rouge des Canadiens de Montréal. Quand il n'est pas à l'école, il est à la patinoire.° Son héros est Maurice Richard, un
30 ancien° joueur des Canadiens. Il est très fier° de son vieux chandail° déchiré° et troué° avec le numéro 9 de Richard.

[1]*Le fqih* [fki] est le maître de l'école coranique.

[2]*La djema* est la place publique d'une ville marocaine.

se passionner pour	aimer, s'intéresser à
l'écriture (f.)	'acte d'écrire et de composer
*un anniversaire	*ici:*le jour de sa naissance
*offrir	donner
*l'encre (f.)	le liquide dans un stylo
ainsi	de cette façon
dessiner	*Eva dessine un chameau avec une plume sur une feuille de papier comme une vraie artiste.*

plein de	avec beaucoup de
*l'enfance (f.)	la période où l'on est enfant
*un champ	un grand espace de terre ouvert et plat
la canne à sucre	*Le sucre vient d'une plante qui s'appelle la canne à sucre.*

doué	intelligent, avec beaucoup de talent intellectuel
échapper	fuir
tantôt... tantôt	à un moment... à un autre moment
paysan(ne)	rural, de la campagne
une île	de la terre qui est entourée d'eau comme Hawaï, Haïti, Tahiti, qui sont toutes des îles
antillais	des îles des Antilles (Haïti, la Martinique, la Guadeloupe, etc.) (voir p. 296)

A l'âge de sept ans, Eva se passionne pour°
l'écriture.° Pour son anniversaire,° ses parents
lui offrent° du papier blanc, jaune, bleu, vert et
rouge et cinq couleurs d'encre:° noire, bleue,
5   verte, jaune et rouge. Ainsi° équipée elle passe
une semaine d'hiver à dessiner° des scènes
pleines d'°imagination.

José

José est un garçon qui a passé son enfance°
dans une case près des champs° de canne à
10   sucre° de la Martinique. C'est un élève doué°
qui, par son intelligence, échappe° à la vie
tantôt heureuse, tantôt° misérable des paysans°
noirs de cette île° antillaise.°

QUESTIONNAIRE

Répondez oralement aux questions suivantes en faisant des phrases complètes:

1. Qu'est-ce que tous les personnages de nos histoires représentent?
2. Quelle langue parlent-ils?
3. D'où viennent-ils?
4. Qu'est-ce qu'ils partagent avec nous?
5. Faites le portrait de Nicolas.
6. Faites le portrait d'Alceste. Quel est son principal trait de caractère?
7. Faites le portrait d'Agnan.
8. Pourquoi l'appelle-t-on le chouchou de la maîtresse?
9. Quel effet positif ont les lunettes d'Agnan?
10. Faites le portrait de Clotaire.
11. Qu'est-ce qu'un cancre?
12. Pourquoi ne peut-il pas jouer à la récré?
13. Faites le portrait de Louisette.
14. Où habite Louisette?
15. Qu'est-ce qu'Eudes aime bien faire?
16. Faites le portrait de Pokou.
17. Qu'est-ce que sa tribu doit abandonner?
18. Qui est-ce que Pokou porte au dos?
19. Faites le portrait de Sidi Mohammed.
20. Qu'est-ce qu'il apprend à l'école?
21. Pourquoi porte-t-il une djellaba?
22. Qu'est-ce qu'on fait à la djéma?
23. Qui voit-on à la djéma?
24. Faites le portrait de Gilles.
25. Où va-t-il quand il n'est pas à l'école?
26. Qui est Maurice Richard?
27. Faites le portrait d'Eva.
28. Que fait-elle une semaine d'hiver? Imaginez pourquoi.
29. Faites le portrait de José.
30. Où habite-t-il?
31. Comment est sa vie?
32. Où est la Martinique?

Vocabulaire supplémentaire

Les Parties du corps

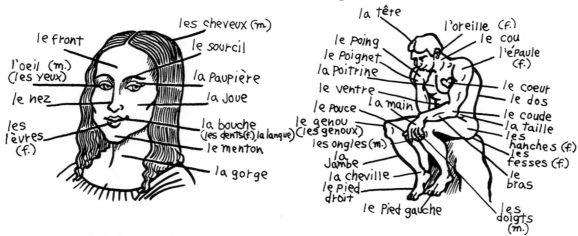

La Joconde de Léonard de Vinci   *Le Penseur* d'Auguste Rodin

Les Vêtements

un chapeau

une casquette

un képi

un ruban

une ceinture

une robe (en coton à manches courtes)

une jupe (en laine)

un short

une cravate (en soie)

un tee-shirt

un gilet (en cuir)

un Jean

une chemise (rayée)

un pantalon (en velours côtelé)

une veste (en laine)

des tennis (m.)

des chaussures (f.)

un soutien-gorge

un chemisier

un pull (un chandail)

une écharpe

des bas

un slip

un maillot

un col roulé

des chaussettes (f.)

un collant

des gants

un costume de bain

un blouson

être de petite taille		avoir les mains poissées
de taille moyenne		
de grande taille		la bouche pleine, ouverte
avoir l'air souriant		
triste		le bras cassé
fâché		
innocent		les cheveux blonds, châtain, noirs, roux, longs, courts, ébouriffés, frisés, bouclés, raides

la taille fine (≠ épaisse)

un petit nez adorable

les jambes fines (≠ de grosses jambes)

un grand nez crochu

les yeux grands ouverts

les jambes musclées (≠ frêles)

les yeux fermés

avoir mal à la tête

au dos

à la gorge

aux oreilles

au cœur

aux pieds

avoir raison   avoir faim   avoir chaud

tort   soif   froid

avoir 16 ans

avoir honte   éprouver un sentiment de déshonneur
avoir l'air intéressant   sembler intéressant
            intelligent   intelligent
avoir besoin de   il faut
                              On a besoin d'un stylo pour écrire.

avoir de la chance   *On a de la chance si l'on gagne mille dollars.*

avoir l'habitude de	faire régulièrement
avoir envie de (+ *infinitif*)	vouloir, désirer
avoir de la peine à	avoir de la difficulté à, avoir du mal à
donner un coup de poing	frapper avec le poing
de pied	frapper avec le pied
d'œil	regarder furtivement
de main	aider

Exercice de vérification

Décrivez ou expliquez la situation dans chaque dessin en utillisant le vocabulaire ci-dessus:

1.

2.

3.

4.

5.

6.

PRONONCIATION

La Posture

Avant de pouvoir prononcer correctement le français il faut d'abord bien noter que:

1) En général, quand un Français parle les muscles de son visage se tendent tandis qu'un Américain, quand il parle, laisse les muscles de son visage se relâcher.

2) En général, quand un Français parle, la pointe de la langue reste plate et se conforme à la forme courbée des dents de devant, tandis que la langue d'un Americain qui parle est plutôt pointue.

Les Syllabes

La langue parlée se divise en syllabes. Toutes les syllabes ont la même valeur; on a souvent tendance à insister sur la dernière syllabe d'un groupe. Une syllabe se termine, en général, par un *son* de voyelle et comprend tous les sons de consonnes qui précèdent directement la voyelle.

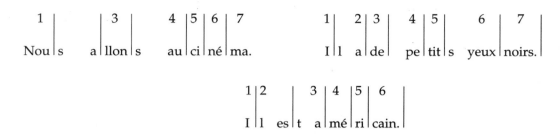

```
1 |      | 3     | 4 |5| 6 | 7          1 | 2| 3 | 4 |5| 6  | 7 |
Nou|s    a|llon|s  au|ci|né|ma.        I|l  a|de| pe|tit|s yeux|noirs.|
```

```
                        1|2  | 3 | 4 |5| 6 |
                        I|l  es|t  a|mé|ri|cain.|
```

Très souvent quand la dernière lettre d'un mot est une consonne on ne la prononce pas.

> *Exemples:* peti~~t~~   françai~~s~~
> ne~~z~~   souven~~t~~
> fon~~d~~   regar~~d~~

La Liaison

En général, quand un mot se termine par une consonne et que le mot suivant commence par une voyelle, on fait une liaison entre la consonne et la voyelle.

> Nous sommes‿ici
>
> Un petit‿enfant
>
> Les‿Etats-Unis

u [y] et ou [u]

(Une avent<u>u</u>re ch<u>ou</u>ette) (Un t<u>u</u>t<u>u</u> <u>ou</u> un t<u>ou</u>t<u>ou</u>?)

ou [u]   u [y]

Comparez la position de la langue dans la prononciation des deux sons: *u* et *ou*
Pour les deux sons, les lèvres sont en avant et arrondies. Au contraire du son *ou*, pour former *u*, l'extrémité de la langue est en avant et pressée contre les dents du bas.

> *Prononcez de gauche à droite:*
>
> | ou | → | eu | roue | → | rue |
> |---|---|---|---|---|---|
> | bout | → | bu | sou | → | su |
> | fou | → | fut | tout | → | tu |
> | pouls | → | pu | vous | → | vu |
> | nous | → | nu | toutou | → | tutu |

Prononcez bien ces mots tirés du texte:

nous	Pokou	Louisette
vous	groupe	chouette
coup	goûter	poussière
beaucoup	jouer	chouchou
tout	trouver	toujours
trou	doué	bonjour
sous	ébouriffé	
une	du	écriture
numéro	dessus	culture
tribu	sucre	costume
habitude	sur	commune
surtout		

STRUCTURES

I. Le Temps présent

Formation:

A. On forme le présent des verbes réguliers (verbes terminés par **-er, -ir, -re**) en remplaçant les terminaisons infinitives par les terminaisons de chaque groupe.

1ᵉʳgroupe
porter

je	port **e**	nous	port **ons**
tu	port **es**	vous	port **ez**
il elle	port **e**	ils elles	port **ent**

2ᵉ groupe
finir

je	fin **is**	nous	fin **issons**
tu	fin **is**	vous	fin **issez**
il elle	fin **it**	ils elles	fin **issent**

Quelques verbes du premier groupe:

parler	étudier
présenter à	taper
ressembler à	favoriser
jouer à, de	remuer
admirer	aimer
donner	passer

Quelques verbes du deuxième groupe:

grandir
choisir
réussir
réfléchir
réagir

3ᵉ groupe
entendre

j'	entend **s**	nous	entend **ons**
tu	entend **s**	vous	entend **ez**
il elle	entend	ils elles	entend **ent**

Quelques verbes du troisième groupe:
rendre   répondre
prétendre   vendre
attendre

B. Il existe quelques verbes réguliers qui ont des changements orthographiques au présent.

manger, plonger, etc.   **commencer, placer,** etc.

je	mange	nous	man **ge** ons	je	commence	nous	commen **ç** ons
tu	manges	vous	mangez	tu	commences	vous	commencez
il elle }	mange	ils elles }	mangent	il elle }	commence	ils elles }	commencent

Remarquez: Pour des raisons de prononciation,
       a) Les verbes en **-ger** ont un **e** directement devant **a, o, u**
       b) Les verbes en **-cer** prennent une cédille **(ç)** devant **a, o, u**

Les quatre groupes de verbes suivants ont des changements aux trois personnes du singulier et à la troisiènne personne du pluriel du présent.

acheter, mener (e → è)   **jeter, appeler (t → tt, l → ll)**

j'	ach **è** te	nous	achetons	je	je **tt** e	nous	jetons
tu	ach **è** tes	vous	achetez	tu	je **tt** es	vous	jetez
il elle }	ach **è** te	ils elles }	ach **è** tent	il elle }	je **tt** e	ils elles }	je **tt** ent

répéter, espérer (é → è)   **nettoyer, ennuyer (y → i)**

je	rép **è** te	nous	répétons	je	netto **i** e	nous	nettoyons
tu	rép **è** tes	vous	répétez	tu	netto **i** es	vous	nettoyez
il elle }	rép **è** te	ils elles }	rép **è** tent	il elle }	netto **i** e	ils elles }	netto **i** ent

C. Quatre verbes irréguliers

avoir   **être**

j'	ai	nous	avons	je	suis	nous	sommes
tu	as	vous	avez	tu	es	vous	êtes
il elle }	a	ils elles }	ont	il elle }	est	ils elles }	sont

aller   **mettre (permettre, remettre, promettre)**

je	vais	nous	allons	je	mets	nous	mettons
tu	vas	vous	allez	tu	mets	vous	mettez
il elle }	va	ils elles }	vont	il elle }	met	ils elles }	mettent

Exercices d'entraînement

1 *Mettez au pluriel:*

1. J'entends.
2. Il finit.
3. J'achète.
4. J'espère.
5. J'ai.

6. Je nettoie.
7. Il va.
8. Il permet.
9. Tu présentes.
10. Je commence.

2 *Mettez au singulier:*

1. Nous choisissons.
2. Ils vendent.
3. Ils tapent.
4. Nous attendons.
5. Nous appelons.

6. Vous réfléchissez.
7. Vous répétez.
8. Nous remettons.
9. Ils ont.
10. Nous allons.

D. On met une phrase à *la forme négative* en plaçant **ne** directement avant le verbe (et avant les pronoms objets et réfléchis s'il y en a) et **pas** (ou **jamais,** etc.) immédiatement après.

> On **ne** tape **pas** Agnan.
>
> Clotaire **ne** répond **jamais** correctement.
>
> On **ne** le mange **pas**.

Exercice d'entraînement

Mettez à la forme négative:

1. Je suis.
2. Elle choisit.
3. Il écoute.

4. Je m'appelle Nicolas.
5. J'entends.

E. On met une phrase à *la forme interrogative* en faisant l'inversion du pronom sujet et du verbe.

> Vous finissez. ⟶ Finnissez-vous?
>
> Ils répondent. ⟶ Répondent-ils?
>
> Il entend. ⟶ Entend-il?

1. Il faut ajouter un **-t-** entre le verbe et le sujet pour une troisième personne du singulier lorsque la forme du verbe se termine par une voyelle.

> Il parle. ⟶ Parle-**t**-il?
>
> Il écoute. ⟶ Ecout-**t**-il?
>
> Elle a. ⟶ A-**t**-elle?

2. Lorsqu'il y a un nom sujet, le nom est placé avant le verbe et on ajoute *un pronom sujet après* le verbe.

   Nicolas est en retard. ──────────────→ Nicolas est-**il** en retard?
   Clotaire ne peut pas jouer. ──────────────→ Clotaire ne peut-**il** pas jouer?

3. On emploie souvent **est-ce que** avant toutes les formes du verbe pour formuler une question, mais, ce n'est en général obligatoire qu'à la première personne du singulier.

   Nicolas est en retard. ──────────────→ **Est-ce que** Nicolas est en retard?
   Je joue bien au football. ──────────────→ **Est-ce que** je joue bien au football?

4. Très souvent, *dans la langue parlée*, on emploie la forme déclarative et c'est l'intonation qui indique que l'on pose une question seulement. Quelquefois, on ajoute **n'est-ce pas**.

   Ça va?
   Tu es prêt?
   Vous avez du feu?
   Il fait beau, **n'est-ce pas?**

5. Remarquez quelques mots interrogatifs qui exigent la forme interrogative du verbe: **comment, quand, combien, pourquoi**, et **où**.

Question	**Réponse**
Comment allez-vous?	Je vais **très bien,** merci.
Comment Jean joue-t-il au tennis?	Il joue **mal** au tennis.
Quand partirez-vous pour l'Espagne?	Je partirai pour l'Espagne **la semaine prochaine.**
Combien de petits pains Alceste mange-t-il?	Alceste mange **quatre** petits pains.
Combien de fleurs donne-t-elle à sa mère?	Elle donne **un bouquet** de fleurs à sa mère.
Pourquoi Clotaire ne peut-il pas jouer?	Il ne peut pas jouer **parce qu'il a le bras cassé.**
Pourquoi Agnan est-il le chouchou de la maîtresse?	Agnan est le chouchou de la maitresse **parce qu'il porte une veste et une cravate et parce qu'il est très intelligent.**
Où allons-nous?	Nous allons **au cinéma.**
Où cachez-vous les bonbons?	Je cache les bonbons **dans le tiroir.**

Exercices d'entraînement

| 1 | *Mettez à la forme interrogative:*

1. Vous prétendez.
2. Il répond.
3. Alceste choisit.
4. Alceste mange.
5. Elle a.

6. Tu parles.
7. Il porte.
8. Vous ne réfléchissez pas.
9. Elle étudie.
10. Nicolas n'étudie pas.

2 *Posez la question qui correspond à chaque réponse. Employez **comment, quand, combien, pourquoi,** ou **où** selon le cas:*

1. J'ai deux frères.
2. Il reste à la maison parce qu'il est malade.
3. Alceste va à la pâtisserie.
4. Je vais bien, merci.
5. On met un pull quand on a froid.

6. Pokou est habillée à la mode africaine.
7. Je passe les vacances à la campagne.
8. Les élèves jouent aux billes pendant la récré.
9. Vous ne jouez pas très bien.
10. Alceste est gros parce qu'il mange tout le temps.

Emploi:

Contrairement à l'anglais *il n'y a qu'une seule forme* du présent en français.

Le présent:

1. exprime une action présente.

   Le joueur court vite.
   Il donne un coup de pied.

3. exprime une vérité générale.

   Elle parle français.
   Il ne pleut pas beaucoup dans le Midi.
   Agnan est toujours le premier de la classe.

2. décrit un état actuel.

   Il fait beau aujourd'hui.
   Je suis malade.

4. constate une habitude.

   Alceste est le gros qui **mange** tout le temps.

Attention à ces expressions qui, ici, sont employées pour indiquer une action au présent:

a. **être en train de** rend une action encore plus présente.

   Alceste est en train de manger un croissant.
   Ils sont maintenant en train de se promener en ville.

b. **avoir l'habitude de** constate une action plus habituelle.

   Nous avons l'habitude de passer les vacances à la plage.
   Gilles a l'habitude de jouer au hockey.

c. Le présent s'emploie après **quand** pour exprimer une vérité générale ou une habitude qui dure encore.

   Quand Nicolas va à l'école il porte son cartable.
   Je parle français quand je suis en classe.

Exercice d'entraînement

*Refaites les phrases suivantes en employant **en train de** ou **avoir l'habitude de** selon le sens:*

1. A présent, nous écoutons la radio.
2. En général, nous parlons français au professeur.
3. Ils jouent aux billes pendant la récré.
4. Je réfléchis maintenant.
5. Mes parents vont au cinéma tous les samedis soirs.

4. Quand une action ou un état commence dans le passé et continue dans le présent, on emploie le présent du verbe avec **depuis**.

Depuis **quand** êtes-vous à Paris?

$\left\{\begin{array}{l}\text{Je suis à Paris depuis le 20 mars.} \\ \text{Je suis à Paris depuis mon arrivée en France.} \\ \text{Je suis à Paris depuis que je suis arrivé en France.}\end{array}\right.$

Depuis que je suis à Paris mes amis m'écrivent souvent.

Depuis **combien de temps** étudiez-vous le français? (Pour cette question la réponse *peut* prendre quatre formes.)

$\left\{\begin{array}{l}\text{Nous étudions le français depuis deux semaines.} \\ \text{Voilà deux semaines que nous étudions le français.} \\ \text{Il y a deux semaines que nous étudions le français.} \\ \text{Ça fait deux semaines que nous étudions le français.}\end{array}\right.$

Exercice d'entraînement

Répondez à ces questions par une phrase complète. (Mettez les réponses à toutes les formes possibles.)

1. Depuis combien de temps êtes-vous dans cette classe?
2. Depuis quand êtes-vous dans cette classe?
3. Depuis combien de temps Alceste est-il à table?
4. Depuis combien de temps faites-vous du français?
5. Depuis quand Chirac est-il président de la République française?

II. L'Impératif

Formation:

Il existe une forme de l'impératif à la deuxième personne du singulier et du pluriel et à la première personne du pluriel. En général, dans les trois cas, la forme de l'impératif est la même que la forme du présent, sans le sujet. Mais il faut noter ces deux exceptions:

1. Pour tous les verbes du premier groupe et pour le verbe **aller**, le s final de la deuxième personne du singulier est supprimé.

Tu vas. ⟶ Va!
Tu manges. ⟶ Mange!

2. Les trois formes de l'impératif des verbes **être** et **avoir** sont irrégulières.

être	avoir
sois	aie
soyons	ayons
soyez	ayez

Emploi:

L'impératif s'emploie pour exprimer un ordre ou pour faire une suggestion.

> Regardez-moi dans les yeux!
> Permettez-nous de vous présenter les personnages de nos histoires.
> Mange ta soupe!
> Ne va pas trop vite!
> Allons au cinéma!
> Prenons un verre!
> Passons par là!

Exercice d'entraînement

Mettez à l'impératif:

1. (être) _____ les bienvenus dans notre pays.
2. (mettre) _____ ces phrases à l'impératif.
3. (finir) _____ ton diner.
4. (passer) _____ -moi le pain s'il vous plaît.
5. (permettre) _____ -moi de vous présenter mon ami, Nicolas.
6. (donner) _____ un coup de téléphone à ta grand-mère.
7. (appeler) _____ un médecin.
8. (aller) N' _____ pas à l'école aujourd'hui. Nous jouerons sur le terrain de football.
9. (jeter) Ne _____ pas de pierres à tes copains.
10. (réfléchir) _____ avant de parler.

Exercices de vérification

 Mettez au pluriel:

1. Il chosit.
2. Elle entend.
3. Tu aimes.
4. Je mange.
5. Je jette.

6. J'avance.
7. Tu vas.
8. Tu achètes.
9. Il met.
10. Je suis.

2 *Mettez à la forme négative:*

1. Nous aimons.
2. J'entends.
3. Il le finit.

3 *Mettez à la forme interrogative:*

1. Vous parlez français.
2. Il a les cheveux blonds.
3. Son père est agent de police.
4. Je mange trop vite.
5. Il écoute la réponse.

6. Le cours est terminé.
7. Elle ressemble à sa sœur.
8. J'entends de la musique.
9. Clotaire ne peut pas jouer.
10. Elle va au Canada.

Posez la question qui correspond à chaque réponse:

1. Elle attend ses copines depuis un quart d'heure.
2. Nous habitons Paris depuis deux ans.
3. Il est président depuis 1995.
4. Je suis malade depuis que j'ai passé une nuit blanche.

Lecture

L'Accent grave

Jacques Prévert
(1900-1977)

LE PROFESSEUR:	Elève Hamlet!
L'ELEVE HAMLET:	(*sursautant*) Hein... Quoi... Pardon... Qu'est-ce qui se passe... Qu'est-ce qu'il y a... Qu'est-ce que c'est?...
LE PROFESSEUR:	(*mécontent*) Vous ne pouvez pas répondre «présent» comme tout le monde? Pas possible, vous êtes encore dans les nuages.
L'ELEVE HAMLET:	Etre ou ne pas être dans les nuages!
LE PROFESSEUR:	Suffit. Pas tant de manières. Et conjuguez-moi le verbe être, comme tout le monde, c'est tout ce que je vous demande.
L'ELEVE HAMLET:	To be.
LE PROFESSEUR:	En français, s'il vous plaît, comme tout le monde.
L'ELEVE HAMLET:	Bien, monsieur. (*Il conjugue:*)

Je suis ou je ne suis pas
Tu es ou tu n'es pas
Il est ou il n'est pas
Nous sommes ou nous ne sommes pas

LE PROFESSEUR:	(*excessivement mécontent*) Mais c'est vous qui n'y êtes pas, mon pauvre ami!
L'ELEVE HAMLET:	C'est exact, monsieur le professeur,

Je suis «où» je ne suis pas.
Et, dans le fond, hein, à la réflexion,
Etre «où» ne pas être
C'est peut-être aussi la question.

QUESTIONNAIRE

Répondez oralement aux questions suivantes en faisant des phrases complètes:

1. Qu'est-ce qu'on répond normalement quand le professeur fait l'appel?
2. Que répond l'élève Hamlet?
3. Pourquoi le professeur est-il mécontent de son élève?
4. Quelle langue faut-il parler en classe?
5. Conjuguez le verbe **être** comme Hamlet (à la forme affirmative et à la forme négative).

Révision

Répondez aux questions suivantes en employant le vocabulaire des textes:

1. Qu'est-ce que vous avez l'habitude de faire pendant les vacances?
2. Qu'est-ce que vous êtes en train de faire?
3. Qu'est-ce que vous avez envie de faire samedi?
4. Quand avez-vous la bouche pleine?
5. A qui donnez-vous un coup de main? Quand?
6. De tous les copains de Nicolas, duquel avez-vous pitié? Pourquoi?
7. Quand le professeur lui parle, est-ce que Hamlet a les yeux grands ouverts?
8. Dites à votre voisin d'être sage.
9. Dites-moi d'être aimable.
10. Faites une phrase avec **tantôt... tantôt**.
11. Faites une phrase avec **par conséquent**.
12. Complétez cette phrase: Malgré la difficulté de ce cours...
13. Complétez cette phrase: A cause de mon absence...
14. Complétez cette phrase: J'ai de la chance parce que...
15. Complétez cette phrase: Louisette a les cheveux blonds avec des nattes et les yeux bleus; de plus...

Discussion et création

En employant le vocabulaire du texte, répondez aux questions suivantes:

1. Présentez votre voisin de gauche ⎰ à votre voisin de droite.
   ⎱ au professeur.

2. Faites votre portrait ⎰ physique
   ⎱ moral
   Précisez comment vous êtes habillé(e).

vous

3. Décrivez les personnages ci-dessous:

a.    b.    c.

4. A quel animal ressemblez-vous? Pourquoi?

5. Trouvez la photo d'une personne célèbre et décrivez-la. Les camarades de classe peuvent essayer de deviner qui est cette personne.

6. Choisissez cinq personnes célèbres et un trait caractéristique pour chacune. Dites le nom de ces personnes aux camarades de classe qui essaient de deviner cette caractéristique.

7. Les élèves de la classe décrivent ensemble un être (humain?) bizarre pendant que vous essayez de le dessiner au tableau noir en suivant leurs indications.

8. Adaptation du jeu précédent: Faites faire un tableau vivant qui représente un animal ou des animaux ou tout un jardin zoologique fantaisiste. Les élèves participent à la création d'un tableau vivant qui représente des animaux ou un jardin zoologique inhabituel.

9. Quels vêtements caractérisent vos camarades? vos professeurs?

Deuxième Leçon

Vous avez déjà fait la connaissance des personnages de nos histoires. La reine Pokou dans «La Légende Baoulé», Sidi Mohammed dans La Boîte à merveilles, *et René Philombe, le poète de «Civilisation» habitent tous les trois en Afrique et représentent les cultures de la Côte-d'Ivoire, du Maroc et du Cameroun.*

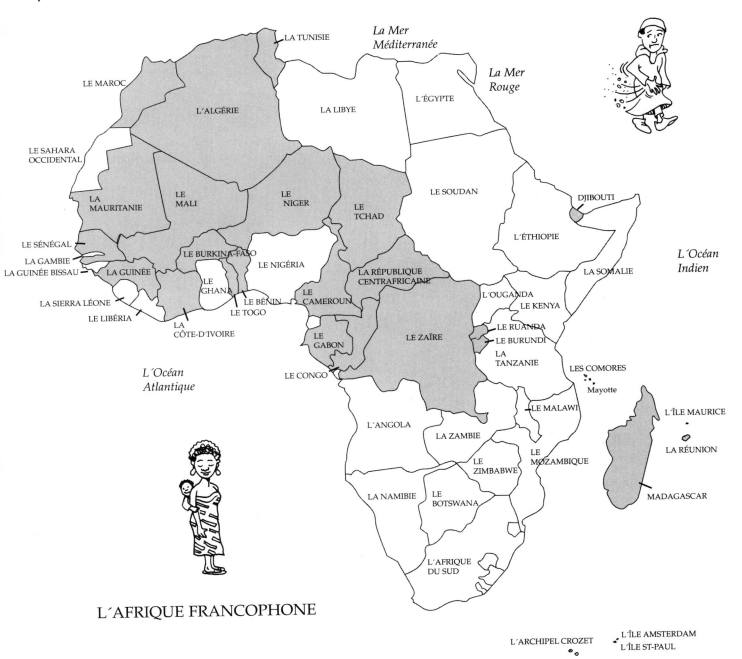

LA TUNISIE

La Mer Méditerranée

La Mer Rouge

LE MAROC

L'ALGÉRIE

LA LIBYE

L'ÉGYPTE

LE SAHARA OCCIDENTAL

LE SOUDAN

DJIBOUTI

LA MAURITANIE

LE MALI

LE NIGER

LE TCHAD

L'ÉTHIOPIE

L'Océan Indien

LE SÉNÉGAL

LE BURKINA-FASO

LA SOMALIE

LA GAMBIE

LA GUINÉE BISSAU

LA GUINÉE

LE NIGÉRIA

LA RÉPUBLIQUE CENTRAFRICAINE

LA SIERRA LÉONE

LE GHANA

L'OUGANDA

LE KENYA

LE BÉNIN

LE CAMEROUN

LE LIBÉRIA

LE TOGO

LE RUANDA

LA CÔTE-D'IVOIRE

LE GABON

LE ZAÏRE

LE BURUNDI

LA TANZANIE

LES COMORES

L'Océan Atlantique

LE CONGO

Mayotte

LE MALAWI

L'ÎLE MAURICE

L'ANGOLA

LA ZAMBIE

LA RÉUNION

LE MOZAMBIQUE

LE ZIMBABWE

MADAGASCAR

LA NAMIBIE

LE BOTSWANA

L'AFRIQUE DU SUD

L'AFRIQUE FRANCOPHONE

L'ARCHIPEL CROZET

L'ÎLE AMSTERDAM
L'ÎLE ST-PAUL

*le griot

Le griot chante et raconte les histoires des tribus. C'est un troubadour africain.

les palabres = les mots

*il y a *ici:* dans le passé.
   Nous sommes arrivés dans la salle de classe il y a dix minutes.

*au bord de *La plage est au bord de la lagune.*

parmi au milieu de, entre

*la paix l'absence de violence, ≠ la guerre

un esclave une personne qui n'est pas libre, qui est sous la puissance absolue d'un maître

révolu passé

*auprès de tout près de, avec

un magnan un ver à soie

une paillote une cabane ou une hutte de paille ou d'autre substance naturelle, une case

poissonneux, avec des poissons
   poissonneuse

un filet *On attrape des poissons dans un filet.*

une épine une pointe
   Il n'y a pas de roses sans épines. Si quelqu'un touche une épine, ça fait très mal.

la chair *ici:* la peau

sans trêve sans arrêt, sans interruption

talonné suivi de très près

«La Légende baoulé» vient de la tradition orale. Le griot° chantait ou racontait les histoires des anciens le soir, ou dans la case ou sous l'arbre des «palabres».° C'était au moyen des griots que les traditions et ces histoires passaient d'une génération à l'autre dans les pays africains.

La Légende baoulé

Il y a° longtemps, très longtemps, vivait au bord d'°une lagune calme, une tribu paisible de nos frères. Ses jeunes hommes étaient nombreux, nobles et courageux, ses femmes étaient belles et joyeuses. Et leur reine, la reine Pokou, était la plus belle parmi° les plus belles.

5   Depuis longtemps, très longtemps, la paix° était sur eux et les esclaves° mêmes, fils des captifs des temps révolus,° étaient heureux auprès de° leurs heureux maîtres.

Un jour, les ennemis sont venus nombreux comme des magnans.° Il a fallu quitter les paillotes,° les plantations, la lagune

10   poissonneuse,° laisser les filets,° tout abandonner pour fuir.

Ils sont partis dans la forêt. Ils ont laissé aux épines° leurs pagnes, puis leur chair.° Il fallait fuir toujours, sans repos, sans trêve,° talonné° par l'ennemi féroce.

Et leur reine, la reine Pokou, marchait la dernière, portant au

15   dos son enfant.

ricaner	rire
le sanglier	un porc sauvage
grogner	pousser un cri qui montre le mécontement
*étonné	surpris
**s'écarter	se disperser, s'éloigner, changer de place pour laisser passer les autres
la broussaille	beaucoup de végétation avec des plantes basses qui ont souvent des épines
la savane	une vaste prairie pauvre en arbres et en fleurs
le rônier	un palmier africain
la horde	une troupe nomade
entonner	chanter
la brousse	une vaste région couverte de broussaille
exténué	extrêmement fatigué, sans force
amaigri	≠ grossi; devenu maigre
*un fleuve	une grande rivière
**se briser	tomber
le cours	le courant du fleuve
mugir	le cri d'un taureau ou d'une vache
*un flot	une masse d'eau qui se déplace
la cime	le sommet
glacé d'effroi	intimidé ou pétrifié de grande peur ou de terreur
naguère (adv.)	récemment
*devenir	commencer à être
le sorcier	le philosophe médecin de la tribu
**s'apaiser	se calmer
*cher	précieux
retentir	se faire entendre avec force

A leur passage l'hyène ricanait,° l'éléphant et le sanglier° fuyaient,
le chimpanzé grognait° et le lion étonné° s'écartait° du chemin.
   Enfin les broussailles° ont apparu, puis la savane°
et les rôniers° et, encore une fois la horde° a entonné° son chant d'exil:

5   *Mi houn Ano, Mi houn Ano, blâ ô*
       Ebolo nigué, mo ba gnan min —
       Mon mari Ano, mon mari Ano, viens
       Les génies de la brousse° m'emportent.[1]

   Harassés, exténués,° amaigris,° ils sont arrivés sur le soir au
10 bord d'un grand fleuve° dont le cours° se brisait* sur d'énormes
rochers.

   Et le fleuve mugissait,° les flots° montaient jusqu'aux cimes°
des arbres et retombaient et les fugitifs étaient glacés d'effroi.°
   Consternés, ils se regardaient. Etait-ce là l'Eau qui les faisait
15 vivre naguère,° l'Eau, leur grande amie? Un mauvais génie l'avait
sans doute excitée contre eux.
   Et les conquérants devenaient° plus proches.
   Et, pour la première fois, le sorcier° a parlé:
   «L'eau est devenue mauvaise, dit-il, et elle ne s'apaisera° que
20 quand nous lui aurons donné ce que nous avons de plus cher.°»
   Et le chant d'espoir a retenti°:

       Ebe nin flê nin bâ
       Ebe nin flâ nin nan
       Ebe nin flê nin dja
25   *Yapen'sè ni dja wali.*
       Quelqu'un appelle son fils
       Quelqu'un appelle sa mère
       Quelqu'un appelle son père
       Les belles filles se marieront.

[1]Les deux premiers vers sont en baoulé, le dialecte africain de cette tribu. Les deux derniers vers sont traduits en français.

*effrayé	terrifié
*serrer	tenir contre soi
droit	*ici:* directement, juste
l'abîme	le précipice
*lancer	jeter
*un pont	passage qui relie un côté d'une rivière à l'autre: *A Paris plusieurs ponts traversent la Seine.*
*un peuple	une communauté, une société: *le peuple français; le peuple ivoirien*
*la rive	le bord du fleuve

Et chacun a donné ses bracelets d'or et d'ivoire, et tout ce qu'il avait pu sauver.

Mais le sorcier les a repoussés du pied et a montré le jeune prince, le bébé de six mois: «Voilà, dit-il, ce que nous avons de
5 plus précieux.»

Et la mère, effrayée,° a serré° son enfant sur son cœur. Mais la mère était aussi la reine et, droite° au bord de l'abîme,° elle a levé l'enfant souriant au-dessus de sa tête et l'a lancé° dans l'eau mugissante.
10 Alors des hippopotames, d'énormes hippopotames ont émergé et, se plaçant les uns à la suite des autres, ont formé un pont° et sur ce pont miraculeux, le peuple° en fuite a passé en chantant:

Ebe nin flê nin bâ
Ebe nin flê nin nan
15 *Ebe nin flê in dja*
Yapen'sè ni djà wali.
Quelqu'un appelle son fils
Quelqu'un appelle sa mère
Quelqu'un appelle son père
20 Les belles filles se marieront.

Et la reine Pokou est passée la dernière et a trouvé sur la rive° son peuple prosterné.

Mais la reine était aussi la mère et elle pouvait dire seulement «baouli», ce qui veut dire: l'enfant est mort.
25 Et c'était la reine Pokou et le peuple a gardé le nom de Baoulé.

Bernard Dadié, «La Légende baoulé», *Légendes africaines*,
Paris, Editions Seghers, 1973, pp. 35 à 37

QUESTIONNAIRE

Répondez oralement aux questions suivantes en faisant des phrases complètes:

1. De quelle tradition vient «La légende baoulé»?
2. Qui racontait les histoires?
3. Où le griot racontait-il les histoires?
4. Où vivait la tribu?
5. Comment étaient les jeunes hommes et les jeunes femmes?
6. Qui était Pokou?
7. Comment étaient la tribu et les esclaves?
8. Qui est venu un jour?
9. Qu'est-ce qu'll a fallu quitter?
10. Où la tribu a-t-elle fui?
11. Qu'est-ce que la tribu a laissé dans la forêt?
12. Quels animaux la tribu a-t-elle rencontrés pendant la fuite?
13. Quels paysages la tribu a-t-elle traversés en fuyant?
14. Comment était la tribu quand elle est arrivée au bord du fleuve?
15. Décrivez le fleuve au bord duquel ils sont arrivés?
16. Qu'est-ce qui a peut-être excité le fleuve?
17. Qu'est-ce que le sorcier a proposé pour apaiser le fleuve?
18. Alors, qu'est-ce qu'ils ont chanté?
19. Qu'est-ce qu'ils avaient de plus cher?
20. Qu'est-ce que Pokou a fait?
21. Quelle a été la conséquence du geste de Pokou?
22. Pourquoi le peuple a-t-il gardé le nom de Baoulé?

*seul(e)	solitaire
*ne... aucun (*négation*)	pas un seul
un point de repère	un objet ou un endroit de référence connu
*ne... ni... ni	≠ ou... ou...
farouche	sauvage, ≠ timide
ébaucher	commencer
un bambin (*fam.*)	un enfant
coranique	école musulmane basée sur le Coran
*paraître	sembler
une féerie	un spectacle fantastique
entretenir	créer
*une puissance	une force
admette à	*admet* (au subjonctif); autoriser à
**se contenter	être satisfait, se limiter

La Boîte à merveilles illustre la vie d'un jeune musulman qui habite au Maroc. Sa vie comprend une série d'images qui sont symbolisées par l'univers qu'il trouve dans sa boîte à merveilles, son «petit trésor magique». Cette boîte et les discussions qu'il a avec les adultes contiennent la source de tous ses rêves.

La Boîte à merveilles

A six ans j'étais seul,° peut-être malheureux, mais je n'avais aucun° point de repère° qui me permettait d'appeler mon existence: solitude ou malheur.

Je n'étais ni heureux, ni° malheureux. J'étais un enfant seul. Cela,
5   je le savais. Point farouche° de nature, j'ébauchais° de timides amitiés avec les bambins° du *Msid*, l'école coranique,° mais leur durée était brève. Nous habitions des univers différents. J'avais un penchant pour le rêve. Le monde me paraissait° un domaine fabuleux, une féerie° grandiose où les sorcières entretenaient° un commerce familier avec
10   des puissances° invisibles. Je désirais que l'Invisible m'admette à° participer à ses mystères. Mes petits camarades de l'école se contentaient°

**se concrétiser	se matérialiser
une sucrerie	un bonbon
céleste	du ciel
grignoter	manger lentement, manger petit à petit
sucer	*ici*: goûter avec la langue: *Le jeune garçon suce son bonbon.*
mordre à pleines dents	manger avec beaucoup d'énergie et d'enthousiasme
*crier	s'exclamer à haute voix
*l'épicier	*ici*: un homme qui vend des épices, c'est-à-dire, des herbes pour aromatiser la nourriture. (En France, un épicier/une épicière vend des produits d'alimentation variés.)

par delà	plus loin que
les Mers des Ténèbres	= la Mer Noire
la Grande Muraille	= Grande Muraille de Chine
*un péché	un acte contre les lois religieuses: *Le meurtre est un péché.*
le royaume	le pays (du roi)
éprouver	sentir
la frayeur	la peur très vive
**se réveiller	≠ s'endormir
*le lendemain	le jour suivant
*parcourir	traverser
une voyante	une femme qui voit le passé et l'avenir
*l'avenir	le futur
un talisman	un objet qui porte bonheur
un grouillement	une agitation confuse
rasé	sans cheveux
un vertige	une confusion
la vocifération	la parole bruyante
un verset	un écrit, ou un chant
au fond de	à l'extrémité de
un boyau	une petite rue étroite
**s'échapper	sortir
un brouhaha	un bruit confus
éclater en sanglots	pleurer très fort

du visible, surtout quand ce visible se concrétisait° en sucreries°
d'un bleu céleste° ou d'un rose de soleil couchant. Ils aimaient
grignoter,° sucer,° mordre à pleines dents.° Ils aimaient aussi
jouer à la bataille, se prendre à la gorge avec des airs d'assassins, crier°
5 pour imiter la voix de leur père, s'insulter pour imiter les voisins,
commander pour imiter le maître d'école.

Moi je ne voulais rien imiter, je voulais connaître.

Abdallah, l'épicier,° m'a raconté les exploits d'un roi magnifique
qui vivait dans un pays de lumière, de fleurs et de parfums, par delà°
10 les Mers des Ténèbres,° par delà la Grande Muraille.° Et je désirais
faire un pacte avec les puissances invisibles qui obéissaient aux
sorcières afin qu'elles m'emmènent par delà les Mers des Ténèbres, et
par delà la Grande Muraille, vivre dans ce pays de lumière, de
parfums et de fleurs.

15 Mon père me parlait du Paradis. Mais, pour y renaître, il fallait
d'abord mourir. Mon père ajoutait que se tuer était un grand péché,°
un péché qui interdisait l'accès à ce royaume.° Alors, je n'avais qu'une
solution: attendre! Attendre de devenir un homme, attendre de mourir
pour renaître au bord du fleuve *Salsabil*. Attendre! C'est cela exister. A
20 cette idée, je n'éprouvais° certainement aucune frayeur.° Je me
réveillais° le matin, je faisais ce qu'on me disait de faire. Le soir, le
soleil disparaissait et je revenais m'endormir pour recommencer le
lendemain.° Je savais qu'une journée s'ajoutait à une autre, je savais
que les jours faisaient des mois, que les mois devenaient des saisons, et
25 les saisons l'année. J'ai six ans, l'année prochaine j'en aurai sept et puis
huit, neuf et dix. A dix ans, on est presque un homme. A dix ans, on
parcourt° seul tout le quartier, on discute avec les marchands, on sait
écrire, au moins son nom, on peut consulter une voyante° sur son
avenir,° apprendre des mots magiques, composer des talismans.° Mon
30 talisman serait une boîte à merveilles où je pourrais toujours retrouver
mon univers magique.

En attendant, j'étais seul au milieu d'un grouillement° de têtes
rasées,° de nez humides, dans un vertige° de vociférations° de versets°
sacrés.

35 L'école était à la porte de *Derb Noualla*.[1] Le *fqih*, un grand maigre
à barbe noire, dont les yeux lançaient constamment des flammes de
colère, habitait la rue Jiaf. Je connaissais cette rue. Je savais qu'au fond
d'°un boyau° noir et humide, s'ouvrait une porte basse d'où
s'échappait,° toute le journée, un brouhaha° continu de voix de femmes
40 et de pleurs d'enfants. La première fois que j'avais entendu ce bruit,
j'avais éclaté en sanglots° parce que j'avais reconnu les voix de l'Enfer
telles que mon père les a évoquées un soir.

Ahmed Sefrioui, *La Boîte à merveilles*,
Paris, Editions du Seuil, 1954, pp. 9 à 11

---

[1]*Derb Noualla* est un quartier de Fès.

QUESTIONNAIRE

Répondez oralement aux questions suivantes en faisant des phrases complètes:

1. Comment était l'existence de Sidi à l'âge de six ans?
2. Où rencontrait-il les jeunes?
3. Comment étaient le caractère et les rêves de Sidi?
4. Comment étaient les rêves de ses camarades?
5. Qu'est-ce que Sidi voulait faire?
7. Quelles étaient les activités préférées de ses camarades?
8. Qu'est-ce que Sidi voulait faire?
9. Qu'est-ce que l'épicier racontait à Sidi?
10. De quoi son père lui parlait-il?
11. Alors, quel problème avait-il?
12. Quelle était donc sa solution?
13. Comment Sidi passait-il son temps?
14. Qu'est-ce qu'un jeune Marocain peut faire à l'âge de dix ans?
15. Mais en attendant l'âge de dix ans, où était-il? En quel lieu?
16. Que pensait-il de son l'école?
17. Faites le portrait du fqih.
18. Qu'est-ce qu'il y avait au fond de la rue Jiaf?
19. Qu'est-ce qu'il croyait que c'était?

*un dramaturge	un écrivain de pièces de théâtre (comme Shakespeare)
*un romancier	un écrivain de romans (comme Balzac)
les ténèbres	l'obscurité, l'ombre
sain(e)	qui fait du bien, bon pour la santé
vêtu	habillé
l'obom (*m.*)	une étoffe fabriquée de l'écorce d'arbres
torrentiel(le)	abondant
un tam-tam	une sorte de tambour; un instrument de musique qu'on entend souvent en Afrique. On le joue avec les mains.
un gris-gris	un talisman
doucher	laver
harnacher	mettre un habillement lourd et incommode; *par extension*: mettre en esclavage. (On harnache un cheval.)
*le sang	la liquide rouge dans les veines des êtres humains
l'avarice	la passion excessive de l'argent
fratricide	qui tue les frères et les sœurs

Civilisation

René Philombe

*René Philombe (pseudonyme de Philippe-Louis Ombédé)—poète, dramaturge,°
romancier° et journaliste—est né au Cameroun en 1930.*

    Ils m'ont trouvé dans les ténèbres° saines°
de ma hutte de bambou
ils m'ont trouvé
vêtu° d'obom° et de peaux de bête
5   avec mes palabres
et mes rires torrentiels°
avec mes tam-tams°
        mes gris-gris°
            et mes dieux

10   O pitié! Qu'il est primitif!
Civilisons-le !...
Alors ils m'ont douché° la tête
dans leurs livres bavards
puis ils m'ont harnaché° le corps
15   de leurs gris-gris
à eux
puis ils ont inoculé
dans mon sang°
dans mon sang clair et transparent
20   et l'avarice°
et l'alcoolisme
et la prostitution
et l'inceste
et la politique fratricide...°

25   Hourra !...
Car me voilà un homme civilisé !

QUESTIONNAIRE

Répondez oralement aux questions suivantes en faisant des phrases complètes:

1. Comment les hommes blancs ont-ils trouvé l'auteur?
2. Qu'est-ce que les hommes blancs ont fait à l'auteur?
3. Quelle est l'influence des blancs sur l'auteur?
4. Qu'est-ce que les blancs pensent de l'auteur maintenant?
5. Quelle est l'opinion de l'auteur sur sa transformation?

Expressions supplémentaires

se réveiller *Pierre se réveille tôt le matin.*

s'endormir  *Marie s'endort quand le professeur parle.*

se promener  *Le monsieur se promène avec son chien.*

se laver  *M. Thériot se lave avant d'aller au travail.*

se souvenir de  *Le vieillard se souvient de sa jeunesse.*

se coucher *≠ se lever: Françoise se couche après avoir fait ses devoirs.*

s'habiller  *Guy s'habille avant de prendre son petit déjeuner.*

se coiffer  *Jacqueline se coiffe.*

se moquer de  *Les garçons se moquent du monsieur qui a glissé sur une peau de banane.*

se demander   se poser une question

Les Animaux

les animaux de la ferme	les animaux sauvages	les animaux marins et les poissons
le lapin	le cerf	la grenouille
le coq	l'ours	le homard
la poule	le loup	la langoustine
le canard	le renard	la baleine
le dindon / la dinde	le sanglier	la truite
l'oie (f.)	le lion	le thon
le porc / le cochon	le tigre	la saumon
la vache	l'éléphant (m.)	le requin
le taureau	le singe	
le bœuf	la girafe	
le veau	le serpent	
le mouton	le chameau	
la brebis	l'hippopotame (m.)	
l'agneau (m.)	le crocodile	
le cheval	le corbeau	
l'âne	le rhinocéros	
le chat	l'aigle (m.)	
le chien		

Le Corbeau et le renard

Maître Corbeau, sur un arbre perché,
Tenait en son bec un fromage.
Maître Renard, par l'odeur alléché,
Lui tint à peu près ce langage:
5 «Hé! bonjour, Monsieur du Corbeau.
Que vous êtes joli! que vous me semblez beau!
Sans mentir, si votre ramage
Se rapporte à votre plumage,
Vous êtes le phénix des hôtes de ces bois.»
10 A ces mots le Corbeau ne se sent pas de joie;
Et pour montrer sa belle voix,
Il ouvre un large bec, laisse tomber sa proie.
Le Renard s'en saisit, et dit: «Mon bon Monsieur,
Apprenez que tout flatteur
15 Vit aux dépens de celui qui l'écoute:
Cette leçon vaut bien un fromage, sans doute.»
Le Corbeau, honteux et confus,
Jura, mais un peu tard, qu'on ne l'y prendrait plus.

La Fontaine
Fables: Livre I

Exercices de vérification

1 *Que font les gens suivants?*

1.

2.

3.

4.

5.

6.

7.

2 *Identifiez les animaux ci-dessous:*

1.

2.

3.

4.

5.

6.

7.

8.

PRONONCIATION

Le g̲riot, la lé̲g̲e̲nde, le c̲h̲ant, le pag̲n̲e

Un Américain a souvent de la difficulté à prononcer correctement les
g et les **ch** en français, et à les distinguer les uns des autres. Voici des
exercices pour vous aider à comprendre et à ne pas faire cette confusion.

ch, j *ou* **g**

Remarquez:	g + a, o, u + l, r	[g] (g dur)	garçon figure gâteau guère	griot grand aigle glace
	g + i, e	[ʒ] (g doux)	légende passage génie magique fugitif singe	
	ch	[ʃ]	chant cher marchand péché	
	gn	[ɲ]	pagne mignon Espagne signe	

Prononcez de gauche à droite:

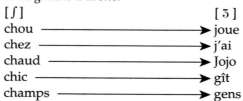

[ʃ]   [ʒ]

chou ⟶ joue
chez ⟶ j'ai
chaud ⟶ Jojo
chic ⟶ gît
champs ⟶ gens

Prononcez bien ces mots tirés du texte:

[g]	[ʒ]	[ʃ]	[ɲ]
griot	légende	chant	pagne
lagune	passage	cher	magnan
grignoter	mugissait	penchant	grignoter
gorge	émergé	couchant	grogner
grande	fugitif	péché	
grouillement	génie	prochaine	
maigre	jeune	marchand	
sanglot	jouer	chacun	
gris-gris	gorge	chimpanzé	
	magique		
	vertige		

Le griot et l'oral

[o]

la langue en arrière
les mâchoires presque fermées
les lèvres arrondies
Ne remuez pas la bouche.

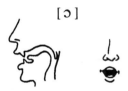

[ɔ]

la langue en arrière
les mâchoires ouvertes
les lèvres arrondies

Prononcez de gauche à droite:

[o]	[ɔ]
beau	→ bord
taux	→ tort
faux	→ fort
peau	→ port
maux	→ mort
sot	→ sotte
idiot	→ idiote
mot	→ moche
brio	→ brioche

Prononcez bien ces mots tirés du texte:

[o]	[ɔ]
griot	oral
Pokou	sort
autre	bord
nos	homme
auprès	noble
dos	révolu
flots	comme
jusqu'aux	portant
mauvais	grognait
l'eau	horde
sauver	énorme
aussi	rochers
au-dessus	proche
hippopotames	sorcier
aucun	école
grandiose	commerce
royaume	connaître
composer	colère
boyau	mordre
sanglot	corps

Quelques verbes irréguliers

	s'asseoir				**se plaindre**	

je m'assieds	nous nous asseyons	je me plains	nous nous plaignons
tu t'assieds	vous vous asseyez	tu te plains	vous vous plaignez
il } elle } s'assied	ils } elles } s'asseyent	il } elle } se plaint	ils } elles } se plaignent

Exercice d'entraînement

Mettez le verbe qui convient dans chacune des phrases suivantes:

1. Je _____ toujours au premier rang.
2. _____! Tu ne devrais pas te mettre debout dans le bateau.
3. Je _____ de toutes les interrogations que le professeur nous donne.
4. Serge _____ à côté de moi dans la salle d'études.
5. Tous les élèves _____ du règlement de l'école, mais ils sont obligés d'y obéir.

STRUCTURES

I. Les Pronoms compléments: objet direct

Un *objet direct* reçoit directement l'action du verbe. (**Il finit *la leçon*...**) Le pronom objet direct remplace le nom objet direct et en général se place *avant* le verbe qui le gouverne. (**Il *la* finit.**)

le, l' }
la, l' } = object direct { pour / une personne / ou / une chose } à la troisième personne
les }

Pierre voit **Anne** dans la rue. ————➤ Il **la** voit dans la rue.
Nous finissons **les devoirs.** ————➤ Nous **les** finissons
Ses parents ont mis **Sidi** dans cette école. ————➤ Ses parents **l'**ont mis dans cette école.

une personne { **me, m'** = objet direct, 1ère personne / **te, t'** = objet direct, 2e personne } singulier

{ **nous** = objet direct, 1ère personne / **vous** = objet direct, 2e personne } pluriel

Louisette **me** regarde quand je joue au football.
Je **te** prie d'accepter ce cadeau.
Le maître **vous** voit tous les jours.
Le fqih **t'**aime bien.

Exercices d'entraînement

 1 *Remplacez les mots en italique par des pronoms compléments d'objet direct:*

1. La tribu suit *Pokou*.
2. L'épicier raconte *les exploits du roi* à Sidi.
3. Nous aimons *la classe de français*.
4. Vous appelez *les amis*.
5. On choisit *les cadeaux* pour Marie.
6. J'entends *l'oiseau* dans l'arbre.
7. Tu finis *tes devoirs* avant d'aller en classe.
8. Les hippopotames forment *le pont*.
9. Il porte *sa veste*.
10. Ils entendent *le bruit des enfants*.

 2 *Répondez aux questions suivantes en employant des pronoms compléments d'objet direct:*

1. Les enfants *vous* flattent-ils quand ils veulent des bonbons?
2. Voyez-vous *Michel*?
3. *Me* regardez-vous quand je joue au tennis?
4. Jean accepte-t-il *l'invitation*?
5. Voient-ils *les amis de Georges* au cinéma?
6. Jetons-nous *les boules de neige*?
7. Jean *t'*amène-t-il au match de hockey ce soir?
8. Maman, est-ce que tu *m'*appelles?
9. Nettoyez-vous *votre chambre*?
10. *Me* reconnaissez-vous?

II. Les Pronoms compléments: objet indirect

Un objet indirect reçoit indirectement l'action du verbe. (**Nous envoyons la lettre *à Jean-Paul*.**) Le pronom objet indirect remplace le nom objet indirect et en général se place *avant* le verbe qui le gouverne. (**Nous *lui* envoyons la lettre.**) La préposition *à* précède le nom objet indirect.

une personne
    lui = objet indirect, 3e personne, singulier
    leur = objet indirect, 3e personne, pluriel

J'ai donné un bonbon à **Sidi**. ⟶ Je **lui** ai donné un bonbon.
Sidi répond **à son père**. ⟶ Sidi **lui** répond
Le sorcier parle **aux** membres de la tribu. ⟶ Le sorcier **leur** parle.
Vous écrivez une lettre **à vos parents**. ⟶ Vous **leur** écrivez une lettre.

une personne
    me, m' = objet indirect, 1ère personne } singulier
    te, t' = objet indirect, 2e personne }
    nous = objet indirect, 1ère personne } pluriel
    vous = objet indirect, 2e personne }

Mes parents **me** téléphonent chaque week-end.   (téléphoner *à* une personne)
Je ne **te** parle pas quand je suis fâché.   (parler *à* une personne)
Vous **nous** prêtez votre voiture de sport.   (prêter *à* une personne)
Jacques **vous** écrit une lettre.   (écrire *à* une personne)

Remarquez: **me, te, nous, vous** sont employés comme objets directs ou comme objets indi-
rects selon le sens de la phrase.

III. Le Pronom complément d'un infinitif

Dans une phrase avec un complément à l'infinitif, on met en général les pronoms compléments *avant* l'infinitif qui les gouverne.

Il faut répondre **à Pierre**. ⟶ Il faut **lui** répondre.
Pokou va lancer **son enfant** dans le fleuve. ⟶ Pokou va **le** lancer dans le fleuve.
Jean veut écrire **à ses parents**. ⟶ Jean veut **leur** écrire.
Je refuse de prêter **ma voiture** à Jacques. ⟶ Je refuse de **la** prêter à Jacques.
Alceste a envie de prendre **le dîner**. ⟶ Alceste a envie de **le** prendre

IV. Les Pronoms compléments à l'impératif

A. A l'impératif affirmatif, les pronoms se placent *après le verbe*. On met un trait d'union (-)
entre le verbe et le pronom. Pour **me** et **te**, on emploie les pronoms accentués **moi** et **toi**.
(Voir page 53.)

$$
\text{verbe -}
\begin{cases}
\textbf{le} \\
\textbf{la} \\
\textbf{les}
\end{cases}
$$

$$
\text{verbe -}
\begin{cases}
\textbf{moi} \\
\textbf{toi} \\
\textbf{lui} \\
\textbf{nous} \\
\textbf{vous} \\
\textbf{leur}
\end{cases}
$$

Achète **le livre**. ⟶ Achète-**le**.
Donnons **la réponse**. ⟶ Donnons-**la**.
Mangez **les sandwichs**. ⟶ Mangez-**les**.

Donne-**moi** le livre!   Parlez-**lui** de vos projets!
Assieds-**toi**!   Couchons-**nous** très tôt!
Levez-**vous** quand elle entre!   Donnons-**leur** notre adresse!

B. A l'impératif *négatif*, le pronom complément se place *avant le verbe*.

Comparez:
Achète **le livre**. ⟶ Achète-**le**! ⟶ Ne **l'**achète pas!
Donnons **la réponse**. ⟶ Donnons-**la**! ⟶ Ne **la** donnons pas!
Mangez **les sandwichs**. ⟶ Mangez-**les**! ⟶ Ne **les** mangez pas!

Affirmatif	Négatif
Assieds-**toi**. ———————→	Ne **t'**assieds pas.
Parlez-**lui** de vos projets. ———————→	Ne **lui** parlez pas de vos projets.
Donne-**moi** le livre. ———————→	Ne **me** donne pas le livre.
Couchons-**nous** très tôt. ———————→	Ne **nous** couchons pas très tôt.
Levez-**vous** quand elle entre. ———————→	Ne **vous** levez pas quand elle entre.
Donnons-**leur** notre adresse. ———————→	Ne **leur** donnons pas notre adresse.

Exercices d'entraînement

1 *Remplacez les mots en italique par les pronoms compléments d'objet indirect qui conviennent:*

1. Nous parlons *à Pierre.*
2. Vous téléphonez *à vos parents.*
3. Jean va écrire une lettre *à Madeleine.*
4. Explique la réponse *aux élèves.*
5. Nous allons demander *à Jeannette* de nous accompagner au spectacle.
6. Je veux demander *à mes amis* de m'aider.
7. N'écrivez pas une lettre *au sénateur.*
8. Allez-vous offrir des fleurs *à votre mère* pour la fête des Mères?
9. Mon frère veut vendre sa voiture *à Henri.*
10. Je ne ressemble pas *à mes sœurs.*

2 *Répondez aux questions suivantes en employant des pronoms compléments d'objet indirect:*

1. Ressemblez-vous *à votre mère*?
2. Prête-t-il ses livres *à ses copains*?
3. Quand rendez-vous les devoirs *au professeur*?
4. *M'*achetez-vous un cadeau?
5. Le professeur *nous* répond-il?
6. *Me* dis-tu bonjour?
7. Sidi et ses copains *nous* donnent-ils des bonbons?
8. Louisette *te* parle-t-il?

3 *Mettez les phrases suivantes à la forme négative:*

1. Répondez-lui.
2. Ecrivez-les.
3. Ecrivez-nous votre adresse.
4. Racontez-moi l'histoire de Pokou.
5. Lave-toi les cheveux.

4 *Mettez les phrases suivantes à la forme affirmative:*

1. Ne me parlez pas de votre accident.
2. Ne vous arrêtez pas au feu rouge.
3. Ne lui donnez pas mon numéro de téléphone.
4. Ne leur téléphonez pas.
5. Ne lui parle pas.
6. Ne nous levons pas avant midi.

V. Les Verbes pronominaux

Un verbe pronominal est un verbe qui se conjugue avec deux pronoms de la même personne. Le deuxième de ces pronoms, le pronom réfléchi, rappelle le sujet. Il s'accorde avec le sujet et se place avant le verbe. Les pronoms réfléchis sont **me, te, se, nous, vous, se**.

	se laver				**s'asseoir**		
je	me lave	nous	nous lavons	je	m'assieds	nous	nous asseyons
tu	te laves	vous	vous lavez	tu	t'assieds	vous	vous asseyez
il elle	se lave	ils elles	se lavent	il elle	s'assied	ils elles	s'asseyent

à la forme négative: je ne m'assieds pas, tu ne t'assieds pas, etc.
à la forme interrogative: est-ce que je m'assieds?, t'assieds-tu?, etc.

A. Voici quelques-uns des verbes pronomilnaux les plus courants:

s'amuser	se coucher	s'inquiéter	se moquer de
s'appeler	se débrouiller	se laver	se plaindre de
s'arrêter	se demander	se lever	se promener
s'asseoir	s'endormir	se marier avec	se réveiller
se battre avec	se fâcher	se méfier de	se souvenir de
se coiffer	s'habiller	se mettre à	se terminer

> Je **me lève** à six heures du matin.
> Jacques **se débrouille** toujours aux examens même s'il n'étudie pas.
> Il **se plaint** de ses mauvaises notes
> Les parents **s'inquiètent** pour leur enfant malade
> Nous **nous mettons** toujours à étudier après le dîner.

B. Voici quelques verbes qui s'emploient généralement *avec* un pronom réfléchi mais qui peuvent s'employer sans pronom réfléchi.

s'arrêter	arrêter	s'ennuyer	ennuyer
se laver	laver	s'approcher	approcher
s'appeler	appeler	s'inscrire	inscrire
s'habiller	habiller	se passer	passer

Jean **s'arrête** devant la boutique. Jean **arrête** la voiture au feu rouge.
Chaque matin je **me lave**. Chaque semaine je **lave** la voiture.
Le garçon **s'appelle** Georges. Il **appelle** la police.
Sidi **s'habille** avant d'aller à l'école. Le père **habille** le bébé
Nous **nous ennuyons** à la conférence. Eudes **ennuie** ses camarades.
La vieille dame **s'approche** du feu parce Elle **approche** la chaise pour mieux entendre
qu'elle a froid. la conversation.
Jean **s'inscrit** au cours de philosophie. Les deux jeunes gens **inscrivent** leur nom
sur l'arbre.
Cette scène du film **se passe** au Maroc. Jean **passe** son livre à Pierre.

C. Voici quelques verbes qui s'emploient généralement *sans* pronom réfléchi mais qui peuvent s'employer avec un sens réfléchi.

conduire	se conduire	perdre	se perdre	placer	se placer
trouver	se trouver	ruiner	se ruiner	tuer	se tuer

Je **conduis** une voiture de sport.

Je **me conduis** bien quand je suis avec mes parents.

Vous **perdez** la voix quand il fait froid.

Hansel et Gretel **se perdent** dans la forêt.

Les dépenses militaires **ruinent** les petites nations.

Jacques **se ruine** en jouant à la roulette.

Tu **trouves** les clefs dans la poche de ta veste.

Les élèves **se trouvent** dans des situations difficiles quand ils ne font pas leurs devoirs.

D. Au pluriel, un verbe qui n'est pas normalement pronominal peut être pronominal pour exprimer la réciprocité d'une action.

Comparez:

Jean regarde Marie.	Marie regarde Jean.	Ils **se regardent**.
J'embrasse ma mère.	Elle m'embrasse.	Nous **nous embrassons**.
Le sorcier regarde Pokou.	Pokou regarde le sorcier.	Ils **se regardent**.
Sidi parle à l'épicier	L'épicier parle à Sidi.	Ils **se parlent**.

Remarquez: L'emploi des verbes pronominaux dans «La Légende baoulé» et *La Boîte à merveilles*.

Les membres de la tribu **se regardaient**.
Les belles filles **se marieront**.
Les hippopotames **se placent** les uns à la suite des autres.
Les petits camarades de l'école **se contentent** du visible.
Mon père ajoutait que **se tuer** était un grand péché.
Je **me réveille** le matin.

Exercice d'entraînement

Mettez les phrases suivantes au présent:

1. Jacqueline (se lever) _____ tard.
2. Nous (se débrouiller) _____ quand nous (se trouver) _____ dans un endroit inconnu.
3. Je (se souvenir) _____ de mon voyage en France.
4. Vous (se promener) _____ dans la forêt chaque dimanche.
5. (S'asseoir) _____ -tu à côté d'André?
6. La maîtresse (se fâcher) _____ quand les enfants ne font pas attention.
7. Les élèves (se plaindre) _____ de la nourriture à la cantine
8. (Se coucher) _____ -vous à minuit?
9. Ne (se moquer) _____ pas des singes au zoo. Sois sage!
10. Comment (s'appeler) _____ -tu?

VI. Les Pronoms interrogatifs

	Sujet	*Objet direct*
personnes	qui (qui est-ce qui)	qui (qui est-ce que)
choses	qu'est-ce qui	que (qu'est-ce que)

une personne	{	**Qui**	est-ce	**qui**	demande *le sujet* de la réponse
	{	**Qui**	est-ce	**que**	demande *l'objet* direct de la réponse
une chose	{	**Qu̶é'**	est-ce	**qui**	demande *le sujet* de la réponse
	{	**Qu̶é'**	est-ce	**que**	demande *l'objet* direct de la réponse

Question + inversion	*Question +* **est-ce**	*Réponse*
Qui est l'épicier?	Qui est-ce qui est l'épicier?	**Abdallah** est l'épicier
Qui aimez-vous?	Qui est-ce que vous aimez?	J'aime **Nicole**.
_____	Qu'est-ce qui l'intéresse?	**Le football** l'intéresse.
Que lisez-vous?	Qu'est-ce que vous lisez?	Je lis **un roman d'aventures**.

Remarquez: a) Les deux formes interrogatives du verbe sont possibles après les pronoms interrogatifs objets directs **qui** et **que (qu')**.

Qui { regardez-vous? / est-ce que vous regardez? }   Que { regardez-vous? / est-ce que vous regardez? / (qu'est-ce que vous regardez?) }

b) L'usage courant permet souvent l'inversion du *nom* sujet et du verbe après **que**.

Que dit Pierre?   Il dit bonjour.
Que pensent vos parents de votre idée   Ils la trouvent intéressante.

c) On ne fait jamais d'élision avec **qui** (comme sujet ou comme objet).

Qui est-ce qui écrit cette lettre?
Qui aimez-vous?

d) Lorsque **qui** est le sujet d'une question, il est suivi d'un verbe à la *troisième* personne du *singulier*.

Qui est là?   Nous sommes là.

Remarquez: Pour identifier un objet on emploie **Qu'est-ce que c'est**?

Qu'est-ce que c'est?   C'est un mouchoir.

Exercice d'entraînement

Posez la question qui correspond à la réponse en italique. Donnez les deux formes:

1. *Pokou* dit «baouli».
2. Pokou dit «*baouli*».
3. *Vous* finissez les devoirs.
4. Vous finissez *les devoirs*.
5. Nous mettons *les balles* dans le placard.
6. *Nous* mettons les balles dans le placard.
7. *Eva* écrit la lettre.
8. Eva écrit *la lettre*.
9. Gilles porte *un chandail neuf.*
10. *Gilles* porte un chandail neuf.

VII. Les Adjectifs interrogatifs

Les adjectifs interrogatifs modifient un nom (**Quel livre lisez-vous**?). Ils se placent avant le verbe **être** et un nom (**Quelle est la date aujourd'hui?**), Les adjectifs interrogatifs s'accordent en genre (masculin ou féminin) et en nombre (singulier ou pluriel) avec *les noms* qu'ils modifient.

	Singulier	*Pluriel*
masculin	quel	quels
féminin	quelle	quelles

Question

Quel livre lisez-vous?
Quel est votre sport favori?

Quels élèves répondent aux questions?

Quelle voiture vos parents veulent-ils acheter?
Quelles maisons coûtent cher?

Réponse

Je lis **un roman d'aventures.**
Mon sport favori est **le tennis.**
  (Je préfère le tennis.)
Les élèves **intelligents** repondent aux questions.
Ils veulent acheter **une Renault.**

Les **grandes** maisons coûtent cher.

Exercice d'entraînement

Posez la question qui correspond à la réponse en italique:

1. Je préfère la couleur *verte.*
2. Nous préférons les romans *policiers.*
3. Aujourd'hui c'est *le 22 octobre.*
4. Vous préférez le film *de Gérard Depardieu.*
5. Il a *seize ans.*
6. Son sport favori est *le hockey.*
7. Les devoirs pour demain sont *les exercices d'entraînement à la page 21.*
8. Il fait un temps *splendide.*

VIII. Les Pronoms relatifs *qui* et *que*

Un pronom relatif fait référence à un nom et joint une proposition relative à ce nom. La proposition relative se place directement après l'antécédent (le mot que le pronom remplace dans la proposition relative) et toute la proposition s'emploie alors comme un adjectif qui modifie ce nom.

	Sujet de la proposition *relative*	*Objet direct* de la proposition *relative*
personnes	qui	que
choses	qui	que

Deux phrases	Une phrase

1. a. La fille joue au football.
   b. La fille est sportive.

La fille **qui est sportive** joue au football.

2. a. La fille joue au football.
   b. Nicolas regarde la fille.

La fille **que Nicolas regarde** joue au football.

Remarquez: a) Dans la première phrase, le pronom relatif **qui** remplace le mot **fille**. **Qui** devient ainsi le sujet du verbe dans la proposition relative **Qui est sportive**.

b) Dans la seconde phrase, le pronom relatif **que** remplace le mot **fille**. **Que** est l'objet direct du verbe dans la proposition relative **que Nicolas regarde**.

c) Dans la première phrase, la proposition relative **qui est sportive** se place directement après l'antécédent du pronom (**la fille**).

d) Dans la seconde phrase, la proposition relative **que Nicolas regarde** se place directement après l'antécédent du pronom (**la fille**).

Exercice d'entraînement

*Joignez les deux phrases suivantes en employant un pronom relatif (**qui** ou **que**). La première phrase doit devenir la proposition principale.*

1. José habite une case. Nous allons visiter la case.
2. Ce garçon est mon frère. Il court très vite.
3. Les fruits sont excellents. Pierre a acheté ces fruits.
4. L'élève s'appelle Sidi. Le maître le respecte le plus.
5. Je n'aime pas le livre. Nous le consultons.
6. La tribu traverse le pont. Les hippopotames ont formé le pont.
7. La tribu quitte les paillotes. Elles se trouvent au bord de la lagune.
8. Nous choisissons les films. Les critiques recommandent ces films.
9. Sidi ne s'intéresse pas aux activités de ses camarades. Il préfère découvrir les mystères de la vie.
10. Ses camarades adorent les sucreries. Les sucreries ont les couleurs du ciel.

IX. Les Pronoms accentués

Les pronoms accentués s'emploient *seulement* pour les personnes et ils correspondent aux pronons sujets.

	Singulier	Pluriel
1.	moi (je)	nous (nous)
2.	toi (tu)	vous (vous)
3.	lui (il)	eux (ils)
	elle (elle)	elles (elles)
	soi (on)	

Ils s'emploient:

1. après l'impératif *affirmatif* à la première et à la deuxième personnes.

> Dites-**moi** votre opinion.
> Lève-**toi** quand je te parle.
> Donne-**nous** une explication.
> Asseyez-**vous** à côté de Michel.

2. après une *préposition* si la préposition n'introduit pas un objet indirect.

> Je compte sur **vous** pour m'aider à être très gentil avec **lui**.
> Ils jouent au tennis chez **eux**.
> Il veut faire de la boxe avec **toi**.
> La sorcière se moque d'**elles**.

3. *en apposition* quand on veut insister sur le sujet ou sur un complément.

> **Nous**, nous n'avons pas encore de téléviseur, mais **toi**, tu as quatre téléviseurs.
> **Lui**, je l'ai vu mais **elle**, je ne l'ai pas vue.
> René, **lui**, est un homme civilisé.

4. aprés **c'est**.

c'est moi	c'est nous
c'est toi	c'est vous
c'est lui	ce sont eux
c'est elle	ce sont elles

> **C'est nous** qui **sommes** passionnés par les sports.
> **C'est moi** que vous avez vu(e) à la boutique.
> **Ce sont eux** qui **vont** en Europe tous les étés.

Remarquez: a) Le verbe d'une proposition relative introduite par **qui** s'accorde avec le pronom accentué précédent.

> **C'est nous** qui **allons** au cinéma ce soir.

b) **C'est ne** devient **ce sont** qu'à la troisième personne du pluriel.

Exercices d'entraînement

1 *Refaites ces phrases en remplaçant les mots en italique par les pronoms accentués qui conviennent:*

1. Ce cadeau est pour *Nicolas*.
2. *Jeanne*, elle a deux frères, tandis que moi, j'ai trois frères.
3. Ces balles sont à *Louisette et à Nicolas*, les autres sont à *vous et à moi*.

2 *Remplacez les tirets par le pronom accentué qui convient:*

1. C'est _____ qui semble la plus intelligente.
2. On doit toujours être content de _____.
3. _____ , ils ont peur des lions et _____, elles ont peur des sangliers.
4. Sidi, _____, il est trop jeune.
5. C'est _____ qui as du talent.

X. *Connaître* et *savoir* (deux verbes synonymes, mais d'emplois différents)

Connaître s'emploie surtout pour indiquer une familiarité avec une personne ou un lieu.
Savoir s'emploie surtout pour marquer un fait.

<table>
<tr><td colspan="2" align="center">connaître
(reconnaître, paraître, apparaître, etc.)</td><td colspan="2" align="center">savoir</td></tr>
<tr><td>je connais</td><td>nous connaissons</td><td>je sais</td><td>nous savons</td></tr>
<tr><td>tu connais</td><td>vous connaissez</td><td>tu sais</td><td>vous savez</td></tr>
<tr><td>il
elle } connaît</td><td>ils
elles } connaissent</td><td>il
elle } sait</td><td>ils
elles } savent</td></tr>
</table>

impératif: sache
sachons
sachez

Connaître est toujours suivi d'un *nom* ou d'un *pronom*.

Le sorcier connaît Pokou.   Pokou ne connaît pas New York.
Je connais les Etats-Unis.   Vous connaissez la France.
Ce monsieur, je le connais bien.   Nous nous connaissons depuis longtemps.
Je ne connais pas Albert Camus.   Mais je connais ses idées et ses livres.

Savoir   1. peut être suivi d'un nom *mais jamais* d'un nom de personne ou de pays.

José sait toujours ses leçons.
Je sais la date d'aujourd'hui.

2. peut être suivi d'un infinitif et signifie **être capable de ...**

Je sais nager.
Jacques sait jouer du violon.
Le petit enfant sait écrire son nom.

3. peut être suivi d'une proposition (**que** + un verbe ou **si** + un verbe ou **quand** + un verbe, etc.).

Nous savons qu'Alceste est gros.
Il ne sait pas s'il pourra venir dimanche.

Exercice d'entraînement

*Mettez **connaître** ou **savoir** à la forme qui convient:*

1. Je suis allé trois fois en France. Je crois que je la _____ assez bien.
2. _____-vous la date de leur mariage?
3. Nous _____ M. et Mme Dupont depuis dix ans.
4. Le jeune enfant _____ monter à bicyclette.
5. Charles parle anglais comme un Anglais. Il _____ son anglais.
6. Les élèves _____ le directeur de l'école.
7. _____-il tout le monde?
8. Nous _____ qu'il est parti avant la fin du film.
9. Les sœurs de Georges _____ son amie mais elles ne _____ pas qu'il va se marier avec elle.
10. _____-tu quand Françoise et Marguerite partiront pour la France?

Exercices de vérification

1 *Répondez aux questions suivantes en employant des pronoms compléments d'objet direct ou indirect selon le sens des mots en italique:*

1. Jean met-il *les clefs* dans le tiroir?
2. Qui explique *la réponse*?
3. Le professeur explique-t-il la réponse *aux élèves*?
4. Jean-Thomas *t'*écrit-il souvent?
5. Savez-vous réparer *la bicyclette*?
6. Depuis combien de temps connais-tu *le professeur*?
7. Qu'est-ce que vous demandez *à la vendeuse*?
8. A quelle heure *vous* couchez-vous le soir?
9. Envoyez-vous *cette carte* à vos amis?
10. Envoyez-vous cette carte *à vos amis*?
11. Vos petits frères écoutent-ils *la maîtresse* quand elle lit des histoires?
12. Voyez-vous *Pierre et Monique* au café?
13. *Me* vois-tu souvent?
14. Jacques aide-t-il *sa mère*?
15. Quand *vous* conduisez-vous bien?

2 *Posez la question qui correspond à la réponse en italique:*

1. Le vieux monsieur se promène *le matin*.
2. *Oui*, je m'endors quand je suis fatigué.
3. *Sidi* s'amuse bien avec ses copains.
4. Georges préfère les romans *d'amour*.
5. *Les sports* m'intéressent.
6. C'est *une machine qui compte les gens qui passent dans la rue*.

7. Pokou lance *son enfant* dans le fleuve.
8. *Je* m'assieds à côté de ton frère.
9. Nous avons *cinq* amis qui vont en Europe cet été.
10. Il est *10 h 30.*
11. Jean-Pierre et Georges connaissent *cet acteur.*
12. Je place *l'argent* à la banque.
13. Mon film favori est *Autant en emporte le vent.*
14. Nous sommes en *automne.*
15. Je veux *de la glace* comme dessert.

3 | *Joignez les deux phrases suivantes en employant un pronom relatif (**qui** ou **que**). La première phrase doit devenir la proposition principale.*

1. Donnez-moi le livre. Le livre est sur la table.
2. Michel est un garçon. J'aime bien ce garçon.
3. L'arbre est toujours vert. Cet arbre est devant moi.
4. Comment s'appelle cette jeune fille? Je vois cette jeune fille souvent.

4 | *Posez la question qui correspond à la réponse en italique en employant un pronom interrogatif, **comment, où, pourquoi, quand, combien**, ou une forme de **quel**:*

1. Il a *quatorze ans.*
2. Je lis *le journal.*
3. Je m'appelle *Jean-Pierre.*
4. Je vais *bien*, merci.
5. Il va prendre le train *de 3 h.*
6. La voiture coûte *50.000 francs.*
7. Nous avons *trois* sœurs.
8. C'est *un bouquet de fleurs.*
9. Elle aime lire les romans *d'amour.*
10. *Ma tante Clara* est malade.
11. Nous allons à la plage *parce qu'il fait chaud.*
12. Je mets ces gants *dans le tiroir.*
13. Nous voulons *du vin rouge.*
14. *Nos amis* frappent à la porte.
15. *De jolies fleurs* poussent dans le jardin de mon oncle.
16. De jolies fleurs poussent *dans le jardin de mon oncle.*
17. Mireille choisit la jupe *rouge.*
18. Vous apprenez *le français.*
19. Les langues *européennes* m'intéressent.
20. Il faut respirer *pour vivre.*

Révision

Répondez aux questions suivantes en employant des phrases complètes:

1. Quels animaux trouve-t-on en Afrique?
2. Lesquels trouve-t-on dans la forêt?
3. Comment vous sentez-vous après avoir joué au football?
4. De quoi vous contentez-vous après une longue journée de travail?

5. A quelle heure vous réveillez-vous d'habitude?
6. Que faites-vous le lendemain du jour de l'An?
7. Qu'est-ce que vous avez l'intention de faire plus tard?
8. Comment appelle-t-on celui qui écrit des pièces de théâtre?
9. Quels sont les pays francophones d'Afrique?
10. Dites à votre camarade de se coucher.
11. Complétez: Mon père se souvient de...
12. Complétez: Je me demande si...
13. Quand vous mettez-vous à travailler le soir?
14. Dites au professeur d'expliquer la leçon.
15. Qui est La Fontaine?
16. Qu'est-ce que c'est qu'une fable?

Discussion et création

En vous servant du vocabulaire et des structures de cette leçon, répondez aux questions suivantes:

1. Inventez une raison pour laquelle (a) une hyène ricane (b) l'hippopotame habite dans la boue (c) le sanglier a des ivoires.
2. Inventez une histoire qui explique comment les Français ont reçu leur nom.
3. Inventez un dialogue possible quand le sorcier demande à Pokou de sacrifier son enfant.
4. Comparez «La Légende baoulé» avec d'autres histoires que vous connaissez.
5. Si vous aviez une boîte à merveilles qu'est-ce qu'elle contiendrait?
6. Quelle sorte de talisman aimeriez-vous bien avoir? Pourquoi?
7. Imaginez le Paradis.
8. Expliquez les deux derniers vers du poème «Civilisation» (page 37).
9. Dessinez une carte de l'Afrique en indiquant les pays francophones et leur capitale.
10. Dites quelles personalités, quels défauts et quelles qualités sont représentés par le corbeau et le renard dans la fable de La Fontaine.
11. Apprenez par cœur *Le Corbeau et le renard* de La Fontaine. Quelle est la leçon de cette fable? En connaissez-vous d'autres?
12. Inventez une fable.

Troisième Leçon

Dans cette histoire, Nicolas décide de quitter sa maison. Quand il reviendra,
il sera riche.

*renverser

faire tomber

*un tapis

*neuf

nouveau

*gronder

réprimander

*s'en aller

partir

que j'aille

je vais (au subjonctif)

**faire les courses

faire des achats dans les
magasins

*un wagon

le seul qui me reste

le seul que je possède encore

*casser

Clotaire s'est cassé le bras.

*garder

conserver

la veine (*fam.*)

la chance

défendre

ne pas permettre

*courir

aller très vite à pied

mémé (*fam.*)

grand-mère

Je quitte la maison

Je suis parti de la maison! J'étais en train de jouer dans le salon et j'étais bien sage, et puis, simplement parce que j'ai renversé° une bouteille d'encre sur le tapis° neuf,° maman est venue et elle m'a grondé.° Alors, je me suis mis à pleurer et je lui ai dit que je m'en irais° et qu'on me regretterait beaucoup et maman a dit: «Avec tout ça il se fait tard,
5 il faut que j'aille° faire mes courses»,° et elle est partie.

Je suis monté dans ma chambre pour prendre ce dont j'aurais besoin pour quitter la maison. J'ai pris mon cartable et j'ai mis dedans la petite voiture rouge que m'a donnée tante Eulogie, la locomotive du petit train à ressort, avec le wagon° de marchandises, le seul qui me reste,° les autres wagons sont cassés,° et un morceau de chocolat que j'avais
10 gardé° du goûter. J'ai pris ma tirelire, on ne sait jamais, je peux avoir besoin de sous, et je suis parti.

C'est une veine° que maman n'ait pas été là, elle m'aurait sûrement défendu° de quitter la maison. Une fois dans la rue, je me suis mis à courir.° Maman et papa vont avoir beaucoup de peine, je reviendrai plus tard, quand ils seront très vieux, comme
15 mémé,° et je serai riche, j'aurai un grand avion, une grande auto et un tapis à moi, où je pourrai renverser de l'encre et ils seront drôlement contents de me revoir.

mordre

Le chien mord la jambe du monsieur.

des tas de (*fam.*)	beaucoup de
***tellement**	si
la choucroute	des choux préparés à l'allemande (avec du vinaigre)
le lard	le bacon gras
****faire signe de la main**	indiquer avec la main
***le coin**	l'angle
****un bout**	un morceau
***loin (de)**	≠ près (de)
une huître	un coquillage dans lequel on peut trouver une perle

***au bord de**

au bord du trottoir   au bord de la mer

à l'extrémité d'une surface

***le trottoir**

où l'on marche le long de la rue

la tirelire

***des sous** (*fam.*)

de l'argent

***une pâtisserie**	où l'on achète des gâteaux
****à pied**	en marchant
***puisque**	parce que
tout seul	complètement seul
***inquiet**	troublé, agité

Comme ça, en courant, je suis arrivé devant la maison d'Alceste, Alceste c'est mon copain, celui qui est très gros et qui mange tout le temps, je vous en ai peut-être déjà parlé. Alceste était assis devant la porte de sa maison, il était en train de manger du pain d'épices. «Où vas-tu?» m'a demandé Alceste en mordant° un bon coup dans le pain
5   d'épices. Je lui ai expliqué que j'étais parti de chez moi et je lui ai demandé s'il ne voulait pas venir avec moi. «Quand on reviendra, dans des tas d'°années, je lui ai dit, nous serons très riches, avec des avions et des autos et nos papas et nos mamans seront tellement° contents de nous voir, qu'ils ne nous gronderont plus jamais.» Mais Alceste n'avait pas envie de venir. «T'es pas un peu fou, il m'a dit, ma mère fait de la
10 choucroute° ce soir, avec du lard° et des saucisses, je ne peux pas partir.» Alors, j'ai dit au revoir à Alceste et il m'a fait signe de la main° qui était libre, l'autre était occupée à pousser le pain d'épices dans sa bouche.

J'ai tourné le coin° de la rue et je me suis arrêté un peu, parce qu'Alceste m'avait donné faim et j'ai mangé mon bout° de chocolat, ça me donnera des forces pour le
15 voyage. Je voulais aller très loin, très loin,° là où papa et maman ne me trouveraient pas, en Chine ou à Arcachon où nous avons passé les vacances l'année dernière et c'est drôlement loin de chez nous, il y a la mer et des huîtres.°

Mais, pour partir très loin, il fallait acheter une auto ou un avion. Je me suis assis au bord du° trottoir° et j'ai cassé ma tirelire° et j'ai compté mes sous.° Pour l'auto et pour
20 l'avion, il faut dire qu'il n'y en avait pas assez, alors, je suis entré dans une pâtisserie° et je me suis acheté un éclair au chocolat qui était vraiment bon.

Quand j'ai fini l'éclair, j'ai décidé de continuer à pied,° ça prendra plus longtemps, mais puisque° je n'ai pas à rentrer chez moi, ni à aller à l'école, j'ai tout le temps. Je n'avais pas encore pensé à l'école et je me suis dit que demain, la maîtresse, en classe,
25 dirait: «Le pauvre Nicolas est parti tout seul,° tout seul et très loin, il reviendra très riche, avec une auto et un avion», et tout le monde parlerait de moi et serait inquiet° pour moi et Alceste regretterait de ne pas m'avoir accompagné. Ce sera drôlement chouette.

*prêter	donner pour un certain temps, ≠ emprunter
*embêtant (*fam.*)	désagréable
tiens!	que c'est intéressant! quelle surprise!
*de nouveau	encore
*avoir de la peine	être triste
*ça m'arrange	c'est bien pour moi
*les jouets	*L'enfant joue avec des jouets.*

un petit bonhomme (*fam.*)	un petit garçon
une bille	*Les enfants jouent souvent aux billes.*

du tout (rien du tout, pas du tout)	pour insister sur la négation
*par terre	sur le sol, sur le plancher
*se pencher	*Elle se penche pour mieux écouter l'enfant.*

*étonné	surpris
*vendre à	≠ acheter à:
	Le libraire vend le livre au client.
	Le client achète le livre au libraire.

J'ai continué à marcher, mais je commençais à être fatigué, et puis, ça n'allait pas bien vite, il faut dire que je n'ai pas de grandes jambes, ce n'est pas comme mon ami Maixent, mais je ne peux pas demander à Maixent de me prêter° ses jambes. Ça, ça m'a donné une idée: je pourrais demander à un copain de me prêter son vélo. Justement je
5 passais devant la maison de Clotaire. Clotaire a un chouette vélo, tout jaune et qui brille bien. Ce qui est embêtant,° c'est que Clotaire n'aime pas prêter des choses.

J'ai sonné à la porte de la maison de Clotaire et c'est lui-même qui est venu ouvrir. «Tiens,° il a dit, Nicolas! Qu'est-ce que tu veux? — Ton vélo», je lui ai dit, alors Clotaire a fermé la porte. J'ai sonné de nouveau° et, comme Clotaire n'ouvrait pas, j'ai laissé le
10 doigt sur le bouton de la sonnette. Dans la maison j'ai entendu la maman de Clotaire qui criait: «Clotaire! Va ouvrir cette porte!» Et Clotaire a ouvert la porte mais il n'avait pas l'air tellement content de me voir toujours là. «Il me faut ton vélo, Clotaire, je lui ai dit. Je suis parti de la maison et mon papa et ma maman auront de la peine° et je reviendrai dans des tas d'années et je serai très riche avec une auto et un avion.» Clotaire m'a
15 répondu que je vienne le voir à mon retour, quand je serai très riche, là, il me vendra son vélo. Ça ne m'arrangeait° pas trop, ce que m'avait dit Clotaire, mais j'ai pensé qu'il fallait que je trouve des sous; pour des sous, je pourrais acheter le vélo de Clotaire. Clotaire aime bien les sous.

Je me suis demandé comment faire pour trouver des sous. Travailler, je ne pouvais
20 pas, c'était jeudi. Alors j'ai pensé que je pourrais vendre les jouets° que j'avais dans mon cartable: l'auto de tante Eulogie et la locomotive avec le wagon de marchandises, qui est le seul qui me reste parce que les autres wagons sont cassés. De l'autre côté de la rue j'ai vu un magasin de jouets, je me suis dit que, là, ça pourrait les intéresser mon auto et le train.
25 Je suis entré dans le magasin et un monsieur très gentil m'a fait un grand sourire et il m'a dit: «Tu veux acheter quelque chose, mon petit bonhomme?° Des billes?° Une balle?» Je lui ai dit que je ne voulais rien acheter du tout,° que je voulais vendre des jouets et j'ai ouvert le cartable et j'ai mis l'auto et le train par terre,° devant le comptoir. Le monsieur gentil s'est penché,° il a regardé, il a eu l'air étonné° et il a dit: «Mais, mon
30 petit, je n'achète pas des jouets, j'en vends.°» Alors je lui ai demandé où il trouvait

une fabrique = une usine; où l'on fabrique un produit

embêté (*fam.*)   inquiet, troublé, agité

**il se fait tard *Quand il se fait tard, il fait noir.*

*une journée   un jour

il n'y a plus personne   maintenant il est tout seul

*être en retard   ≠ être en avance

les jouets qu'il vendait, ça m'intéressait. «Mais, mais, mais, il m'a répondu, le monsieur, je ne les trouve pas, je les achète. — Alors, achetez-moi les miens», j'ai dit au monsieur. «Mais, mais, mais, il a fait de nouveau, le monsieur, tu ne comprends pas, je les achète, mais pas à toi, à toi je les vends, je les achète dans des fabriques,° et toi ... C'est-à-dire ...»

5   Il s'est arrêté puis il a dit: «Tu comprendras plus tard, quand tu seras grand.» Mais, ce qu'il ne savait pas, le monsieur, c'est que quand je serai grand, je n'aurai pas besoin de sous, puisque je serai très riche, avec une auto et un avion. Je me suis mis à pleurer. Le monsieur était très embêté,° alors, il a cherché derrière le comptoir et il m'a donné une petite auto et puis il m'a dit de partir parce qu'il se faisait tard,° qu'il devait fermer le

10   magasin et que des clients comme moi, c'était fatigant après une journée° de travail. Je suis sorti du magasin avec le petit train et deux autos, j'étais rudement content. C'est vrai qu'il se faisait tard, il commençait à faire noir et il n'y avait plus personne° dans les rues, je me suis mis à courir. Quand je suis arrivé à la maison, maman m'a grondé parce que j'étais en retard° pour le dîner.

15   Puisque c'est comme ça, c'est promis: demain je quitterai la maison. Papa et maman auront beaucoup de peine et je ne reviendrai que dans des tas d'années, je serai riche et j'aurai une auto et un avion!

Sempé/Goscinny
Le petit Nicolas
Editions Denoël

QUESTIONNAIRE

Répondez oralement aux questions suivantes en faisant des phrases complètes:

1. Pourquoi Nicolas décide-t-il de quitter la maison?
2. De quoi a-t-il besoin pour quitter la maison?
3. Combien de wagons de marchandises lui reste-t-il?
4. Une fois dans la rue, qu'est-ce qu'il fait?
5. Quelle réaction auront ses parents en s'apercevant qu'il est parti?
6. Quand Nicolas reviendra-t-il?
7. Où va-t-il d'abord?
8. Que fait Alceste?
9. Qu'est-ce qu'il mange?
10. Pourquoi Alceste ne veut-il pas venir avec Nicolas?
11. Comment dit-il «au revoir»?
12. Qu'est-ce qui donnera à Nicolas des forces pour le voyage?
13. Où veut-il aller? Pourquoi?
14. Qu'y a-t-il à Arcachon?
15. Que faut-il acheter pour partir très loin?
16. Au lieu d'un avion, qu'est-ce qu'il achète?
17. Puisqu'il a tout son temps, comment voyage-t-il?
18. Qu'est-ce qu'il ne peut pas demander à Maixent?
19. Que demande-t-il à Clotaire?
20. Quand Nicolas pourra-t-il venir le revoir?
21. Qu'est-ce que Clotaire aime bien?
22. Où est le magasin de jouets que voit Nicolas?
23. Que veut-il acheter?
24. Comment le monsieur du magasin l'appelle-t-il?
25. Où le monsieur achète-t-il ses jouets normalement?
26. Quand Nicolas ne réussit pas à vendre ses jouets, que fait-il?
27. Qu'est-ce que le monsieur trouve fatigant?
28. Combien y a-t-il encore de personnes dans la rue?
29. Quand Nicolas arrive à la maison, que fait sa mère? Pourquoi?
30. Que fera Nicolas demain?
31. Quand il reviendra, comment sera-t-il? Qu'est-ce qu'il aura?

Expressions supplémentaires

faire des courses
    des achats
    le marché
    la vaisselle
    la queue

Les élèves font la queue devant le bureau.

il se fait tard
il est tard ≠ tôt
il fait nuit ≠ jour

Quel temps fait-il?

Il fait beau ≠ mauvais

chaud ≠ froid

frais   il ne fait ni
chaud ni froid,
mais un peu froid

du soleil

du vent   L'air se déplace rapidement:
Quand il fait du vent, les
bateaux à voile vont très vite.

Que faites-vous comme sports?

faire du football   de l'aviron

du vélo   de la natation

du ski (nautique)   de l'escrime

du cheval   du football américain

de la voile   du hockey

du patin   du basket

du ski   du tennis

de la planche à voile   de l'athlétisme

de la gymnastique

faire plaisir à   *Ça lui fait plaisir.*

attention à   *Elle ne fait pas attention au voleur.*

peur à   *Le voleur lui fait peur.*

mal à   *Elle fait mal au voleur.*

faire signe de la main de la tête des yeux	= indiquer avec la main la tête les yeux
faire semblant de	= avoir l'air de, feindre
Ça ne fait rien	= Ce n'est pas important
tout à fait	= complètement

aller à pied   en voiture

en vélo   en autobus

par le train   en (auto) car

en avion   en (auto) stop

un bout de chocolat

de pain

de craie

de ruban

la bicyclette, le vélo

les roues

les pneus

le guidon

les freins

les vitesses

les pédales

la selle

les pneus

un pneu crevé

la roue de secours
(la roue auxiliaire)

gonfler

l'essence

une panne d'essence

faites-moi le plein { d'ordinaire
de super

FAITES-MOI
LE PLEIN DE SUPER

l'huile

vérifier le niveau d'huile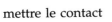

mettre le contact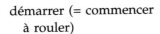

démarrer (= commencer
à rouler)

rouler

ralentir

la voiture

les roues

les pneus

le volant

les freins

les vitesses

l'accélérateur

le siège avant

le siège arrière

le klaxon,
l'avertisseur

le coffre

le capot

le clignotant

les phares

l'essuie-glace

le pare-brise

le pare-chocs

l'aile (avant-droite,
arrière-gauche, etc.)

freiner

s'arrêter

tomber en panne

Le Code de la route et la signalisation routière

(1) Début de section à statut autoroutier
(2) Fin de section à statut autoroutier

INTERSECTIONS ET PRIORITÉS

 Indication du caractère prioritaire d'une route à grande circulation

 Perte de priorité d'une route à grande circulation

 Intersection, en dehors d'une agglomération, de deux routes à grande circulation

 Intersection d'une route non prioritaire, avec une route sur laquelle l'arrêt est obligatoire

 Céder le passage aux véhicules débouchant de routes situées à droite

 D°, Intersection particulièrement dangereuse

 Intersection avec une route dont les usagers doivent céder le passage

 Céder le passage à l'intersection
(1) signal avancé
(2) signal de position

  Arrêt obligatoire
(1) signal avancé
(2) marquer l'arrêt à la bande blanche

DANGERS

  Passage à niveau
(1) avec barrières
(2) sans barrières

 Passage à niveau avec demi-barrières signal automatique

 Chaussée rétrécie

 Chaussée glissante

 Danger (avec indication de la nature du danger)

 Circulation à double sens (signal de position, annonce généralement la fin d'une circulation à sens unique)

 Double virage dangereux (dont le premier vire à droite)

PRESCRIPTIONS

 Sens interdit

 (1) Vitesse limitée à tous les véhicules
(2) Double limitation

 Interdiction de tourner
(1) à gauche
(2) à droite

 Interdiction de dépasser tous les véhicules (sauf les véhicules à 2 roues et à traction animale)

 Stationnement interdit (au-delà du signal dans le sens de la marche sur une distance de 30 m)

 Arrêt interdit (au-delà du signal dans le sens de la marche jusqu'à la prochaine intersection)

B 11 - Présignalisation d'un carrefour routier avec indication de direction d'une autoroute

C 15 a - Terrain de camping pour tentes seules

C 15 b - Terrain pour caravanes

C 15 c - Terrain pour tentes et caravanes

C 16 Auberge de jeunesse

B 12 - Signalisation avancée d'un carrefour routier important

B 212 a - Signalisation avancée de sortie

SIGNALISATION AUTOROUTIÈRE

202 c - Présignalisation d'entrée sur une autoroute à péage

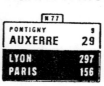

B 15 - Confirmation, sur route, de directions routière et autoroutière

C 202 b - Première présignalisation de croisement d'autoroutes

B 201 b 3 - Présignalisation de bifurcation ou de croisement

Exercices de vérification

1 *Identifiez l'object ou la situation dans chaque dessin en employant le vocabulaire ci-dessus:*

1.

2.

3.

4.

5.

6.

2 *Décrivez ce qui se passe dans chaque dessin.*

1.

2.

3.

4.

5.

6.

7.

PRONONCIATION

i et é

Pour les deux sons, les lèvres sont très écartées et tendues. Les dents sont presque serrées et les deux côtés de la langue sont entre les dents.

Prononcez bien les mots suivants:

[i]   [e]

fit	fée
dis	des
mis	mes
nid	nez
lit	les
Gigi	bébé

Prononcez bien ces mots tirés du texte:

ni	et
dit	été
mis	des
qui	idée
quitte	mémé
riche	année
signe	journée
libre	
tapis	défendre
parti	grondé
sorti	pleurez
petit	goûter
assis	jouets
fini	
tirelire	quitter
suis	décider
puis	épices

Quelques verbes irréguliers

faire

je	fais	nous	faisons
tu	fais	vous	faites
il elle	fait	ils elles	font

vouloir

je	veux	nous	voulons
tu	veux	vous	voulez
il elle	veut	ils elles	veulent

pouvoir

je	peux	nous	pouvons
tu	peux	vous	pouvez
il elle	peut	ils elles	peuvent

partir (sortir)

je	pars	nous	partons
tu	pars	vous	partez
il elle	part	ils elles	partent

courir

je	cours	nous	courons
tu	cours	vous	courez
il elle	court	ils elles	courent

Exercices d'entraînement

1 *Mettez les verbes entre parenthèses à la forme qui convient:*

1. Je (partir) _____ tout à l'heure pour le week-end.
2. Marc et Jean-Paul (vouloir) _____ vous voir.
3. Elles ne (faire) _____ pas attention.
4. L'entraîneur nous (faire) _____ courir trois fois par jour.
5. Hélène (courir) _____ moins vite que moi.

2 *Mettez la forme correcte de vouloir ou de pouvoir, selon le sens de la phrase:*

1. Je _____ partir mais je ne _____ pas parce que je n'ai pas assez d'argent.
2. _____-vous me passer le pain? Je ne _____ pas l'atteindre.
3. Ils _____ encore gagner mais il reste très peu de temps.
4. _____-vous encore du thé? Oui, je _____ bien.
5. Le pneu est crevé. Je ne _____ pas prendre la voiture.

STRUCTURES

I. Le Futur proche

Avec une forme du verbe **aller** placée avant un infinitif on peut facilement former un temps futur. Ce temps exprime une action ou un état dans un futur immédiat: dans quelques minutes, dans quelques heures.

> Je vais quitter la maison.
> Mes parents vont avoir beaucoup de peine.
> Dans un moment, le cours va commencer.
> Nous n'allons pas arriver à l'heure.

Exercice d'entraînement

Mettez ces phrases au futur proche:

1. Nous partons tout de suite.
2. Elle s'assied dans le fauteuil.
3. Nous nous amusons à la fête ce soir.
4. Finissez-vous bientôt cet exercice?
5. Ses parents ont des regrets.

II. Le Futur

Formation:

A. Pour former le futur, à l'infinitif du verbe on ajoute les terminaisons du futur (les terminaisons du verbe **avoir** au présent). Si l'infinitif du verbe se termine en **-re** on supprime le **e**.

porter

je	porter **ai**	nous	porter **ons**
tu	porter **as**	vous	porter **ez**
il elle	porter **a**	ils elles	porter **ont**

finir

je	finir **ai**	nous	finir **ons**
tu	finir **as**	vous	finir **ez**
il elle	finir **a**	ils elles	finir **ont**

vendre

je	vendr **ai**	nous	vendr **ons**
tu	vendr **as**	vous	vendr **ez**
il elle	vendr **a**	ils elles	vendr **ont**

B. Quelques verbes ont un radical (ce qui n'est pas la terminaison) irrégulier, mais les terminaisons sont toujours régulières.

avoir	j'**aur** ai	faire	je **fer** ai
savoir	je **saur** ai	vouloir	je **voudr** ai
être	je **ser** ai	venir	je **viendr** ai
aller	j'**ir** ai	tenir	je **tiendr** ai
devoir	je **devr** ai	voir	je **verr** ai
recevoir	je **recevr** ai	envoyer	j'**enverr** ai
		pouvoir	je **pourr** ai
s'asseoir	je m'**assiér** ai	courir	je **courr** ai
		mourir	je **mourr** ai

C. A l'exception des verbes comme **répéter** et **espérer**, les verbes qui ont un changement orthographique au présent ont le même changement à toutes les formes du futur.

acheter, mener

j'	ach **è** terai	nous	ach **è** terons
tu	ach **è** teras	vous	ach **è** terez
il elle	ach **è** tera	ils elles	ach **è** teront

jeter, appeler

je	je **tt** erai	nous	je **tt** erons
tu	je **tt** eras	vous	je **tt** erez
il elle	je **tt** era	ils elles	je **tt** eront

nettoyer, payer

je	netto **i** erai	nous	netto **i** erons
tu	netto **i** eras	vous	netto **i** erez
il elle	netto **i** era	ils elles	netto **i** eront

Mais: répéter, espérer

je	répéterai	nous	répéterons
tu	répéteras	vous	répéterez
il elle	répétera	ils elles	répéteront

Exercice d'entraînement

Mettez au futur:

1. Je parle.
2. Il jette.
3. Nous jetons.
4. Elle va.
5. Nous réussissons.

6. Ils font.
7. Ils ont.
8. Il s'assied.
9. Nous sommes.
10. Je cours.

11. Nous pouvons.
12. Je veux.
13. Vous savez.
14. Ils entendent.
15. Il met.

Emploi:

Le futur exprime une action, un événement ou un état dans le futur.

A. Il faut remarquer ces expressions qui indiquent que la phrase doit être au futur:

		tout à l'heure
demain	bientôt	
dans un mois	dans { deux semaines / quinze jours	= d'aujourd'hui en quinze
la semaine prochaine	= dans { une semaine / huit jours	= d'aujourd'hui en huit
lundi	lundi prochain	lundi en huit
un jour	l'année prochaine	un de ces jours

B. Après les expressions de temps **quand, lorsque, dès que** et **aussitôt que**, si l'action exprimée se produit dans le futur, il faut employer le futur. Il faut normalement employer le futur après le verbe **espérer**.

> Quand ils seront très vieux et que je serai riche, j'aurai un grand avion et ils seront drôlement contents de me voir.
> Aussitôt que je le verrai, je lui parlerai.
> Dès que je serai à Paris j'irai visiter le musée du Louvre.
> Nous espérons qu'il fera beau demain parce que nous voulons aller à la plage.

Exercice d'entraînement

Mettez les verbes aux temps qui conviennent (présent ou futur):

1. Quand vous (avoir) _____ le temps, venez me voir.
2. Un jour, je (faire) _____ un voyage aux Antilles.
3. Alceste (aller) _____ souvent à la pâtisserie où il (acheter) _____ des gâteaux.
4. Nicolas espère qu'il (réussir) _____ à l'interrogation lundi mais il n'(avoir) _____ pas beaucoup de confiance en lui-même.
5. Nous (partir) _____ aussitôt que vous (être) _____ prêts.
6. Quand il (être) _____ riche, il (s'en aller) _____.
7. Est-ce que je (pouvoir) _____ vous voir demain?
8. Je n'(avoir) _____ pas beaucoup de temps cette semaine.
9. (Connaître) _____-vous son père? Il est très distingué.
10. Je (nettoyer) _____ ma chambre bientôt, lorsque j'(avoir) _____ le temps.

III. Le Lieu et la direction

En Chine ou à Arcachon?

A. Pour indiquer une direction générale, on dit:

à l'école à la campagne	en haut	par ici	en direction de Paris, Bordeaux, etc.
à la montagne à la plage au bord de la mer en ville	en bas là-bas (très) loin d'ici (tout) près d'ici	par là à gauche à droite tout droit	

B. Pour indiquer le lieu ou la direction avec des noms propres géographiques, suivez les indications ci-dessous:

	Villes	Pays masculins	Pays féminins	Pays pluriels	Iles masculines	Iles féminines
je vais je suis	à Arcachon à Paris à la Rochelle au Havre	au Canada au Mexique*	en Chine en France*	aux Etats-Unis aux Pays-Bas aux Indes	à Cuba à Madagascar	en Haïti en Crête en Islande à la Jamaïque à la Martinique à la Guadeloupe
je viens j'arrive	de Paris du Havre	du Canada	de France	des Etats-Unis	de Cuba de Madagascar	d'Haïti de Crête d'Islande de la Jamaïque de la Martinique de la Guadeloupe

*Tous les pays qui se terminent en **e** sont féminins sauf le Mexique, le Cambodge, le Zaïre et le Zimbabwe.

en			au	
	France	Suisse		Canada
	Italie	Suède		Japon
	Angleterre	Norvège		Danemark
	Espagne	Algérie		Brésil
	Allemagne	Chine		Maroc
	Russie	Autriche		Viêt-nam
	Belgique	Côte-d'Ivoire		Mexique
				Cameroun

1. On emploie la préposition **dans** avant un état des Etats-Unis:

   dans le Massachusetts, **dans** le New Hampshire, **dans** la (**en**) Caroline du Nord

   Mais: **dans** l'état de New York

   Les exceptions sont:

   au Texas, en Floride, en Virginie, en Pennsylvanie, en Californie, en Géorgie, en Louisiane

2. On emploie presque toujours **dans** avant un pays modifié et avant un département:

> **dans** toute la France, **dans** les Bouches-du-Rhône, **dans** le Vaucluse, **dans** le Morbihan, **dans** l'(**en**)Amérique du sud, **dans** l'(**en**)Afrique du nord

3. On emploie la préposition **en** avant une province et avant un pays masculin dont la première lettre est une voyelle ou un *h* muet.

> en Bretagne, en Champagne, en Iran, en Israël, en Irak

4. | *Comparez:* | |
   |---|---|
   | Marseille se trouve **dans** le sud de la France. | L'Afrique se trouve **au** sud de la France. |
   | La Normandie se trouve **dans** le nord de la France. | La Belgique se trouve **au** nord de la France. |

Exercice d'entraînement

Mettez, s'il le faut, la préposition et l'article qui conviennent:

Nous allons
1. _____ Arcachon
2. _____ Chine
3. _____ Normandie
4. _____ Israël
5. _____ Allemagne
6. _____ Ecosse
7. _____ Afrique du nord
8. _____ ville

Nous allons
9. _____ Boston
10. _____ montagne
11. _____ Japon
12. _____ Espagne
13. _____ Etats-Unis
14. _____ Vermont
15. _____ France
16. _____ là-bas

IV. Le Pronom complément *y*

A. Le pronom complément **y** remplace une préposition et un nom qui indiquent un lieu ou une direction.

Vous ferez un voyage **en France?**	Vous **y** ferez un voyage?
Je passerai les vacances **chez mon oncle.**	J'**y** passerai les vacances.
Je veux descendre **en ville.**	Je veux **y** descendre.
Elle met son stylo **dans le bureau.**	Elle **y** met son stylo.

B. **Y** s'emploie comme pronom objet indirect pour remplacer une *chose* introduite par la préposition **à**.

Réponds-tu **à la lettre?**	Oui, j'**y** réponds.
Pense-t-il **à notre projet?**	Oui, il **y** pense.
Nicolas ne réfléchit pas assez **à son problème.**	Nous n'**y** réflechissons pas non plus.

Remarquez: a) N'oubliez pas qu'il faut employer **lui** et **leur** pour les gens et non pas **y**.

> Nous répondons **à Charles.**   Nous **lui** répondons.

b) On emploie toujours un pronom accentué pour remplacer une personne après **penser à.**

Nicolas pense **à Louisette.** Nicolas pense **à elle.**
Louisette pense **à Nicolas.** Louisette pense **à lui.**

Exercice d'entraînement

Mettez le pronom qui convient:

1. Je n'aime pas cette ville. Je ne _____ vais jamais.
2. Allez-vous répondre à vos parents? Oui, je vais _____ répondre.
3. J'adore les matchs de football mais je n'aime pas _____ regarder à la télé.
4. Nous avons passé les grandes vacances chez mes grands-parents et je crois que nous _____ passerons aussi les vacances de Noël.
5. Tu es déjà passée devant ce magasin? Oui, je _____ suis déjà passée.
6. Il faut remercier votre tante même si vous ne voulez pas _____ parler.
7. Ma sœur me manque et je pense souvent à _____ .

V. *Partir, sortir, quitter: Je quitte la maison.*

Ces trois verbes indiquent un départ mais chacun a un emploi différent.

Partir (≠ **arriver**) n'a pas d'objet direct et s'emploie souvent avec les prépositions **de** et **pour.**

Je suis parti de la maison.
Je pars de New York pour Paris.
Nous partirons bientôt.

Sortir (≠ **entrer**) n'a pas d'objet direct et s'emploie généralement avec la préposition **de** pour indiquer le passage de l'intérieur vers l'extérieur.

Il sort de la salle de classe.
Les détenus veulent sortir de la prison.
Nous sortons dans la rue.

Quitter a toujours un objet direct.

Je quitte la maison.
Il quittera Paris demain.

Exercice d'entraînement

*Complétez les phrases suivantes avec la forme correcte de **partir, sortir** ou **quitter:***

1. Nous _____ demain pour Paris.
2. Quand je _____ de la grotte, je reverrai la lumière.
3. Ne _____ pas cette route ou vous vous perdrez.
4. Quand il _____, il va toujours à pied.
5. J'espère qu'elle ne nous _____ pas.

VI. Les Adjectifs possessifs

L'adjectif possessif fait allusion au possesseur mais s'accorde en genre et en nombre avec *l'objet possédé.*

	Un Possesseur		Plusieurs Possesseurs	
	Un Objet	*Plusieurs Objets*	*Un Objet*	*Plusieurs Objets*
1ère personne	mon (*m.*) ma (*f.*) mon (*f.*) (avant une voyelle ou un *h* muet)	mes	notre (*m., f.*)	nos
2e personne	ton (*m.*) ta (*f.*) ton (*f.*) (avant une voyelle ou un *h* muet)	tes	votre (*m., f.*)	vos
3e personne	son (*m.*) sa (*f.*) son (*f.*) (avant une voyelle ou un *h* muet)	ses	leur (*m., f.*)	leurs

> J'ai pris **mon** cartable et **ma** tirelire.
> **Ma** mère fait de la choucroute ce soir.
> Louisette aime **son** père et Nicolas aime **sa** mère.
> J'ai compté **mes** sous.
> **Ton** vélo roule mieux que **mon** vélo.
> Les parents de Georges lui ont prêté **leur** voiture.

Remarquez: Pour les parties du corps, on emploie généralement l'article défini.

> Clotaire a **le** bras cassé.
> Je me lave **les** mains.
> Nicolas a **les** cheveux ébouriffés.

Exercice d'entraînement

Complétez les phrases suivantes avec l'adjectif possessif ou l'article qui convient. Dans chaque phrase, le possesseur est en italique:

1. *Mes parents* vont bientôt vendre _____ voiture.
2. Où as-*tu* mis _____ affaires?
3. *Il* s'est cassé _____ jambe en faisant du ski.
4. *Marie-Claire* aime bien _____ frère.
5. *Je* garde un merveilleux souvenir de _____ visite chez vous.
6. *Nicolas* veut vendre _____ jouets au marchand.
7. _____ amie habite tout près de chez *moi.*
8. *Georges et moi* sommes les plus forts. _____ équipe va gagner la partie.
9. *Marie* a _____ cheveux noirs et _____ yeux noirs mais _____ robe est blanche.
10. Quand saurons-*nous* les résultats de _____ examens?

VII. Les Adjectifs démonstratifs

A. Les adjectifs démonstratifs s'emploient pour montrer d'une façon précise un objet ou une personne.

ce	masculin singulier
cet	masculin singulier devant une voyelle ou un *h* muet
cette	féminin singulier
ces	pluriel

Nous voulons acheter **cette** maison.
Cet homme ne veut pas acheter mes jouets.
Je vais lire **cet** article **ce** soir.
Ces bandes dessinées sont très amusantes.

B. Pour insister sur une distinction, on ajoute souvent **-ci** pour désigner quelque chose de proche et **-là** pour désigner quelque chose de loin.

Ce livre**-ci** a l'air plus intéressant que ce livre**-là**.
On parle français à Montréal et à Bruxelles. Cette ville**-ci** est en Belgique; cette ville**-là** est au Canada.

Exercice d'entraînement

Complétez les phrases suivantes avec les adjectifs démonstratifs qui conviennent:

1. Je regrette de vous le dire, monsieur, mais _____ verre est sale, _____ tasse est couverte de rouge à lèvres, _____ cuillères sont jaunies et _____ serviette est tachée de vin. Je quitte _____ restaurant à l'instant.
2. _____ film-ci est bien plus intéressant que celui que j'ai vu la semaine passée.
3. _____ jeunes filles viennent de mon pays natal.
4. Préférez-vous _____ gâteau-ci ou _____ tarte-là?
5. _____ exercices sont ennuyeux.

Exercices de vérification

[1] *Mettez les verbes entre parenthèses aux temps qui conviennent:*

1. Quand je (avoir) _____ le temps, je vous rendrai visite.
2. Depuis combien de temps (habiter) _____ -vous cette ville?
3. Je le regrette mais je (ne pas pouvoir) _____ partir avec vous demain.
4. Aussitôt qu'elle (être) _____ à Antibes, elle ira voir le musée Picasso.
5. Quand il (faire) _____ beau, j'irai à la montagne.
6. D'habitude, je (se coucher) _____ à minuit.
7. Je crois que Jacques (vouloir) _____ partir après un séjour de quatre semaines.
8. Quand il (ne pas travailler) _____, il ne réussit pas.
9. Un de ces jours, je (courir) _____ plus vite que toi.
10. Nous (partir) _____ bientôt.

2 *Complétez les phrases suivantes avec la forme des verbes* **partir, sortir** *ou* **quitter** *qui convient:*

1. Quand est-ce qu'il _____ l'école?
2. Nous _____ pour New York dans une heure.
3. Nicolas _____ sa maison parce que sa mère l'a grondé.
4. D'habitude, je _____ de ma chambre vers 7 h.
5. Elle _____ maintenant et elle ne reviendra jamais.

3 *Répondez à la forme affirmative aux questions suivantes en remplaçant les mots en italique par des pronoms:*

1. Passe-t-il les vacances *en Chine?*
2. Regardez-vous souvent *la télévision?*
3. Courras-tu *dans le parc* ce soir?
4. Est-ce que Nicolas annonce *à ses amis* qu'il a l'intention de partir?
5. Est-ce que ses amis écoutent *Nicolas?*
6. Réponds-tu toujours *aux lettres de tes amis?*
7. Met-il *son sac* par terre?
8. Pensez-vous *à vos camarades?*
9. Parles-tu souvent *à Louisette?*
10. Veut-il quitter *la maison?*
11. Vous êtes-vous promenés *derrière la maison?*
12. Vas-tu préparer *le dîner?*
13. Est-ce qu'ils téléphoneront *à leur grand-père?*
14. Agnan ressemble-t-il *à ses parents?*
15. Veux-tu faire un voyage *en France?*

4 *Complétez les phrases suivantes avec l'adjectif possessif ou l'article qui convient. Dans chaque phrase, le possesseur est en italique:*

1. *Je* ne voudrai jamais quitter _____ école.
2. *Elle* se lave souvent _____ mains.
3. *Jean-Paul* fait _____ devoirs tout seul.
4. *Anne-Laure et moi* ferons _____ préparatifs de voyage le plus tôt possible.
5. Où avez-*vous* l'intention de mettre _____ vélo?
6. *Astérix* a _____ yeux clairs et francs.
7. *Pierre* ne sort jamais avec _____ sœur.
8. *Jacques et Emmanuel* ont emprunté la voiture à _____ père.
9. *Votre cousin* n'a pas _____ propre voiture.
10. Grâce à _____ oncle d'Amérique, *je* serai riche.

5 *Complétez les phrases suivantes par l'adjectif démonstratif qui convient:*

1. Nous reviendrons _____ soir.
2. _____ fauteuil-ci est plus confortable que celui-là.
3. Comment s'appelle _____ hôtel?
4. Dans _____ histoire, il s'agit des aventures de Nicolas.
5. _____ voitures sont certainement les plus belles.
6. Entrons dans _____ restaurant japonais.
7. _____ Ivoirienne m'a fasciné.
8. _____ femmes veulent assister à votre conférence.
9. A _____ instant, je ne peux pas vous voir.
10. _____ galerie est la plus intéressante du musée.

Révision

Répondez aux questions suivantes par des phrases complètes en employant le vocabulaire et les structures de cette leçon:

1. Qu'est-ce qui vous fait peur?
2. Comment faites-vous le voyage pour aller chez vous?
3. De quoi avez-vous besoin quand vous avez froid?
4. Pour aller de Boston à New York, quels sont les moyens de transport possibles? «On peut y aller...»
5. Quand fait-il frais?
6. Qu'est-ce qui vous fait plaisir?
7. Quand faites-vous la queue?
8. Quand avez-vous de la chance?
9. Qu'est-ce qui vous arrange?
10. Quand n'y a-t-il plus personne dans la salle de classe?
11. Qu'est-ce qui vous intéresse?
12. Où peut-on acheter des tas de gâteaux?
13. Complétez: Si j'arrive en retard...
14. Complétez: Le seul... qui me reste...
15. Pour quelles raisons vous penchez-vous?
16. Que met-on dans une tirelire?
17. Complétez: Il fait tellement chaud que...
18. Quand avez-vous l'air étonné?
19. Complétez: Souvent je fais semblant de...
20. Complétez: Tiens!...
21. Si vous avez besoin d'essence, qu'est-ce que vous demandez à la station-service?
22. Pour arrêter une voiture, que faut-il faire?
23. Quand achèterez-vous une voiture?

Discussion et création

En employant le vocabulaire de cette leçon, répondez aux questions suivantes:

1. Quels sports faites-vous en automne? en hiver? au printemps? en été?
2. Que (ne) fait (pas) Nicolas? (Employez une expression avec **faire**.)

1.　　　2.　　　3.

4.　　　5.

3. Complétez ces phrases: Quand j'aurai 21 ans...
   Quand j'aurai 40 ans...
   Quand j'aurai 65 ans...

4. La maîtresse a l'air...

1.
2.
3.

5. Décrivez un voyage que vous ferez quand vous serez riche (les préparatifs, les destinations, les moyens de transport, les activités).

6. Faites quelques phrases courtes avec le pronom **y**. Vos camarades de classe vont imaginer les mots que le pronom remplace. Les réponses amusantes sont encouragées. Exemple: **Je n'y vais jamais.** Réponses possibles: **à l'école, en ville, au W.C.,** etc.

7. Quels sont les principaux règlements du code de la route?

8. Décrivez un accident de voiture (vrai ou imaginé) en vous servant du vocabulaire de la route et d'un bon nombre de conjonctions.

9. Jouez au jeu de *Mille Bornes.*

10. Décrivez une belle voiture de sport ou une bicyclette.

Quatrième Leçon

Nicolas achète un bouquet de fleurs pour fêter l'anniversaire de sa mère.

un cadeau

Nicolas offre un cadeau à sa mère.

*depuis — à partir de

*avant — ≠ après

*par hasard — accidentellement

comme tout — extrêmement

drôlement (*fam.*) — extrêmement, beaucoup

finisse — *finit* (au subjonctif)

*perdre

≠ trouver: *Jean perd son cerf-volant.*

*tout le temps — toujours

le gardien de but

Alceste est le gardien de but.

*courir

Nicolas court.

*seul(e) — simple, solitaire

**un gâteau

le boudin blanc

Une sorte de saucisse faite avec de la mie de pain, du lait, de la chair de porc et de volaille, des œufs et de la crème. Le tout est finement haché; puis on le fait cuire.

un but

Nicolas marque un but et Alceste ne peut pas l'arrêter.

Le Chouette Bouquet

C'est l'anniversaire de ma maman et j'ai décidé de lui acheter un cadeau° comme toutes les années depuis° l'année dernière, parce qu'avant° j'étais trop petit.

J'ai pris les sous qu'il y avait dans ma tirelire et il y en avait beaucoup, heureusement, parce que, par hasard,° maman m'a donné de l'argent hier. Je savais le
5 cadeau que je ferais à maman: des fleurs pour mettre dans le grand vase bleu du salon, un bouquet terrible, gros comme tout.°

A l'école, j'étais drôlement° impatient que la classe finisse° pour pouvoir aller acheter mon cadeau. Pour ne pas perdre° mes sous, j'avais ma main dans ma poche, tout le temps,° même pour jouer au football à la récréation, mais, comme je ne joue pas
10 gardien de but,° ça n'avait pas d'importance. Le gardien de but c'était Alceste, un copain qui est très gros et qui aime bien manger. «Qu'est-ce que tu as à courir° avec une seule° main?» il m'a demandé. Quand je lui ai expliqué que c'était parce que j'allais acheter des fleurs pour ma maman, il m'a dit que lui, il aurait préféré quelque chose à manger, un gâteau,° des bonbons ou du boudin blanc,° mais, comme le cadeau ce n'était pas pour lui,
15 je n'ai pas fait attention et je lui ai mis un but.° On a gagné par 44 à 32.

*accompagner  = aller avec: *Pierre accompagne Jacqueline au théâtre.*

*chez dans la maison (la boutique, la pensée, etc.) de

**le fleuriste le marchand de fleurs

**la moitié de une de deux parties égales

le comptoir *Nicolas met les sous sur le comptoir.*

des tas de beaucoup de

ce n'est pas la peine ce n'est pas nécessaire

fourrer dans (*fam.*) mettre dans

la vitrine une grande fenêtre dans une boutique

*sentir respirer une odeur

*compter *La fille compte ses sous.*

*embêter (*fam.*) *La mère est embêtée par ses enfants.*

*réfléchir penser

*mignon (ne) adorable

une tape *La dame donne des tapes au garçon.*

*puis ensuite, prochainement

*choisir *Alceste choisit toujours le plus gros morceau de gâteau.*

*plaire à être agréable à quelqu'un: Nicolas aime le bouquet. = *Le bouquet lui plaît.*

**les légumes (*m.*) *Les petits pois et les carottes sont des légumes.*

le pot-au-feu de la viande de bœuf, des carottes, des pommes de terre, cuites ensemble dans de l'eau

Quand nous sommes sortis de l'école, Alceste m'a accompagné° chez° le fleuriste° en mangeant la moitié du° petit pain au chocolat qui lui restait de la classe de grammaire. Nous sommes entrés dans le magasin, j'ai mis tous mes sous sur le comptoir° et j'ai dit à la dame que je voulais un très gros bouquet de fleurs pour ma maman, mais pas des bégonias, parce qu'il y

5   en a des tas° dans notre jardin et ce n'est pas la peine° d'aller en acheter ailleurs. «Nous voudrions quelque chose de bien», a dit Alceste et il est allé fourrer son nez dans° les fleurs qui étaient dans la vitrine,° pour voir si ça sentait° bon. La dame a compté° mes sous et elle m'a dit qu'elle ne pourrait pas me donner beaucoup, beaucoup de fleurs. Comme j'avais l'air très embêté,° la dame m'a regardé, elle a réfléchi° un peu, elle m'a dit que j'étais un mignon° petit

10   garçon, elle m'a donné des petites tapes° sur la tête et puis° elle m'a dit qu'elle allait arranger ça. La dame a choisi° des fleurs à droite et à gauche et puis elle a mis des tas de feuilles vertes et ça, ça a plu à° Alceste, parce qu'il disait que ces feuilles ressemblaient aux légumes° qu'on met dans le pot-au-feu.° Le bouquet était très chouette et très gros, la dame l'a enveloppé

*le bruit

La mère est embêtée par ses enfants parce qu'ils font beaucoup de bruit.

*rencontrer

trouver par hasard dans la rue: *Jean rencontre Nicole dans la rue.*

andouille (*fam.*)

imbécile

avoir de la veine (*fam.*)

avoir de la chance

*recevoir

M. Dupont reçoit une lettre et un paquet.

une gifle

Jean donne une gifle à François.

*tenir

Nicolas tient une fleur à la main.

*se battre

Jean et François se battent.

se faire

devenir

*s'arrêter

La voiture s'arrête au feu rouge.

*devoir

être nécessaire

donner un coup à

frapper

*casser

L'enfant casse le vase.

*voler

L'avion et l'oiseau volent.

de tous les côtés

dans toutes les directions

se déchirer

Son pantalon se déchire.

dans un papier transparent qui faisait du bruit° et elle m'a dit de faire attention en le portant. Comme j'avais mon bouquet et qu'Alceste avait fini de sentir les fleurs, j'ai dit merci à la dame et nous sommes sortis.

      J'étais tout content avec mon bouquet, quand nous avons rencontré° Geoffroy,
5 Clotaire et Rufus, trois copains de l'école. «Regardez Nicolas, a dit Geoffroy, ce qu'il peut avoir l'air andouille° avec ses fleurs!—Tu as de la veine° que j'aie des fleurs, je lui ai dit, sinon, tu recevrais° une gifle!°—Donne-les-moi, tes fleurs, m'a dit Alceste, je veux bien les tenir° pendant que tu gifles.» Alors, moi j'ai donné le bouquet à Alceste et Geoffroy m'a donné une gifle. On s'est battus° et puis j'ai dit qu'il se faisait° tard, alors on s'est
10 arrêtés.° Mais j'ai dû° rester encore un peu, parce que Clotaire a dit: «Regardez Alceste, maintenant c'est lui qui a l'air d'une andouille, avec les fleurs!» Alors, Alceste lui a donné un grand coup° sur la tête, avec le bouquet. «Mes fleurs! j'ai crié. Vous allez casser° mes fleurs!» C'est vrai, aussi! Alceste, il donnait des tas de coups avec mon bouquet et les fleurs volaient° de tous les côtés° parce que le papier s'était déchiré° et Clotaire criait: «Ça
15 ne me fait pas mal, ça ne me fait pas mal!»

*couvert (de)

Le lit est couvert de vêtements sales.

*ramasser

Françoise ramasse les papiers.

*méchant

Le chien est méchant.

*sonner

appeler, demander de venir

il manque

Aujourd'hui il manque deux élèves.

*loin

à une grande distance

une partie de billes

Ils font une partie de billes.

*encore

une deuxième fois; *ici*: toujours

*de bonne heure

tôt

viser

Le monsieur vise le centre de la cible.

ranger

La mère range les vêtements de son enfant dans la commode.

*souvent

fréquemment

*l'ennui

le problème, la difficulté

*tricher

Ce monsieur triche au jeu de poker.

*un menteur

une personne qui ne dit pas la vérité

*écraser

Le rocher a écrasé le coyote.

Quand Alceste s'est arrêté, Clotaire avait la tête couverte° par les feuilles vertes du bouquet et c'est vrai que ça ressemblait drôlement à un pot-au-feu. Moi, j'ai commencé à ramasser° mes fleurs et je leur disais, à mes copains, qu'ils étaient méchants.° «C'est vrai, a dit Rufus, c'est pas chouette ce que vous avez fait aux fleurs de Nicolas!—Toi, on ne t'a

5   pas sonné!»° a répondu Geoffroy et ils ont commencé à se donner des gifles. Alceste, lui, est parti de son côté, parce que la tête de Clotaire lui avait donné faim et il ne voulait pas être en retard pour le dîner.

Moi, je suis parti avec mes fleurs. Il en manquait,° il n'y avait plus de légumes ni de papier, mais ça faisait encore un beau bouquet, et puis, plus loin,° j'ai rencontré Eudes.

10   «Tu fais une partie de billes?»° il m'a demandé, Eudes. «Je ne peux pas, je lui ai répondu, il faut que je rentre chez moi donner ces fleurs à ma maman.» Mais Eudes m'a dit qu'il était encore° de bonne heure° et puis moi, j'aime bien jouer aux billes, je joue très bien, je vise° et bing! presque toujours, je gagne. Alors, j'ai rangé° les fleurs sur le trottoir et j'ai commencé à jouer avec Eudes et c'est chouette de jouer aux billes avec Eudes,

15   parce qu'il perd souvent.° L'ennui,° c'est que quand il perd il n'est pas content et il m'a dit que je trichais° et moi je lui ai dit qu'il était un menteur,° alors, il m'a poussé et je suis tombé assis sur le bouquet et ça ne leur a pas fait du bien aux fleurs. «Je le dirai à maman, ce que tu as fait à ses fleurs», je lui ai dit à Eudes et Eudes était bien embêté. Alors, il m'a aidé à choisir les fleurs qui étaient les moins écrasées.° Moi je l'aime bien

20   Eudes, c'est un bon copain.

se remettre à	recommencer à
*bientôt	dans un futur proche
*offrir	donner
le droit	M. Dupont a le droit de traverser le carrefour.

jaloux (jalouse)	envieux
taquiner	se moquer de
*envoyer	jeter, expédier
*la figure	La figure d'une personne comprend deux yeux, un nez et une bouche.
*s'attendre à	espérer
en tout cas	quand même
*le toit	

s'en faire	s'inquiéter, se troubler
rattraper	reprendre
*s'entraîner	se préparer à un sport
lâcher	laisser aller, quitter brusquement
un col	un passage dans la montagne
chiffonné	un peu écrasé

Je me suis remis à° marcher, mon bouquet, il n'était plus bien gros, mais les fleurs qui restaient, ça allait; une fleur était un peu écrasée, mais les deux autres étaient très bien. Et alors, j'ai vu arriver Joachim sur son vélo. Joachim, c'est un copain d'école qui a un vélo.

Alors, là, j'ai bien décidé de ne pas me battre, parce que si je continuais à me disputer
5   avec tous les copains que je rencontrais dans la rue, bientôt,° il ne me resterait plus de fleurs pour donner à ma maman. Et puis, après tout, ça ne les regarde pas les copains, si je veux offrir° des fleurs à ma maman, c'est mon droit° et puis moi, je crois qu'ils sont jaloux,° tout simplement, parce que ma maman va être très contente et elle va me donner un bon dessert et elle va dire que je suis très gentil et puis qu'est-ce qu'ils ont tous à me taquiner?°

10   «Salut, Nicolas!» il m'a dit, Joachim. «Qu'est-ce qu'il a mon bouquet? j'ai crié à Joachim. Andouille toi-même!» Joachim a arrêté son vélo, il m'a regardé avec des yeux tout ronds et il m'a demandé: «Quel bouquet?—Celui-ci!» je lui ai répondu et je lui ai envoyé° les fleurs à la figure.° Je crois que Joachim ne s'attendait pas à° recevoir des fleurs sur la figure, en tout cas,° ça ne lui a pas plu du tout. Il a jeté les fleurs dans la rue et elles sont tombées sur le toit°
15   d'une auto qui passait et elles sont parties avec l'auto. «Mes fleurs! j'ai crié. Les fleurs de ma maman!—T'en fais pas,° m'a dit Joachim, je prends le vélo et je rattrape° l'auto!» Il est gentil, Joachim, mais il ne pédale pas vite, surtout quand ça monte, et pourtant, il s'entraîne° pour le Tour de France qu'il fera quand il sera grand. Joachim est revenu en me disant qu'il n'avait pas pu rattraper l'auto, qu'elle l'avait lâché° dans un col.° Mais il me ramenait une fleur qui
20   était tombée du toit de l'auto. Pas de chance, c'était celle qui était écrasée.

Joachim est parti très vite, ça descend pour aller chez lui, et moi, je suis rentré a la maison, avec ma fleur toute chiffonnée.° J'avais comme une grosse boule dans la gorge. Comme quand je ramène mon carnet de classe à la maison avec des zéros dedans.

J'ai ouvert la porte et j'ai dit à maman: «Joyeux anniversaire, maman» et je me suis mis à
25   pleurer. Maman a regardé la fleur, elle avait l'air un peu étonnée, et puis, elle m'a pris dans ses bras, elle m'a embrassé des tas et des tas de fois, elle a dit qu'elle n'avait jamais reçu un aussi beau bouquet et elle a mis la fleur dans le grand vase bleu du salon.

Vous direz ce que vous voudrez, mais ma maman, elle est chouette!

Sempé/Goscinny
Le petit Nicolas
Editions Denoël

QUESTIONNAIRE

Répondez oralement aux questions suivantes en faisant des phrases complètes:

1. Qu'est-ce que Nicolas a décidé d'acheter pour sa mère?
2. Pourquoi a-t-il acheté un cadeau pour elle?
3. Depuis quand achète-t-il des cadeaux pour sa mère?
4. Pourquoi n'a-t-il pas acheté de cadeau avant l'année dernière?
5. D'où Nicolas a-t-il tiré les sous?
6. Pourquoi a-t-il trouvé beaucoup de sous dans sa tirelire?
7. Qu'est-ce que Nicolas a décidé d'acheter comme cadeau?
8. Où sa mère mettra-t-elle les fleurs?
9. Pourquoi Nicolas était-il impatient de quitter l'école?
10. Pourquoi Nicolas a-t-il gardé la main dans sa poche quand il jouait au football à la récréation?
11. En général, qui se sert des mains en jouant au football?
12. Qui était le gardien de but?
13. Qui est Alceste?
14. Qu'est-ce qu'Alceste a demandé à Nicolas?
15. Alceste a-t-il aimé le choix de fleurs comme cadeau? Pourquoi?
16. Qu'est-ce qu'Alceste et Nicolas ont fait après le cours?
17. Où Alceste a-t-il accompagné Nicolas?
18. Où sont-ils entrés?
19. Où Nicolas a-t-il mis tous ses sous?
20. Qu'a-t-il demandé à la dame?
21. Quelle sorte de fleur n'a-t-il pas voulu?
22. Qu'est-ce qu'Alceste a fait dans le magasin?
23. Comment les fleurs sentaient-elles?
24. La dame, qu'a-t-elle fait avec les sous de Nicolas?
25. Pourquoi la dame a-t-elle décidé de donner à Nicolas un gros bouquet de fleurs?
26. Comment a-t-elle choisi les fleurs pour le bouquet?
27. Pourquoi les feuilles dans le bouquet ont-elles plu à Alceste?
28. Dans quoi la dame a-t-elle enveloppé le bouquet?
29. Qu'a-t-elle dit à Nicolas?
30. Qui Alceste et Nicolas ont-ils rencontré?
31. Quelle a été la réaction de Geoffroy en voyant Nicolas et son bouquet?
32. Pourquoi Nicolas a-t-il donné le bouquet à Alceste?
33. Qu'est-ce que Geoffroy a donné à Nicolas?
34. Après cette gifle, qu'est-ce qui s'est passé?
35. Qu'est-ce que Clotaire a dit à Alceste?
36. Comment Alceste a-t-il réagi à l'insulte de Clotaire?
37. Qu'est-ce que Nicolas a commencé à faire?
38. Qu'est-ce que Rufus a crié aux copains?
39. Quelle réaction les copains ont-ils eue après avoir entendu Rufus?
40. Pourquoi Alceste est-il parti?
41. Décrivez le bouquet à la fin de cette bataille.
42. Qui Nicolas a-t-il rencontré?
43. Qu'est-ce qu'Eudes lui a demandé?
44. Comment Nicolas joue-t-il aux billes?
45. Nicolas, qu'a-t-il fait avec le bouquet de fleurs?
46. Pourquoi Nicolas aime-t-il jouer aux billes avec Eudes?
47. Comment Eudes a-t-il réagi quand Nicolas a gagné?
48. Eudes, qu'a-t-il fait à Nicolas et alors, où Nicolas est-il tombé?

49. Eudes, qu'a-t-il fait aux fleurs de Nicolas?
50. Comment Eudes a-t-il aidé Nicolas?
51. Qui Nicolas a-t-il vu sur son vélo?
52. Pourquoi Nicolas a-t-il décidé de ne pas se battre?
53. Quel est le droit de Nicolas?
54. Comment maman va-t-elle être et que va-t-elle donner à Nicolas?
55. Qu'est-ce que Nicolas a fait à Joachim avec le bouquet?
56. Est-ce que cela a plu à Joachim de recevoir des fleurs à la figure?
57. Joachim, qu'a-t-il fait des fleurs et où sont-elles tombées?
58. Joachim, qu'a-t-il fait pour rattraper les fleurs?
59. Qu'est-ce que Joachim a rapporté à Nicolas?
60. Comment Nicolas est-il rentré à la maison?
61. Qu'est-ce qu'il avait dans la gorge?
62. Qu'a-t-il fait à la porte?
63. Pourquoi Nicolas s'est-il mis à pleurer quand il a donné la fleur écrasée à maman?
64. Sa mère, qu'a-t-elle fait quand elle a regardé la fleur?
65. Pourquoi Nicolas trouve-t-il que sa mère est chouette?

Expressions supplémentaires

Les Boutiques

le patron　　　　　　*la boutique*
la patronne

le/la fleuriste　　　　chez le fleuriste

le boulanger　　　　la boulangerie
la boulangère

le pâtissier　　　　la pâtisserie
la pâtissière

le boucher　　　　la boucherie
la bouchère

le charcutier   la charcuterie
la charcutière

le poissonnier   la poissonnerie
la poissonnière

l'épicier   l'épicerie
l'épicière

le crémier   la crémerie
la crémière

le buraliste   le bureau de tabac
la buraliste

le pharmacien   la pharmacie
la pharmacienne

le couturier   la maison de couture
la couturière

le tailleur   chez le tailleur

le coiffeur   chez le coiffeur
la coiffeuse

le parfumeur   la parfumerie
la parfumeuse

le bijoutier
la bijoutière

la bijouterie

le marché (en plein air)

le supermarché

le magasin

La Nourriture, les provisions, l'alimentation

la viande

le bœuf		le porc	
le bifteck, le steak		le jambon	
le rôti		le lapin	
le veau		*la volaille*	
le foie de veau		le poulet	
le mouton		le canard	
l'agneau (*m.*)		l'oie (*f.*)	
le gigot d'agneau		la pintade	
Comment voulez-vous le steak?	Bien cuit, a point ou saignant?	la dinde	

les légumes

l'artichaut (*m.*)

les asperges (*f.*)

les haricots verts (*m.*)

le(s) chou(x)

le chou-fleur

les petits pois (*m.*)

les épinards (*m.*)

les carottes (*f.*)

les oignons (*m.*)

les navets (*m.*)

le céleri

les poireaux (*m.*)

les concombres (*m.*)

l'aubergine (*f.*)

les tomates (*f.*)

les champignons (*m.*)

les pommes de terre (*f.*)

les pommes frites (*f.*)

le riz

le poisson

la sole

le saumon

la truite

le thon

les fruits de mer

les crevettes (*f.*)

les coquilles St. Jacques (*f.*)

le homard

les moules (*f.*)

les huîtres (*f.*)

le pain

la baguette

le pain de campagne

le petit pain

le croissant

la brioche

la pâtisserie

    le gâteau

    la tarte

    le baba au rhum

    le millefeuille

les produits laitiers

    les œufs (*m.*)

    le yaourt

    la crème

    le lait

    le beurre

le fromage

    le camembert

    le roquefort

    le brie

    le chèvre

    le gruyère

les fruits

    les bananes (*f.*)

    le raisin

    les raisins secs (*m.*)

    les prunes (*f.*)
    (un fruit violet à l'extérieur
    et orange à l'intérieur)

    les pruneaux (*m.*)
    (les prunes sèches)

    les cerises (*f.*)

    les poires (*f.*)

    les pommes (*f.*)

    les oranges (*f.*)

    les citrons (*m.*)
    (un fruit jaune et acide)

    les pamplemousses (*m.*)
    (un gros fruit jaune)

    les ananas (*m.*)

    la tarte aux abricots (*m.*)
    la tarte aux fraises (*f.*)

    la tarte aux framboises (*f.*)

    la tarte aux pêches (*f.*)

L'assiette au beurre

260 f

Salade de Saison
aux Gésiers Confits
ou
Mousseline de Saumon
Sauce Gribiche
ou
Œuf poché au Jambon
ou
Foie Gras de Canard
"supplément 15 F"

Gigot d'Agneau
ou
Le pavé de Charolais des Boucaniers
ou
Le carré de Veau braisé au Riesling
ou
Le confit de Canard Sarladaise.
Garniture Pommes Berrichonnes

LE PETIT SAINT-BENOIT

4, Rue Saint-Benoît - PARIS 75006

Téléphone : 42.60.27.92 · · · ▲▲▲ · · · Téléphone 42.60.27.92

LES CHEQUES NE SONT PLUS ADMIS

31 décembre 1995

Les Grillades et Gratins se commandent 10 minutes à l'avance

Changement de garniture de plat fr. de supplément.

La maison n'est pas responsable des vêtements ou objets perdus, tâchés, échangés ou brûlés.

Whisky 20 r.

la bout.
Rouge 110 5 · 32
Blanc 119 32 32
Rosé 12 32

VINS SUPÉRIEURS A.C.
Beaujolais 36 40
Vin de Pays 44
Côtes-du-Rhône 52
Muscadet 52
Bordeaux 52

BIERE 10
La bout. 25 cl.

EAUX MINÉRALES
la demie 8
Apéritifs 16
Alcools 16 20
Café 7.00

Service en plus **15%**

Une note détaillée sera remise sur la demande du client.

~ ~ ~ ~

Hors d'œuvre

Poireaux vinaigrette 16
Museau 14. Cervelas 14
Tomate. Concombre 16
Assiette de crudités 16
Filet de Hareng. 14
Salmon 16 Haricot 16
Rillette 14. Andouille 14
Pâté de Campagne 14
Saucisson sec 14
Cuisse mousse 14
œuf mayonnaise 12
Céleri rémoulade 16

Potage aux ...

Plat du jour

Truite Meunière 40
Blanquette de Veau riz 40
Pièce de Bœuf rôtie 40
Côtes d'agneau grillées 44
Pintade chasseur 42
Petit salé au chou 40
Hachis Parmentier 34
Viande froide mayonnaise 40
Boudin ... purée 40

Légumes 12 Purée. Beurre boulanger
riz. Salade de laitue 12 Épinards 12

Fromages. La fortion 14 Camembert. Brie
Chèvre. Roquefort. Port Salut. ... yaourt 6

Desserts. Tarte myrtilles 14 Tarte aux fraises 14
Poire au vin 12 Poire haricot bois 12
Gâteau chocolat 14 Gâteau Stanislas 14
Compote de pommes 12 Mont blanc 14

Glaces 16 mystère. Parfait au café
Framboise cassis. Dame chocolat

Le Restaurant

Expressions de quantité

un peu de		trop de	
beaucoup de		autant de	
assez de		plus de ≠ moins de	

un litre de

un kilo (gramme) de

un verre de

une tasse de

une bouteille de

une carafe de

un bouquet de

un groupe de

la moitié de

un quart de

un tiers de

une douzaine de

Exercices de vérification

1 *Indiquez la quantité illustrée dans chaque dessin:*

1.

2.

3.

4.

5.

6.

2 *Que voyez-vous dans les dessins suivants?*

1.

2.

3.

4.

5.

6.

PRONONCIATION

[e] et [ɛ]

Ache<u>tez</u> le choue<u>tte</u> bouqu<u>et</u>!

[e]   [ɛ]   [ɛ]

[e]	[ɛ]
une voyelle antérieure écartée et *fermée*	une voyelle antérieure écartée et *ouverte*

Prononcez de gauche à droite:

fée ⟶ fer
chez ⟶ cher
mes ⟶ mer
les ⟶ l'air
gué ⟶ guerre
thé ⟶ taire
coller ⟶ collège
bébé
mémé
pépé

Prononcez bien ces mots tirés du texte:

décidé
acheter
les
l'année
aller
manger
moitié
accompagner
regardé
réfléchi
école
voler
ramasser
méchant
écrasé

l'anniversaire
dernière
hier
perdre (perd)
même
mais
étais
avait
savais
bouquet
allait
disait
j'aie
carnet
faire
peine
tête
chouette
vert (verte)
merci
Clotaire
veine
est
être
reste
ramène

aimé

[ɑ̃] et [ɔ̃]

Il m<u>an</u>ge du th<u>on</u>.

[ɑ̃]　　[ɔ̃]

[ɑ̃]

une voyelle nasale
ouverte et *postérieure*

[ɔ̃]

une voyelle nasale arrondie
fermée et *postérieure*

Prononcez de gauche à droite:

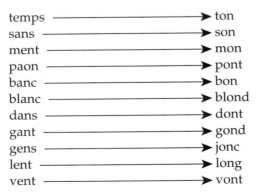

temps ⟶ ton
sans ⟶ son
ment ⟶ mon
paon ⟶ pont
banc ⟶ bon
blanc ⟶ blond
dans ⟶ dont
gant ⟶ gond
gens ⟶ jonc
lent ⟶ long
vent ⟶ vont

Prononcez bien ces mots tirés du texte:

Maman	salon
avant	mon
dans	récréation
grand	bonbons
drôlement	attention
impatient	accompagner
importance	comptoir
manger	voudrions
demander	son
quand	compter
blanc	mignon
mangeant	garçon
en	sinon
(ranger) arranger	on
ressembler	répondre (répondu)
transparent	ont
pourtant	sont
sentir (sentait)	rond
envelopper	monté (monter)
andouille	
pendant	
encore	
maintenant	content
commencer	rencontrer
méchant	
manquer	
rentre (rentrer)	
ennui	
menteur	
embêter	
s'attendre	
prends (prendre)	
chance	
descend	

Quelques verbes irréguliers

boire

je bois	nous buvons
tu bois	vous buvez
il elle } boit	ils elles } boivent

futur: je boirai
passé composé: j'ai bu

servir

je sers	nous servons
tu sers	vous servez
il elle } sert	ils elles } servent

futur: je servirai
passé composé: j'ai servi

Exercice d'entraînement

Mettez les verbes entre parenthèses à la forme qui convient:

1. Alceste (boire) _____ beaucoup d'eau à chaque repas.
2. Tu (servir) _____ des haricots avec le gigot d'agneau.
3. Ils (boire) _____ trois verres de cidre avec les crêpes.
4. Le garçon (servir) _____ le couple avec cérémonie.
5. Ce soir, elle nous (servir) _____ une mousse au chocolat. Ce sera délicieux.
6. Nous (boire) _____ de l'eau quand nous avons soif.

STRUCTURES

I. Venir

venir (revenir, devenir)

je viens	nous venons
tu viens	vous venez
il / elle } vient	ils / elles } viennent

impératif: viens   *futur:*   je viendrai
         venons   *passé composé:* je suis venu(e)
         venez

Remarquez: **aller ≠ venir**

aller   **venir**

aller    **venir**

Le monsieur va
à la poste.

«Viens ici» dit la maîtresse
à Nicolas.

retourner	≠	revenir
retourner	=	aller encore une fois
revenir	=	venir encore une fois
rentrer	=	revenir ou retourner chez soi

Je suis heureux d'être à Paris en ce moment, mais mes parents veulent que je rentre. J'espère revenir un jour à Paris.

retourner

Catherine habite à New York. A 10 ans, elle est allée à Paris. Chaque année, elle **retourne** à Paris pour perfectionner son français.

revenir

Robert, un étudiant américain, a passé toute l'année à Rome. Il **revient** de Rome en avion et **rentre** chez lui à Boston.
(Robert **rentre** chez lui à Boston après avoir quitté les Etats-Unis pour passer une année à Rome.)

Exercice d'entraînement

*Mettez la forme de **venir, aller, revenir, retourner, tenir, rentrer** ou **devenir** qui convient dans chacune des phrases suivantes:*

1. Nous _____ en ville pour faire des courses.
2. Quand le chien a trouvé la balle, le petit garçon lui a crié «_____ ici, chouchou.»
3. Le papa de Nicolas _____ chez lui chaque soir à 19 h 30.
4. Vous _____ un chapeau à la main.
5. Quand il boit trop d'alcool, il _____ ivre.
6. Chaque fois que je veux aller au théâtre, je _____ à Broadway.
7. A la fin de l'été, nous _____ de France pour reprendre le travail.
8. Chaque fois qu'Alceste a faim, il _____ à ce restaurant.
9. Pour pouvoir étudier, les élèves _____ à la bibliothèque.
10. Tu _____ à la banque chaque semaine pour y placer de l'argent.

II. Les Temps du passé: première partie

Les temps du passé s'emploient pour exprimer une action *terminée* à un moment avant le présent.

A. Le Passé récent

Formation:

Le passé récent se forme avec le verbe **venir** au présent + la préposition **de** + un infinitif (**venir de** + infinitif).

> Nicolas **vient de parler** à Alceste.
> Nous **venons d'arriver** à la gare.

Emploi:

Le passé récent exprime une action terminée *immédiatement* avant le présent.

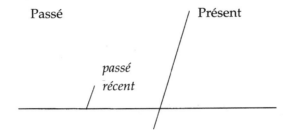

> Vous **venez de recevoir** la lettre de votre tante. (Vous avez
>   reçu la lettre à un moment très proche du présent.)
> Agnan pleure parce qu'Eudes **vient de** le **frapper**.
> La maîtresse crie parce que nous **venons de faire** des bêtises.

Exercice d'entraînement

Mettez les phrases suivantes au passé récent:
1. Vous quittez la salle pour jouer au tennis.
2. Jean achète une nouvelle maison au bord de la mer.
3. Nous recevons une lettre de notre tante.
4. Je tombe de l'échelle.

B. Le Passé composé

Formation:

Le passé composé se forme avec le présent de l'auxiliaire **avoir** ou de l'auxiliaire **être** et le participe passé.

$$\text{présent d'} \left\{ \begin{array}{l} \textbf{avoir} \\ \text{ou} \\ \textbf{être} \end{array} \right\} + \text{participe passé}$$

Les participes passés pour les verbes réguliers se forment ainsi:

> donner ──────▶ donn**é**
> finir ──────▶ fin**i**
> vendre ──────▶ vend**u**

Quelques participes passés irréguliers sont:

avoir	eu	dire	dit
boire	bu	conduire	conduit
croire	cru	écrire	écrit
voir	vu	rire	ri
pouvoir	pu	dormir	dormi
pleuvoir	plu	partir	parti
recevoir	reçu	suivre	suivi
savoir	su	prendre	pris
vouloir	voulu	mettre	mis
devoir	dû	s'asseoir	assis
vivre	vécu	offrir	offert
connaître	connu	ouvrir	ouvert
courir	couru	faire	fait
venir	venu	mourir	mort
lire	lu	naître	né
		être	été

Tous les verbes se conjuguent au passé composé avec **avoir** sauf certains verbes intransitifs et les verbes pronominaux qui se conjuguent avec **être**.

Les verbes conjugués avec *avoir*

donner

j'ai donné   nous avons donné
tu as donné   vous avez donné
il ⎫   ils ⎫
elle ⎭ a donné   elles ⎭ ont donné

Les verbes conjugués avec *être*

aller

je suis allé(e)   nous sommes allé(e)s
tu es allé(e)   vous êtes allé(e)(s)
il est allé   ils sont allés
elle est allée   elles sont allées

Les verbes pronominaux

se laver

je me suis lavé(e)   nous nous sommes lavé(e)s
tu t'es lavé(e)   vous vous êtes lavé(e)(s)
il s'est lavé   ils se sont lavés
elle s'est lavée   elles se sont lavées

Un verbe intransitif ne peut pas avoir d'objet direct. Le passé composé des verbes intransitifs suivants se forme avec l'auxiliaire **être**. Pour vous souvenir de ces verbes de «mouvement», groupez-les selon leurs sens, leurs ressemblances ou imaginez Nicolas qui arrive chez son grand-père. Ces verbes sont:

retourner	aller	venir	revenir	devenir
	sortir	entrer	rentrer	
	partir	arriver		
	descendre	monter		
	tomber	rester		
	mourir	naître		
	passer par			

Un jour, Nicolas **est venu**[1] chez son grand-père. Il **est arrivé**[2] à la porte, puis il **est entré**[3] tout de suite dans la maison. Il **est monté**[4] à l'étage, **est resté**[5] un moment devant la chambre de son grand-père, puis **est descendu**[6] mais il **est tombé**[7]. Alors, il **est sorti**[8] de la maison et il **est parti**[9] pour l'école. Il **est allé**[10] jusqu'à l'école mais, inquiet pour son grand-père, il **est passé par**[11] la cour et il **est retourné**[12] à la maison. Son grand-père **est né**[13] en 1930. Il **est devenu**[14] un homme pendant les années quarante et maintenant il est vieux mais il **n'est pas mort.**[15]

Emploi:

Le passé composé s'emploie pour exprimer une action terminée.

Nicolas et Alceste **sont sortis** de l'école. Alceste **a accompagné** Nicolas chez le fleuriste. Ils **sont entrés** dans le magasin et Nicolas **a mis** tous ses sous sur le comptoir et il **a demandé** à la dame un gros bouquet de fleurs. La dame **a compté** les sous et **a compris** la situation. Elle **a regardé** le mignon petit garçon et alors elle **est allée** chercher des fleurs dans le réfrigérateur. Elle **a choisi** des fleurs à droite et à gauche et puis elle **a mis** des tas de feuilles vertes. Enfin elle **a enveloppé** le bouquet dans un papier transparent et elle l'**a donné** à Nicolas. Nicolas **a dit** merci à la dame et lui et Alceste **sont sortis** du magasin.

1. *Les pronoms compléments dans les temps composés du passé* (voir pages 44 et 45).

Dans tous les temps composés, les pronoms compléments se placent *avant* l'auxiliaire.

Nicolas a acheté **le bouquet.**	Nicolas **l'**a acheté.
Nicolas a offert le bouquet **à sa mère.**	Nicolas **lui** a offert le bouquet.
Nous avons lu **le roman.**	Nous **l'**avons lu.
Tu as téléphoné **à tes grands-parents.**	Tu **leur** as téléphoné.

2. *La négation dans les temps composés du passé:* Dans tous les temps composés du passé, **ne** se place avant l'auxiliaire et **pas** après l'auxiliaire.

> Nicolas a voulu acheter les fleurs pour Maman; il **n'a pas** voulu rester en classe.
> Nicolas **n'a pas** offert le bouquet à sa mère.
> Nicolas **ne** l'**a pas** offert à sa mère.
> Nicolas **ne lui a pas** offert le bouquet.
> Nicolas et Alceste **ne sont pas** allés à la plage.
> Je **ne me suis pas** rasé ce matin.
> Nous **ne nous sommes pas** lavé les mains après la récréation.

Remarquez: Dans les temps composés du passé, **ne** se place aussi avant les pronoms compléments s'il y en a.

3. *L'interrogation dans les temps composés du passé* (voir page 17):

   a. se forme en général par l'inversion du sujet et de l'auxiliaire (**avoir** ou **être**).

Nicolas a-t-il acheté le bouquet?	Oui, il a acheté le bouquet.
Sont-ils allés à la plage?	Non, ils ne sont pas allés à la plage.
Vous êtes-vous levé à six heures ce matin?	Oui, je me suis levé à six heures ce matin.
N'as-tu pas lu ce roman d'aventures?	Si, je l'ai lu.

   b. peut se former en ajoutant **est-ce que** au commencement de la phrase.

Est-ce que vous avez fini la leçon?	Oui, je l'ai finie.
Est-ce que les garçons se sont battus?	Non, ils ne se sont pas battus.
Est-ce que Jean est tombé?	Oui, il est tombé.
Est-ce que tu as envoyé le télégramme à l'hôtel?	Oui, je l'ai envoyé à l'hôtel.

Chaque verbe dans le deuxième des deux paragraphes à la page 115 représente une action faite une fois l'une *après* l'autre dans une série d'actions.

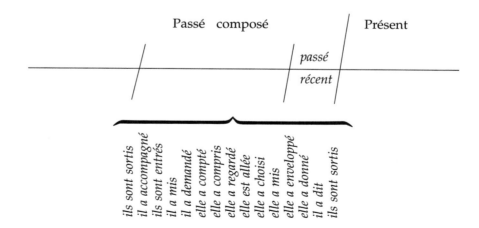

C. L'Accord du participe passé dans les temps composés

Formation:

Le participe passé s'accorde de la façon suivante:

donné, fini, vendu	masculin	participe passé
donné**s**, fini**s**, vendu**s**	masculin pluriel	participe passé + **s**
donné**e**, fini**e**, vendu**e**	féminin	participe passé + **e**
donné**es**, fini**es**, vendu**es**	féminin pluriel	participe passé + **es**

Emploi:

Les participes passés des verbes conjugués avec **avoir** et ceux des *verbes pronominaux* s'accordent avec:

1. un pronom *objet direct* qui *précède* le verbe.

Nicolas a offert le bouquet à sa mère. ⟶ Nicolas l'a offert à sa mère.
La dame a enveloppé la fleur. ⟶ La dame l'a enveloppé**e**.
Nous avons choisi nos amis. ⟶ Nous les avons choisi**s**.
Ils ont perdu les clefs. ⟶ Ils les ont perdu**es.**

Alceste s'est couché.
Je me suis rasé.
Madeleine s'est lav**ée**.

Remarquez: a) Le participe passé d'un verbe conjugué avec **avoir** ne s'accorde *pas* avec un *objet indirect* qui précède le verbe.

Il nous a écrit
Elle leur a téléphoné.

Comparez:

Pronom réfléchi = objet direct	*Pronom réfléchi = objet indirect*
Nicolas et Eudes se sont battu**s**.	Nicolas et Eudes se sont parlé.

---

b) L'emploi spécial du verbe pronominal qui indique la possession d'une partie du corps.

Elle s'est cassé le bras.

L'objet direct dans cette phrase, **le bras**, suit le verbe. Le **s'** avant le verbe montre la possession du bras et joue le rôle d'un *objet indirect;* le participe passé *ne* s'accorde *pas* avec un *objet indirect* qui précède le verbe.

Comparez:

Pronom réfléchi = objet direct	*Pronom réfléchi = objet indirect*
Nicole s'est lav**ée**.	Nicole s'est lavé les mains.

---

2. l'antécédent du pronom relatif **que** employé comme objet direct.

La fleur que Joachim a chiffonn**ée** n'est pas jolie.
Le bouquet que Nicolas a offert à sa mère est magnifique.
Les films que vouz avez vu**s** racontent des histoires d'amour.
Les leçons que nous avons étudi**ées** nous intéressent beaucoup.

3. Les participes passés des verbes intransitifs (conjugués avec **être**) s'accordent avec le sujet de la phrase.

> Nicolas et Alceste sont sortis du magasin.
> Jacqueline est tombée de l'échelle.
> Nous sommes entrés dans la banque.

Exercices d'entraînement

1 *Mettez au passé composé:*

1. Joachim part.
2. Nous jouons.
3. Ils commencent.
4. Tu te laves.
5. Vous allez.
6. Nous finissons.
7. Je reviens.
8. Ils font.
9. Vous mettez.
10. Louisette se coiffe.
11. Je m'habille.
12. Jean reçoit un cadeau.
13. Elles ouvrent leurs livres.
14. Vous mourez d'ennui.
15. Nous perdons.
16. Nous comprenons.
17. Jacqueline court.
18. Les garçons se battent.
19. Je descends.
20. Tu réponds.

2 *Mettez les phrases suivantes à la forme négative:*

1. Alceste a mangé un petit pain au chocolat.
2. Alceste l'a mangé.
3. Nous avons rencontré Geoffroy, Clotaire et Rufus.
4. Nous les avons rencontrés.
5. Ils sont allés sur le terrain de sports.
6. Ils y sont allés.
7. La dame a posé les fleurs sur le comptoir.
8. La dame les y a posées.
9. Nous nous sommes levés très tôt pour jouer au golf.
10. Vous vous êtes couchés à deux heures du matin.

3 *Posez deux questions qui correspondent à la réponse donnée en employant (1) l'inversion et (2)* **est-ce que:**

1. Oui, je suis allé chez le fleuriste cet après-midi.
2. Oui, Jean a réparé sa bicyclette hier.
3. Non, elle n'a pas répondu à ma lettre.
4. Oui, ils ont accepté l'invitation de Nicolas.
5. Non, le garçon n'a pas encore rangé sa chambre.
6. Oui, elles ont fait leurs devoirs.
7. Non, nous n'avons pas offert un cadeau à Marie.
8. Oui, je suis parti avec tous mes amis.
9. Oui, j'ai emballé le paquet.
10. Non, les fleurs ne sont pas tombées par terre.

4 *Mettez les verbes entre parenthèses au passé composé:*

1. Nicolas (rentrer) _____ chez lui et il (donner) _____ la fleur chiffonnée à sa mère qui l' (mettre) _____ dans le grand vase bleu.
2. Louisette (se promener) _____ dans le parc avec ses amies.
3. Les leçons que vous (apprendre) _____ sont difficiles à comprendre.
4. Voilà les sous! Je les (trouver) _____ au fond du tiroir.
5. Ils (aller) _____ au bal après avoir dîné chez Maxim.
6. Toutes les filles que Nicolas (connaître) _____ pendant son enfance sont maintenant mariées.
7. Alceste (acheter) _____ la tarte à la pâtisserie et l' (dévorer) _____ en très peu de temps.

5 *Répondez aux questions suivantes en faisant preuve d'imagination et en employant des pronoms objets:*

1. A qui avez-vous écrit cette lettre?
2. As-tu lu ces histoires du *Petit Nicolas*?
3. Où le professeur a-t-il passé les grandes vacances?
4. Avez-vous parlé à ma tante Georgette?
5. Pourquoi Nicolas a-t-il giflé Louisette?
6. Comment t'es-tu cassé la jambe?

6 *Mettez les verbes entre parenthèses aux temps qui conviennent (au passé composé, au présent, ou au futur):*

1. Hier matin, je (prendre) _____ du jus d'orange et un croissant comme petit déjeuner.
2. Les Français (boire) _____ du vin au déjeuner.
3. L'été dernier, nous (monter) _____ à bord du bateau pour faire une croisière.
4. Vous (s'amuser) _____ à la fête hier soir.
5. Tous les élèves (faire) _____ leurs devoirs avant le cours ce matin.
6. Avant d'acheter le bouquet de fleurs pour sa mère, Nicolas (casser) _____ sa tirelire pour y trouver de l'argent.
7. Nous (partir) _____ en vacances la semaine prochaine.
8. Chaque jour avant d'aller à l'école, Nicolas (se laver) _____ la figure.
9. Quand la grosse dame (s'asseoir) _____ sur la chaise, la chaise (se casser) _____.
10. Jean-Thomas (vivre) _____ à Cannes jusqu'à l'âge de quinze ans.
11. Hier matin, Eudes (perdre) _____ son cerf-volant et alors il (commencer) _____ à pleurer.
12. Après le match de football la semaine dernière, Nicolas (aller) _____ chez le fleuriste; il (mettre) _____ tous ses sous sur le comptoir et il (demander) _____ un gros bouquet de fleurs à la dame.
13. Nous (jouer) _____ au football tous les jours.

14. Agnan (être) _____ le chouchou de la maîtresse parce qu'il (pouvoir) _____ toujours répondre à ses questions.
15. (Prendre) _____-vous du thé ou du chocolat au goûter?
16. Quand il (être) _____ riche, il (s'en aller) _____ vivre en France.
17. Avant hier, Jean (nettoyer) _____ sa chambre pour la première fois depuis un mois.
18. La petite amie de Nicolas (s'appeler) _____ Louisette. Elle (avoir) _____ un shoot terrible.
19. L'autre jour, Joachim (courir) _____ après le voleur.
20. Nicolas (offrir) _____ une seule fleur chiffonnée à sa mère et il (se mettre) _____ à pleurer.
21. (Connaître) _____-vous le frère d'Eudes? Il est pilote dans l'armée de l'air.
22. L'année dernière, Geoffroy (recevoir) _____ un cheval la veille de son anniversaire.
23. Nous (raconter) _____ en classe la scène du film pour faire rire tout le monde.
24. Tu (se dépêcher) _____ pour arriver à l'heure au bureau ce matin.
25. Hier soir, Jean-Jacques (venir) _____ nous voir.

7 *Mettez les verbes entre parenthèses aux temps qui conviennent (le passé composé, le présent):*

Comme nous le (savoir) _____, le frère d'Eudes, Jean-Victor, (être)

_____ pilote dans l'armée de l'air et, comme son frère, il (adorer) _____

se battre. L'autre jour, il (aller) _____ à un match de football. Evidemment tous

les spectateurs (vouloir) _____ encourager leurs équipes. Or, Jean-Victor (se

trouver) _____ mêlé aux supporters de l'équipe adverse. Bien sûr, ces gens-ci

(ne pas apprécier) _____ les cris enthousiastes de Jean-Victor qui (se fâcher)

_____ et une bagarre (éclater) _____ mais ils (ne pas pouvoir) _____

venir à bout de Jean-Victor. Il était tellement fort qu'à lui seul il (battre) _____

ses adversaires et même les agents de police. Le lendemain matin, tout le monde

(pouvoir) _____ voir dans le journal la photo de Jean-Victor.

III. Les Articles

Les noms communs sont généralement précédés d'un article.

A. *L'article défini* (**le, la l', les**) désigne un nom de façon précise. Il peut avoir un sens général ou un sens particulier.

sens général

la tarte

sens particulier

La Pâtisserie Mirabelle

Alceste adore les tartes.

(En général, toutes les tartes sont délicieuses; c'est l'avis d'Alceste.)

Alceste n'aime pas les tartes de la pâtisserie Mirabelle.

(Dans cette phrase on parle des tartes d'une pâtisserie spécifique—Quelles tartes?— Les tartes de la pâtisserie Mirabelle.)

Le café est bon.

(En général, à mon avis tout café est bon.)

Je préfère le café de chez Maxim.

(C'est un café spécifique—le café de chez Maxim—et pas un autre café — que je préfère. Quel café?—le café de chez Maxim.)

Pierre adore le vin mais il n'aime pas la bière.

(En général, Pierre trouve que tout vin est bon mais pour lui la bière, en général, n'est pas bonne.)

Pierre aime le vin de Bordeaux.

(Ici c'est une certaine sorte de vin que Pierre aime. Quel vin aime-t-il?—Il aime le vin de Bordeaux.)

Les fleurs représentent le bonheur.

(On formule ici une verité générale.)

Les fleurs dans le vase sont fanées.

(Cette phrase parle de fleurs spécifiques —les fleurs qui sont dans le vase.)

B. *L'article indéfini* indique un nom de façon imprécise; on l'emploie si le nom est dénombrable.

Jean a acheté un livre.

(Quel livre Jean a-t-il acheté? Nous ne savons pas précisément le titre de ce livre.)

Pierre est parti en voyage avec une amie.

(Avec quelle amie est-il parti en voyage? Nous ne savons pas l'dentité de son amie.)

Un jour, vous irez en France.

(Quel jour irez-vous en France? Nous ne savons pas le jour—mais un jour imprécis dans le futur—peut-être le mois prochain, l'année prochaine ou même plus tard.)

Le pluriel de **un** ou **une** est **des**:

Jean a acheté **un livre**.
Tu as mangé **un croissant**.

Agnan a acheté **des livres**.
Alceste as mangé **des croissants**.

C. *L'article partitif* (**du, de la, de l', des**) indique une partie d'un tout; on l'emploie avec des noms qui ne sont pas dénombrables.

le gâteau

du gâteau

Le gâteau de Jacques est énorme.

Il prend **du** gâteau.

(Il ne peut pas prendre *tout* le gâteau mais il prend *une partie* [un morceau] du gâteau.)

L'argent est nécessaire.

Avez-vous **de** l'argent sur vous?

(En général, l'argent est nécessaire pour tout le monde et je demande si vous avez une partie de tout l'argent qui existe.)

Remarquez: **Aimer, adorer, détester, préférer** sont généralement suivis de l'article défini.

Manger, prendre, avoir, acheter, vouloir, désirer sont généralement suivis de l'article indéfini ou partitif.

Pierre adore le vin mais il n'aime pas la bière.
Nous détestons les tartines.
Vous aimez le café.
Jeanne préfère la robe de Chanel.

Il prend du vin.

Nous mangeons des croissants.
Vous prenez du café.
Elle achète une robe.

Comparez:

article défini, général	article défini, particulier	article partitif, une partie du tout	article indéfini, imprécis
Le café est bon.	J'aime **le** café de chez Maxim.	Chaque matin je prends **du** café.	Je voudrais **un** café-crème s'il vous plaît.
Jean adore **les** melons.	Jean adore **les** melons du marché.	Jean mange **du** melon.	Jean achète **un** melon.
Nicolas aime **les** fleurs.	Nicolas préfère **les** fleurs du fleuriste à côté de la poste.	Nicolas achète **des** fleurs.	Nicolas achète **des** fleurs.
Le courage est une qualité admirable.	**Le** courage de cet enfant est remarquable.	Elle a montré **du** courage en sauvant son ami.	

D. *L'article partitif et l'article indéfini* sont remplacés par **de** (ou **d'**)

1. après une expression de quantité.

Jean a montré **du** courage. ⟶ Jean a montré $\left\{\begin{array}{l}\text{beaucoup}\\\text{assez}\\\text{trop}\\\text{autant}\\\text{moins}\\\text{un peu}\\\text{plus}\end{array}\right\}$ **de** courage.

Alceste a mangé **trop de** bonbons; alors maintenant il est malade.
Nicolas a acheté **un bouquet de** fleurs.
Il y a **beaucoup de** fleurs dans le bouquet.
Dans le jardin il y a **des tas de** bégonias.
La dame a mis **des tas de** feuilles vertes avec les fleurs.

Elle a mis **du** vin. ⟶ Elle a mis $\left\{\begin{array}{l}\text{une carafe}\\\text{un litre}\\\text{un verre}\\\text{une bouteille}\end{array}\right\}$ **de** vin sur la table.

Le garçon nous a apporté encore **une carafe de** vin.
L'enfant a versé **un verre de** limonade sur le tapis.
Ce matin, Jean a pris **une tasse de** café.

2. avant un objet direct après une négation.

Comparez:

Maman m'a donné de l'argent. ⟶ Maman ne m'a pas donné d'argent.
Vous achetez des fleurs. ⟶ Vous n'achetez pas de fleurs.
J'ai un stylo. ⟶ Je n'ai pas de stylo.

3. généralement avant un adjectif qui précède un nom au pluriel.

Comparez:		
Nous lisons des livres	Nous lisons des livres intéressants.	Nous lisons **de beaux livres.**
Elle a des idées.	Elle a des idées intéressantes.	Elle a **de bonnes idées.**

Exercice d'entraînement

*Mettez **le, la, l', les, un, une, du, de la, de l', des, de** ou **d'** dans les phrases suivantes s'il y a lieu:*

1. Ce matin comme petit déjeuner Alceste a pris _____ croissants, _____ confiture, _____ beurre et trois tasses _____ chocolat.
2. Le garçon nous a apporté encore _____ bouteille _____ vin.
3. Nicolas préfère _____ fleurs chez _____ fleuriste de la rue des Saints-Pères.
4. _____ courage est _____ vertu. Rufus montre toujours _____ courage.

5. Sidi porte toujours _____ djellaba, et _____ boîte à merveilles que sa mère lui a donnée.

6. Joachim s'entraîne pour _____ Tour de France.

7. Nous avons réussi à faire _____ délicieuse tarte aux pommes.

8. _____ deux petites filles ont offert _____ cadeau à leur mère pour _____ fête des Mères.

9. Alceste adore _____ bonbons et il a mis _____ bonbons dans sa poche pour en avoir pendant la récréation.

10. Avez-vous assez _____ argent pour payer les billets?

11. Jacques déteste _____ romans mais pour _____ cours de littérature, il doit lire _____ romans.

12. Chaque fois que cette dame va dans les magasins en ville, elle revient avec _____ robe et _____ souliers neufs.

13. _____ papa de Nicolas lui a donné _____ argent l'autre jour pour _____ travail qu'il avait fait dans _____ jardin.

14. Alceste veut offrir _____ gâteau, _____ chocolats, _____ choucroute garnie, _____ biscuits ou _____ boudin blanc à son ami.

15. Joachim a ramassé toutes _____ feuilles qui étaient tombées.

16. Quand Nicolas est rentré chez lui, il ne restait plus _____ feuilles dans _____ bouquet.

17. J'ai trouvé _____ tas _____ boîtes de conserves dans _____ terrain vague à côté de chez nous.

18. Donnez-moi _____ peu _____ pain s'il vous plaît.

19. Eudes lui a donné _____ gifle.

20. Nous avons vu _____ jolie fille dans la rue.

21. Ils ont l'intention de faire _____ voyage autour du monde.

22. Agnan n'a pas _____ amis parce qu'il est _____ chouchou de la maîtresse et parce qu'il porte _____ lunettes.

23. Tante Georgette va à _____ banque pour toucher _____ chèque.

IV. Le Pronom complément *en*

Le pronom complément **en** remplace un nom ou une expression introduits par **de**. Il peut remplacer:

A. *un article partitif* + un nom.

Nicolas a acheté **des fleurs**. ⟶ Il **en** a acheté.

Nous avons **des bégonias** dans le jardin. ⟶ Nous **en** avons dans le jardin.

Elle a donné **des gifles** à Nicolas. ⟶ Elle **en** a donné à Nicolas.

Jean a **des amis intelligents**. ⟶ Jean **en** a.

Remarquez: Le participe passé d'un verbe conjugué avec **avoir** ne s'accorde pas avec **en**.

Il a acheté des cravates. ⟶ Il **en** a acheté.

B. **de** + *un nom après une expression de quantité.*

Nicolas a acheté un bouquet **de fleurs**. ⟶ Il **en** a acheté un bouquet.
Vous avez bu un verre **de lait**. ⟶ Vous **en** avez bu un verre.
Nous avons deux **sœurs**. ⟶ Nous **en** avons deux.
Je veux acheter des tas **de roses**. ⟶ Je veux **en** acheter des tas.

C. **de** + *une expression de lieu.*

La dame est revenue **de Paris**. ⟶ La dame **en** est revenue.
Nicolas et Alceste sont sortis **du magasin**. ⟶ Nicolas et Alceste **en** sont sortis.

D. **de** + *une chose ou une idée après certaines expressions.*

avoir besoin de	parler de
avoir envie de	s'occuper de
avoir peur de	se souvenir de
avoir l'habitude de	se plaindre de
avoir honte de	se moquer de
avoir l'intention de	se servir de

Après ces expressions, **en** remplace une chose ou une idée, mais *jamais une personne*. On emploie un pronom accentué (voir page 53) quand le complément est une personne.

Comparez:

Jean a peur **du** chien.	⟶ Jean **en** a peur.	Jean a peur d'Eudes.	⟶ Jean a peur **de lui**.
Nicolas a besoin **d'argent**.	⟶ Nicolas **en** a besoin.	Nicolas a besoin **de ses amis**.	⟶ Nicolas a besoin **d'eux**.
Nous parlons **de nos examens**.	⟶ Nous **en** parlons.	Nous parlons **de la vieille dame**.	⟶ Nous parlons **d'elle**.
Ils se moquent **du film**.	⟶ Ils s'**en** moquent.	Mireille se moque de Robert.	⟶ Elle se moque **de lui**.
Je me souviens **de ma jeunesse**.	⟶ Je m'**en** souviens.	Je me souviens **de mes anciens amis**.	⟶ Je me souviens **d'eux**.
Alceste a envie **de manger un sandwich**.	⟶ Alceste **en** a envie.	Alceste a envie **de mon chien**.	⟶ Alceste a envie **de lui**.

Remarquez: Il ne faut jamais placer **y** et **en** dans la même phrase—sauf quand on emploie l'expression idiomatique **il y a**. **Là** remplace souvent **y** dans une phrase avec **en**.

Les enfants achètent des fleurs à la boutique au coin de la rue. } Les enfants **en** achètent à la boutique au coin de la rue.
Les enfants **y** achètent des fleurs.
Les enfants **en** achètent **là**.

Exercice d'entraînement

Remplacez les mots en italique par les pronoms qui conviennent:

1. Nicolas a offert *des fleurs* à sa mère.
2. Vous apportez *des livres* en classe.
3. Nos parents montrent *des photos de notre classe* à tous leurs amis.
4. Alceste a trouvé *de l'argent* au milieu de la rue.
5. J'ai perdu *des lettres*.
6. Hier, maman a acheté une douzaine *d'œufs*.
7. Eudes a poussé quatre *camarades*.
8. Nous avons déjà dévoré la moitié *du gâteau*.
9. Agnan a surpris tout le monde parce qu'il a marqué un *but*.
10. Je sors de l'argent *de ma poche*.
11. Nous avons l'intention de revenir *de la montagne* dans un mois.
12. Les petits garçons se moquent *du chien qui saute en l'air*.
13. Nous avons tous peur *des lions*.
14. Alceste n'a pas honte *d'admettre qu'il adore manger tout le temps*.
15. Vous souvenez-vous de *votre ancien professeur d'histoire?*
16. Tous les amis de Nicolas ont envie *d'être aussi forts qu'Eudes*.
17. Ce n'est pas gentil de parler *de Jacques et de Paul* quand ils ne sont pas là pour se défendre.
18. Michel n'a pas honte *d'avoir giflé le petit garçon qui portait des lunettes*.
19. Nicolas a beaucoup pensé *au cadeau qu'il voulait acheter pour sa mère*.
20. Avez-vous écrit une lettre *à votre tante?*
21. Jean et Charles ont posé *la question* au professeur.
22. Nous avons rencontré *les jeunes filles* devant la boutique de Madame Barbezat.
23. A la fin de l'année, Jean a rendu les livres *à tous ses amis*.
24. A la fin de l'année, Jean a rendu *les livres* à tous ses amis.

Exercices de vérification

1 *Mettez* **venir, aller, revenir, retourner, tenir, rentrer** *ou* **devenir** *à la forme qui convient dans chacune des phrases suivantes:*

1. A quelle heure avez-vous l'intention de _____ chez vous après la conférence?
2. Tu _____ au bureau chaque matin à 9 h 30.
3. Alceste a laissé son petit pain au chocolat chez le fleuriste; il y _____ le chercher.
4. Quand il fait son cours d'histoire, le professeur _____ son livre à la main.
5. Chaque fois que nous _____ du Japon, nous sommes extrêmement fatigués.
6. Après avoir beaucoup travaillé, vous _____ riche et célèbre.

7. Chaque fois que Marie appelle son chien, il _____ lui lécher la main.

8. Nous avons beaucoup apprécié la ville de New York et nous voulons y _____ un jour.

9. Nos ancêtres _____ aux Etats-Unis après avoir passé la plupart de leur vie en Europe.

10. Qu'est-ce qu'il _____? Je ne l'ai pas vu depuis longtemps.

2 *Mettez au passé composé:*

1. Elle meurt d'une crise cardiaque.
2. Nous offrons des cadeaux à Maman.
3. Jacqueline et Nicole descendent.
4. Le film dure une heure.
5. Tu reçois une lettre de Georges.
6. Jean apprend le français.
7. Je jette une boule de neige.
8. Pierre éclate de rire quand le clown arrive.
9. Le professeur rend les devoirs aux élèves.
10. Nous sortons de la boutique.
11. Voilà la lettre que son frère écrit.
12. Alceste m'accompagne dans le parc.
13. Toutes les filles se battent.
14. Je réponds à la question du vieillard.
15. La voiture s'arrête au feu rouge.

3 *Mettez les phrases suivantes à la forme négative:*

1. Vous avez écrit des lettres.
2. Nous les avons distribuées à tous les candidats.
3. Ils ont couru à la plage.
4. Jacques est allé chez le médecin.
5. Vous vous êtes cassé le bras.

4 *Posez deux questions qui correspondent à la réponse donnée en employant* (1) *l'inversion et* (2) **est-ce que**:

1. Oui, Jacqueline a acheté une robe rouge.
2. Non, je n'ai pas consulté l'annuaire pour avoir le numéro de téléphone.
3. Oui, Jacques a quitté la salle avant le professeur.
4. Non, nous ne nous sommes pas promenés dans les rues de New York.
5. Oui, ils se sont battus pendant une demi-heure.

5 *Mettez les verbes entre parenthèses aux temps qui conviennent (le passé composé, le présent ou le futur):*

1. Hier soir, je (ranger) _____ toutes mes affaires.
2. Le week-end prochain, nous (aller) _____ au bord de la mer.
3. Ce matin, Alceste et Nicolas (courir) _____ pour arriver à l'école à l'heure.
4. Quand nous (prendre) _____ notre retraite dans dix ans, nous (vivre) _____ au bord de la mer.
5. Quelle horreur! Alceste (boire) _____ douze verres de lait pendant un seul repas!
6. Dans trois jours, tu (voir) _____ un phénomène extraordinaire dans le ciel.
7. Je suis sûr que ce cadeau (plaire) _____ à ta mère; achète-le.
8. Après plusieurs années d'études, Georgette (devenir) _____ avocate.
9. A notre cours d'anglais nous (lire) _____ trois romans la semaine dernière.

10. Où (mettre) _____-vous _____ les clefs de la voiture?
11. L'autre soir, ma mère (recouvrir) _____ le sofa d'un très joli tissu.
12. Si vous êtes sages, vous (recevoir) _____ de très jolis cadeaux pour Noël.
13. Alceste et Nicolas (s'amuser) _____ quand ils (aller) _____ chez le fleuriste l'autre jour.
14. Vous (passer) _____ toujours trop de temps à bavarder avec vos amis.
15. Joachim (envoyer) _____ les fleurs à la figure de Nicolas.
16. Hier après-midi, Nicolas (pousser) _____ son amie Louisette; alors elle (tomber) _____ par terre et (se casser) _____ le bras gauche.
17. Après l'accident, je (ramasser) _____ le petit chien tremblant pour le consoler.
18. Monsieur, vous (faire) _____ toujours trop de fautes aux examens.
19. Pendant la récréation, tous les enfants de notre classe (choisir) _____ de jouer au football.
20. Quand Henri (reprendre) _____-t-il le travail? Après trois mois de repos.

6 *Mettez les verbes entre parenthèses aux temps qui conviennent (au passé composé ou au présent):*

Un jour, je (aller) _____ en ville à pied pour faire des courses. Comme vous (savoir) _____, c'(être) _____ toujours agréable de se promener en ville en automne quand les feuilles (changer) _____ de couleurs. Je (aimer) _____ toujours marcher en faisant crisser les feuilles. En chemin, je (rencontrer) _____ un joli petit chien dans la rue. Ce gentil chien me (lécher) _____ la main et je lui (sourire) _____ en lui tapotant la tête. Tout d'un coup ce chien (sauter) _____ en l'air et (se faire) _____ mal en retombant par terre. Je (essayer) _____ de l'aider mais il me (mordre) _____ la main, ce qui me (faire) _____ très mal. Je (devoir) _____ aller chez le médecin pour me faire soigner. Je (beaucoup souffrir) _____ pendant un mois. On (découvrir) _____ que ce chien était enragé et on (décider) _____ de le tuer. Même aujourd'hui je (se souvenir) _____ de lui et je (se sentir) _____ triste.

7 *Mettez le, la, l', les, un, une, du, de la, de l', des, de ou d' dans les phrases suivantes s'il y a lieu:*

1. Nous sommes allés en ville pour faire des courses. Nous avons acheté _____ pamplemousses, _____ biscuits, trois bouteilles _____ limonade, deux kilos _____ viande, _____ pain et une douzaine _____ œufs.
2. Avez-vous _____ temps de venir avec nous au cinéma ce soir?
3. Nicolas a mis _____ argent qu'il avait sur lui sur _____ comptoir de la boutique.
4. La dame a mis _____ tas _____ feuilles dans _____ bouquet _____ fleurs pour le rendre plus gros.
5. Demain, vous passerez _____ examen de français.
6. Nicolas a offert _____ glace à Louisette parce qu'il la trouve chouette.
7. Avez-vous encore soif? N'avez-vous pas encore bu assez _____ eau?
8. Ce matin, nous étions si fatigués que nous avons dû boire trois tasses _____ café pour nous réveiller.
9. La première fois qu'il en a mangé, il a déclaré qu'il détestait _____ escargots.

10. Jean-Pierre a décidé d'aller à Paris pour acheter _____ nouveau costume.
11. Je voudrais accepter _____ invitation mais j'ai trop _____ travail.
12. Nicole prend toujours _____ sucre et _____ lait dans son café mais
    Françoise déteste _____ sucre et _____ lait dans _____ café.

 Remplacez les mots en italique par les pronoms qui conviennent:

1. Jean a acheté *des livres* à la librairie.
2. La dame a mis beaucoup *de feuilles* dans le gros bouquet.
3. J'ai trouvé *de belles pommes* au marché. Voulez-vous quelques-unes *de ces pommes*?
4. Avez-vous envoyé cette lettre *à Eva*?
5. Avez-vous envoyé *cette lettre* à Eva?
6. Jacques se sert *d'un couteau* pour découper la viande.
7. Alceste a envie *de dévorer tous les croissants de la pâtisserie.*
8. La dame a donné *de petites tapes* sur la tête de Nicolas.
9. Ces petites filles ont peur *des serpents.*
10. Nicolas a offert un bouquet de fleurs *à ses parents* pour fêter *leur anniversaire de mariage.*
11. Joachim a reçu un *vélo* comme cadeau de Noël.
12. Pourquoi as-tu taquiné *cette pauvre petite bête*?
13. Les étudiants sont sortis *de l'amphithéâtre* après la conférence du professeur.
14. Mes parents ont permis *à mon frère* d'aller tout seul à Boston.
15. Nos amis ont envie *de faire un voyage en Afrique l'été prochain.*

Révision

Répondez aux questions suivantes par des phrases complètes en employant le vocabulaire et les structures de cette leçon:

1. Qu'est-ce que vous avez offert à votre mère pour son anniversaire?
2. Combien de gâteaux avez-vous mangés après être rentré de l'école?
3. Qu'est-ce qu'Alceste a choisi comme dessert?
4. Combien de steaks votre mère a-t-elle achetés à la boucherie?
5. Combien d'élèves ont réussi à l'examen?
6. Qu'est-ce que vous avez bu après le match de tennis?
7. Complétez: Cet homme est ivre parce qu'il...
8. Comparez la somme d'argent que vous avez avec l'argent qu'a votre ami.
9. Pourquoi avez-vous beaucoup d'amis?
10. Pourquoi Alceste est-il si gros?
11. Complétez: Pour le petit déjeuner, je prépare souvent...
12. Complétez: Chaque fois que Jeanne va au restaurant, elle est embarrassée; alors elle
    ne commande que...
13. La semaine dernière, je...
14. Hier après-midi, je...
15. L'année dernière, Hélène...
16. L'été passé, nous...
17. Il y a un mois, vous...
18. Où avez-vous passé les vacances d'été?
19. Qu'est-ce que vous avez fait hier soir?
20. Qu'avez-vous fait avant d'aller à l'école ce matin?
21. Nommez trois fruits qui poussent surtout en Floride.

Discussion et création

En employant le vocabulaire et les structures de cette leçon, répondez aux questions suivantes:

1. Qu'est-ce que vous avez pris pour le petit déjeuner? pour le déjeuner? pour le dîner?
2. D'après les dessins qui suivent, qu'est-ce que Nicolas a fait?

1.  **2.**  **3.**

4.  **5.**  **6.**

3. Racontez ce que vous avez fait hier soir avant de vous coucher.
4. Racontez ce qui est arrivé au bouquet de fleurs de Nicolas.
5. Imaginez les dialogues suivants et construisez une pièce de théâtre avec vos camarades de classe. Faites allusion au texte de «Le Chouette Bouquet».
    a. Alceste et Nicolas discutant le choix du cadeau pour la mère de Nicolas.
    b. Nicolas et la dame chez le fleuriste.
    c. La rencontre entre Geoffroy, Clotaire, Rufus, Alceste et Nicolas.
    d. La discussion entre Joachim et Nicolas concernant le bouquet.
    e. Nicolas et sa mère quand Nicolas lui offre le bouquet de fleurs.
6. Imaginez un dialogue entre vous et un marchand
    a. de fleurs.
    b. de voitures d'occasion.
7. En vous servant des menus des pages 104–105 commandez un repas.
    Variantes: a. Imaginez que vous êtes gourmand.
              b. Imaginez que vous suivez un régime.
8. Racontez l'histoire illustrée par les dessins ci-dessous.

Cinquième Leçon

La maîtresse emmène toute la classe au musée.

**emmener		guider ou accompagner d'un lieu à un autre
*ensemble		l'un avec l'autre: *Christine et Nicole chantent ensemble.*
*c'est dommage		c'est regrettable
pourtant		mais (un adverbe qui marque une opposition): *Jacques, qui est pourtant gentil, se fâche avec tout le monde aujourd'hui.*
veuille		*veut* (au subjonctif)
*un car		un bus qui va d'une ville à une autre; un transport d'élèves
*devoir		avoir l'intention de, ou être obligé de
*pouvoir		être capable de
se garer		*En général, nous garons la voiture dans le garage mais parfois nous nous garons dans la rue le long du trottoir.*
*devant		≠ derrière: *Le monsieur est devant la table.*
*traverser		*L'avion traverse l'océan Atlantique de New York à Paris.*
se mettre en rangs par deux		*Les animaux se mettent en rangs par deux.*
*surtout		principalement
*à côté de		*Robert est assis à côté de Mireille.*
gras(se)		couvert de graisse ou d'huile: *Le garagiste a les mains grasses à cause de l'huile ou de la graisse.*
collant(e)		*La glu est très collante.*
dépendre		*Le résultat dépend de la qualité du travail.*

Le Musée de peintures

Aujourd'hui, je suis très content, parce que la maîtresse emmène° toute la classe au musée, pour voir des peintures. C'est drôlement amusant quand on sort tous ensemble,° comme ça. C'est dommage° que la maîtresse, qui est pourtant° gentille, ne veuille° pas le faire plus souvent.

Un car° devait° nous emmener de l'école au musée. Comme le car n'avait pas pu° se garer° devant° l'école, nous avons dû traverser° la rue. Alors, la maîtresse nous a dit: «Mettez-vous en rangs par deux° et donnez-vous la main; et surtout,° faites bien attention!» Moi, j'ai moins aimé ça, parce que j'étais à côté d'°Alceste, mon ami qui est très gros et qui mange tout le temps, et ce n'est pas très agréable de lui donner la main. J'aime bien Alceste, mais il a toujours les mains grasses° ou collantes,° ça dépend° de ce qu'il mange.

*sec, sèche		*Il fait très sec dans le désert mais il fait humide au bord de la mer.*
les biscuits		*Le monstre attaque le tas de biscuits.*
les miettes (f.)		*Ce biscuit est en miettes.*
*pendant que		en même temps que: *La dame chante pendant que le monsieur joue du piano.*
*arrêter		*L'agent de police arrête les voitures.*
*laisser		*Après avoir arrêté les voitures, l'agent a laissé passer les enfants.*
**tout d'un coup		soudainement, soudain
lâcher		*Le corbeau a lâché le fromage que le renard a vite pris.*
**tout de suite		immédiatement
*oublier		*Ce matin, le monsieur a oublié de mettre son pantalon.*
dans l'autre sens		dans l'autre direction
*au milieu de		*Le point est au milieu du cercle.*
se mêler de		s'intéresser aux affaires d'autres gens: *La dame se mêle des affaires de ses voisins et ça ne la regarde pas.*
*frapper		*La dame a frappé le voleur avec son sac.*
bousculer		pousser dans toutes les directions.
*enlever		*Pierre enlève la sucette au bébé.*

Aujourd'hui, j'ai eu de la chance: il avait les mains sèches.° «Qu'est-ce que tu manges, Alceste?» je lui ai demandé. «Des biscuits° secs», il m'a répondu, en m'envoyant plein de miettes° à la figure.

Devant, à côté de la maîtresse, il y avait Agnan. C'est le premier de la classe et le
5   chouchou de la maîtresse. Nous, on ne l'aime pas trop, mais on ne tape pas beaucoup dessus à cause de ses lunettes. «En avant, marche!» a crié Agnan, et nous avons commencé à traverser, pendant qu'°un agent de police arrêtait° les autos pour nous laisser° passer.

Tout d'un coup,° Alceste a lâché° ma main et il a dit qu'il revenait tout de suite,° qu'il avait oublié° des caramels en classe. Alceste a commencé à traverser dans l'autre sens,° au milieu des°
10 rangs, ce qui a fait un peu de désordre. «Où vas-tu, Alceste? a crié la maîtresse; reviens ici tout de suite!» «Oui: où vas-tu, Alceste, a dit Agnan, reviens ici tout de suite!» Eudes, ça ne lui a pas plu, ce qu'avait dit Agnan. Eudes est très fort et il aime bien donner des coups de poing sur le nez des gens. «De quoi te mêles-tu° chouchou? Je vais te donner un coup de poing sur le nez», a dit Eudes en avançant sur Agnan. Agnan s'est mis derrière la maîtresse et il a dit qu'on
15 ne devait pas le frapper,° qu'il avait des lunettes. Alors Eudes, qui était dans les derniers rangs, parce qu'il est très grand, a bousculé° tout le monde; il voulait aller trouver Agnan, lui enlever°

*déranger		troubler, mettre du désordre: *Ne dérangez pas le bébé qui dort.*
*la circulation		*Il y a beaucoup de circulation dans les rues de New York.*
faire la classe		*La maîtresse fait la classe de mathématiques.*
le passage clouté		*Les gens traversent la rue au passage clouté.*
*devenir		*Tous les garçons deviennent des hommes.*
*comprendre		*Jean peut répondre parce qu'il comprend la question.*
rigoler (*fam.*)		*rire*
*obéir (à)		*Le chien obéit à son maître.*
*démarrer		*Il met le pied au plancher et démarre rapidement.*
*entendre		*Nicolas n'entend pas sa mère.*
*les freins		*On arrête une voiture avec les freins.*
*à la main		*L'enfant tient son cartable à la main.*
pour de bon		sérieusement, réellement
un bâton blanc		
accroché		immobilisé par quelque chose; suspendu à un clou: *Le tableau est accroché au mur.*

ses lunettes et lui donner un coup de poing sur le nez. «Eudes, retournez à votre place!» a crié la maîtresse. «C'est ça, Eudes, a dit Agnan, retournez à votre place!» «Je ne voudrais pas vous déranger,° a dit l'agent de police, mais ça fait déjà un petit moment que j'arrête la circulation;° alors, si vous avez l'intention de faire la classe° sur le passage clouté,° il faut me le dire; moi, je ferai
5   passer les autos par l'école!» Nous, on aurait bien aimé voir ça, mais la maîtresse est devenue° toute rouge, et de la façon dont elle nous a dit de monter dans le car, on a compris° que ce n'était pas le moment de rigoler.° On a vite obéi.°

Le car a démarré° et, derrière, l'agent a fait signe aux autos qu'elles pouvaient passer, et puis, on a entendu° des coups de freins° et des cris. C'était Alceste qui traversait la rue en courant, avec
10   son paquet de caramels à la main.°

Finalement, Alceste est monté dans le car et nous avons pu partir pour de bon.° Avant de tourner le coin de la rue, j'ai vu l'agent de police qui jetait son bâton blanc° par terre, au milieu des autos accrochées.°

*bien		*ici:* très
sage		*Le garçon obéit à sa mère; c'est un garçon sage.*
exécuter		créer: *Picasso a exécuté un grand nombre de peintures et d'autres objets d'art.*
flamande		de Flandres (une région du Pays Bas)
*longtemps		pendant une longue période de temps
passer le doigt		*Le garçon passe le doigt sur le gâteau pour en goûter la crème.*
*puisque		comme, pour la raison que, parce que
se salir		devenir sale
se tenir		rester dans une attitude
surveiller		garder et regarder avec beaucoup d'attention
remuer		bouger: *Le gardien remue la tête pendant que le chien remue la queue.*
les glissades (f.)		action de glisser: *Les garçons font des glissades sur le lac. Ils aiment bien jouer à ce jeu.*
du carrelage		des carreaux de céramique, de pierre ou de bois.
*glisser		*Le monsieur a glissé sur une peau de banane.*
sauf		excepté
**le poisson		
**le bifteck		
se passer la langue sur les lèvres		*Le lion se passe la langue sur les lèvres après avoir dévoré l'homme.*

Nous sommes entrés dans le musée, bien° en rang, bien sages,° parce qu'on l'aime bien notre maîtresse, et nous avions remarqué qu'elle avait l'air très nerveuse, comme maman quand papa laisse tomber la cendre de ses cigarettes sur le tapis. On est entré dans une grande salle, avec des tas et des tas de peintures accrochées aux murs. «Vous allez voir ici des tableaux exécutés° par les

5 grands maîtres de l'école flamande°», a expliqué la maîtresse. Elle n'a pas pu continuer très longtemps,° parce qu'un gardien est arrivé en courant et en criant parce qu'Alceste avait passé le doigt° sur un tableau pour voir si la peinture était encore fraîche. Le gardien a dit qu'il ne fallait pas toucher et il a commencé à discuter avec Alceste qui lui disait qu'on pouvait toucher puisque° c'était bien sec et qu'on ne risquait pas de se salir.° La maîtresse a dit à Alceste de se tenir° tranquille et elle

10 a promis au gardien de bien nous surveiller.° Le gardien est parti en remuant° la tête.

Pendant que la maîtresse continuait à expliquer, nous avons fait des glissades;° c'était chouette parce que par terre c'était du carrelage° et ça glissait° bien. On jouait tous, sauf° la maîtresse qui nous tournait le dos et qui expliquait un tableau, et Agnan, qui était à côté d'elle et qui écoutait en prenant des notes. Alceste ne jouait pas non plus. Il était arrêté devant un petit tableau qui

15 représentait des poissons,° des biftecks° et des fruits. Alceste regardait le tableau en se passant la langue sur les lèvres.°

le saute-mouton		*Les enfants jouent à saute-mouton.*
*essuyer		*Agnan essuie ses lunettes.*
*il vaut mieux		il est préférable, il est plus avantageux: *Il vaut mieux partir que rester.*
*en avoir assez de		«*J'en ai assez de ce bruit*» *a dit la mère.*
*s'approcher de		se mettre près de: *Le garçon s'approche de sa petite amie.*

Nous, on s'amusait bien et Eudes était formidable pour les glissades; il faisait presque la longueur de la salle. Après les glissades, on a commencé une partie de saute-mouton,° mais on a dû s'arrêter parce qu'Agnan s'est retourné et il a dit: «Regardez, mademoiselle, ils jouent!» Eudes s'est fâché et il est allé trouver Agnan qui avait enlevé ses lunettes pour les essuyer° et qui ne l'a pas vu
5   venir. Il n'a pas eu de chance, Agnan: s'il n'avait pas enlevé ses lunettes, il ne l'aurait pas reçu, le coup de poing sur le nez.

Le gardien est arrivé et il a demandé à la maîtresse si elle ne croyait pas qu'il valait mieux° que nous partions. La maîtresse a dit que oui, qu'elle en avait assez.°

Nous allions donc sortir du musée quand Alceste s'est approché du° gardien. Il avait sous le
10 bras le petit tableau qui lui avait tellement plu, avec les poissons, les biftecks et les fruits, et il a dit qu'il voulait l'acheter. Il voulait savoir combien le gardien en demandait.

Quand on est sortis du musée, Geoffroy a dit à la maîtresse que puisqu'elle aime les peintures, elle pouvait venir chez lui, que son papa et sa maman en avaient une chouette collection dont tout le monde parlait. La maîtresse s'est passé la main sur la figure et elle a dit qu'elle ne voulait plus
15 jamais voir un tableau de sa vie, qu'elle ne voulait même pas qu'on lui parle de tableaux.

J'ai compris, alors, pourquoi la maîtresse n'avait pas l'air très content de cette journée passée au musée avec la classe. Au fond, elle n'aime pas les peintures.

Sempé/Goscinny
Les Récrés du petit Nicolas
Editions Denoël

QUESTIONNAIRE

Répondez oralement aux questions suivantes en faisant des phrases complètes:

1. Pourquoi Nicolas est-il content aujourd'hui?
2. Pourquoi la classe va-t-elle au musée?
3. Comment Nicolas trouve-t-il les visites avec la classe?
4. Que pense-t-il de la maîtresse?
5. Qu'est-ce que les garçons ont dû faire pour monter dans le car?
6. Comment les garçons ont-ils traversé la rue?
7. A côté de qui était Nicolas et pourquoi n'a-t-il pas aimé ça?
8. Pourquoi n'est-il pas agréable de donner la main à Alceste?
9. Qu'est-ce qui change les mains d'Alceste?
10. Pourquoi ce jour-là Nicolas a-t-il eu de la chance?
11. Qu'est-ce qu'Alceste mangeait?
12. Qui était devant, à côté de la maîtresse?
13. Pourquoi ne tape-t-on pas Agnan?
14. Qu'est-ce que l'agent de police faisait pendant que les élèves traversaient la rue?
15. Pourquoi Alceste a-t-il lâché la main de Nicolas?
16. Comment Alceste a-t-il causé un peu de désordre?
17. A qui est-ce que cela n'a pas plu?
18. Qu'est-ce qu'Eudes voulait savoir?
19. Qu'est-ce qu'Eudes a fait pour essayer d'arriver jusqu'à Agnan?
20. Qu'est-ce qu'Eudes voulait faire à Agnan?
21. Que voulait faire la maîtresse selon l'agent de police?
22. Depuis combien de temps arrêtait-il la circulation?
23. Où croyait-il que la maîtresse avait l'intention de faire la classe?
24. Comment la maîtresse a-t-elle réagi aux paroles de l'agent?
25. Les élèves ont-ils obéi à la maîtresse?
26. Qu'est-ce que le car a enfin fait?
27. Qu'est-ce qu'on a entendu tout d'un coup et pourquoi?
28. Qui est enfin monté dans le car?
29. Qu'est-ce qu'il était allé chercher?
30. Quelle a été la réaction de l'agent?
31. Comment les élèves sont-ils entrés dans le musée?
32. Quel air avait la maîtresse?
33. Qu'est-ce qu'elle a commencé à expliquer?
34. Pourquoi la maîtresse n'a-t-elle pas pu continuer ses explications?
35. Pourquoi Alceste a-t-il dit qu'on pouvait toucher la peinture?
36. Qu'est-ce que la maîtresse a promis au gardien?
37. Comment le gardien est-il parti?
38. Qu'est-ce que les élèves ont fait pendant que la maîtresse continuait à donner des explications sur les tableaux?
39. Qui ne jouait pas?
40. Que faisait Agnan?
41. Que faisait Alceste? Qu'est-ce que le tableau représentait?
42. Qui était le plus fort dans les glissades?
43. Qu'est-ce qu'on a commencé après les glissades?
44. Pourquoi les élèves ont-ils dû s'arrêter de jouer à saute-mouton?
45. Quelle a été la réaction d'Eudes et qu'est-ce qu'il a fait?
46. Pourquoi Eudes a-t-il pu donner un coup de poing à Agnan?
47. Le gardien était-il content?
48. Qu'est-ce qu'Alceste avait en sortant?
49. Que voulait-il faire avec la peinture?
50. Qu'est-ce que Geoffroy a proposé à la maîtresse?
51. La maîtresse n'était pas contente; pourquoi, selon Nicolas?

Expressions supplémentaires

I. En français, il y a certains verbes et certaines expressions qui expriment surtout *un état mental* ou *une idée de durée*. Dans le passé, ces verbes s'emploient généralement à l'imparfait.

la situation	*la pensée*	*l'émotion*
vouloir = désirer, souhaiter	penser	espérer
désirer	réfléchir	être heureux
souhaiter	rêver	enchanté
préférer = aimer mieux	songer	ravi
tâcher = essayer	croire	content
aimer	raisonner	joyeux
adorer = aimer ≠ détester	connaître	malheureux
détester	savoir	fâché
avoir		en colère
pouvoir		furieux
être		mécontent
devoir		étonné
se sentir		choqué
		bouleversé
		surpris
		stupéfait
		triste
		désolé
		regretter
		craindre
		avoir peur

II. *emmener* ⟶ *mener* ⟵ *amener*

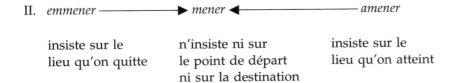

insiste sur le lieu qu'on quitte	n'insiste ni sur le point de départ ni sur la destination	insiste sur le lieu qu'on atteint

mener = faire aller avec soi

Jean **mène** son fils, Nicolas, en promenade autour du lac.

emmener ≠ **amener**

emmener = mener du lieu où l'on est dans un autre

Nous **emmenons** nos amis de la ville à la campagne pour respirer l'air pur.

Nicolas **amène** ses amis à la maison pour dîner avec sa famille.

III. *la peinture*

l'aquarelle (*f.*)
l'architecte (*m.*)
l'artiste, le peintre
la nature morte
l'œuvre (*f.*), le chef-d'œuvre
le paysage
peindre
la peinture
la peinture à l'huile
le sculpteur
la sculpture
le tableau

la musique

l'artiste (*m., f.*)
le chanteur
la chanteuse
le chef d'orchestre
le compositeur
la danse
le danseur
la danseuse
le morceau de musique
le musicien
la musicienne

le théâtre

l'acteur, le comédien
l'actrice, la comédienne
l'allée (*f.*)
l'assistance (*f.*)
le balcon
le billet
le dramaturge, l'auteur
l'échec (*m.*)
l'entracte (*m.*)
le fauteuil
le foyer
le guichet
le hall
les indications scéniques
louer une place
le metteur en scène
la mise en scène
monter une pièce
l'œuvre (*f.*)
l'ouvreuse (*f.*)
la pièce
la place
le réalisateur
la répétition
le rideau
la salle
la scène
la séance
les spectateurs
le succès
une vedette

IV. *Expressions avec **tout***

tout d'un coup	en un instant
tout à coup	soudain
tout de suite	immédiatement
tout à fait	complètement
tout à l'heure	un petit moment dans le passé ou dans le futur

Exercices de vérification

1 *Mettez la forme correcte de **mener, emmener** ou **amener** dans chacune des phrases suivantes.*

1. Jean-Pierre _____ ses jeunes enfants au zoo tous les samedis.
2. Le pompier _____ les habitants à l'écart du bâtiment en flammes pour les sauver.
3. Je _____ mon chien et il me suit.
4. La semaine dernière, tu _____ ta petite amie au concert de R.E.M.
5. La jeune mère _____ l'enfant par la main.

2 *Mettez le mot de vocabulaire artistique qui convient:*

1. Alceste adore _____ de nourriture.
2. L'artiste _____ un joli _____ en bleu.
3. Jacques déteste les paysages; comme Alceste, il préfère _____.
4. Quel tableau merveilleux! C'est un _____.
5. Michael Jackson est _____.
6. _____ a dirigé les musiciens avec finesse.
7. Mozart était _____.
8. Shakespeare, c'est _____ célèbre.
9. J'ai acheté des billets de théâtre au _____.
10. Pendant _____, nous sommes allés au _____ pour prendre quelque chose à boire.
11. _____ n'ont pas beaucoup apprécié la pièce; par conséquent ils ont jeté des tomates aux acteurs.

3 *Décrivez la scène dans le dessin à la fin de la page 144.*

4 *Mettez l'expression qu'il faut avec **tout**.*

1. Mes parents sont arrivés _____ à l'aéroport. Alors nous devons aller _____ les chercher.
2. Le bureau de poste se trouve _____ au fond de la rue.
3. _____ le téléphone m'a réveillé.

PRONONCIATION

I. Les Voyelles orales: [ə] [ø] et [œ]

[ə]	[ø]	[œ]
sans formation antérieure précise	fermée antérieure et arrondie	ouverte antérieure et arrondie

Prononcez de gauche à droite:

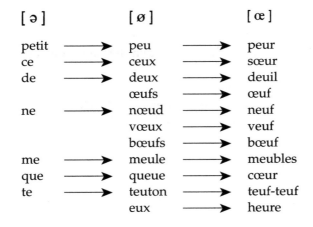

[ə]	[ø]	[œ]
petit ⟶	peu ⟶	peur
ce ⟶	ceux ⟶	sœur
de ⟶	deux ⟶	deuil
	œufs ⟶	œuf
ne ⟶	nœud ⟶	neuf
	vœux ⟶	veuf
	bœufs ⟶	bœuf
me ⟶	meule ⟶	meubles
que ⟶	queue ⟶	cœur
te ⟶	teuton ⟶	teuf-teuf
	eux ⟶	heure

II. Les Voyelles nasales: [ɛ̃] et [œ̃]

[ɛ̃]	[œ̃]
voyelle nasale, écartée et antérieure	voyelle nasale, arrondie et antérieure

Prononcez bien les mots suivants:

[ɛ̃]	[œ̃]
main	un
pain	parfum
sain	chacun
bain	aucun
fin	Verdun
gain	Melun
nain	
vin	
frein	
plein	
gardien	
sacristain	
international	
intelligent	
impossible	

III. Les Semi-voyelles: [w] et [ɥ]

<u>Lou</u>is et l<u>ui</u>

[w] se prononce avec une langue *arrondie* et *en arrière* de la bouche. Ce son est toujours suivi d'une autre voyelle.

[ɥ] se prononce avec une langue *arrondie* et *en avant* de la bouche.

Prononcez bien les mots suivants:

[w]		[ɥ]	
Louis	voir	lui	suite
soir	moins	suis	puisque
poire	coin	puis	essuyer
croire	doigt	cuit	biscuits
noir	poisson	nuit	aujourd'hui
poing	pourquoi	puits	

Quelques verbes irréguliers

croire

je crois	nous croyons
tu crois	vous croyez
il elle } croit	ils elles } croient

futur:	je croirai
passé composé:	j'ai cru
imparfait:	je croyais
plus-que-parfait:	j'avais cru

voir

je vois	nous voyons
tu vois	vous voyez
il elle } voit	ils elles } voient

futur:	je verrai
passé composé:	j'ai vu
imparfait:	je voyais
plus-que-parfait:	j'avais vu

naître

je nais	nous naissons
tu nais	vous naissez
il elle } naît	ils elles } naissent

futur:	je naîtrai
passé composé:	je suis né(e)
imparfait:	je naissais
plus-que-parfait:	j'étais né(e)

vivre

je vis	nous vivons
tu vis	vous vivez
il elle } vit	ils elles } vivent

futur:	je vivrai
passé composé:	j'ai vécu
imparfait:	je vivais
plus-que-parfait:	j'avais vécu

mourir

je meurs	nous mourons
tu meurs	vous mourez
il elle } meurt	ils elles } meurent

futur:	je mourrai
passé composé:	je suis mort(e)
imparfait:	je mourais
plus-que-parfait:	j'étais mort(e)

Exercices d'entraînement

1 *Mettez les verbes entre parenthèses à la forme qui convient:*

1. Vous (croire) _____ que Georges va partir dans deux jours?
2. Ils (vivre) _____ en Floride depuis dix ans.
3. Marc, (voir) _____-tu la fille qui se promène dans la rue?
4. A cause de la famine l'année dernière, les pauvres gens dans le désert (mourir)_____ de faim.
5. En général on (naître) _____ à l'hôpital.
6. Je (croire) _____ que Jean (vivre) _____ maintenant au bord de la mer.

2 *Mettez les verbes entre parenthèses aux temps qui conviennent:*

1. Le bébé (naître) _____ l'année dernière la veille de Noël.
2. Je (voir) _____ mes amis au cinéma hier soir.
3. Nous (vivre) _____ en ville jusqu'en 1985.
4. (Croire) _____-il faire de la voile ce week-end?
5. La pauvre, elle (mourir) _____ d'une pneumonie.

STRUCTURES

Les Temps du passé: deuxième partie

A. L'Imparfait

Formation:

L'imparfait se forme en prenant la première personne du pluriel du présent et en remplaçant **-ons** par les terminaisons suivantes: **ais, ais, ait, ions, iez, aient.**

donner (nous donn **ons**)

je donn **ais**	nous donn **ions**
tu donn **ais**	vous donn **iez**
il elle } donn **ait**	ils elles } donn **aient**

finir (nous finiss **ons**)

je finiss **ais**	nous finiss **ions**
tu finiss **ais**	vous finiss **iez**
il elle } finiss **ait**	ils elles } finiss **aient**

vendre (nous vend **ons**)

je vend **ais**	nous vend **ions**
tu vend **ais**	vous vend **iez**
il elle } vend **ait**	ils elles } vend **aient**

Remarquez: a) La première et la deuxième personnes du pluriel de **rire** et des verbes qui se terminent en **-ier** à l'infinitif: **nous riions, nous étudiions; vous riiez, vous étudiiez.**

b) Faites attention à l'imparfait des verbes tels que **manger** et **avancer**:

je mang**e**ais	nous mangions
tu mang**e**ais	vous mangiez
il elle } mang**e**ait	ils elles } mang**e**aient

j'avan**ç**ais	nous avancions
tu avan**ç**ais	vous avanciez
il elle } avan**ç**ait	ils elles } avan**ç**aient

c) L'imparfait irrégulier du verbe **être**:

être

j'étais		nous étions	
tu étais		vous étiez	
il	} était	ils	} étaient
elle		elles	

Emploi:

En général, l'imparfait décrit et forme un contexte ou une scène dans le passé, tandis que le passé composé raconte une action précise qui avance l'histoire.

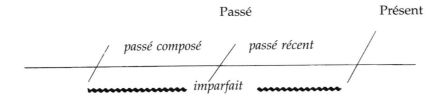

L'imparfait:

1. décrit le cadre, un état d'esprit, ou une condition au passé.

> Alceste **avait** les mains sèches.
> Le garçon, qui **portait** des lunettes, ne **savait** pas jouer au tennis.
> Il **faisait** mauvais quand nous sommes partis pour aller à la plage.
> J'**étais** content quand le soleil a enfin commencé à briller.

2. exprime une action habituelle ou répétée au passé.

> Quand le jeune Alceste **venait** en classe, il **apportait** toujours quelque chose à manger.
> L'été dernier, je **faisais** toujours du footing avant de prendre mon petit déjeuner.
> Quand Nicolas **était** enfant, son père **jouait** aux cowboys avec lui.
> Les enfants **se tenaient** tranquilles chaque fois que la maîtresse les **grondait.**

3. exprime une situation qui peut être interrompue par une action précise.

> Les enfants **glissaient** sur le parquet du musée quand le gardien est arrivé.
> Nous **criions** à pleins poumons quand le professeur est entré dans la salle de classe.

Le sens et le contexte déterminent l'emploi de l'imparfait et du passé composé.

Etudiez le paragraphe suivant:

L'autre jour, Nicolas et son ami Alceste se promenaient dans la rue. Comme d'habitude, Alceste mangeait une tartine toute couverte de confiture qui tombait goutte à goutte sur sa chemise et sur le trottoir, formant une trace orange qui suivait les deux garçons. Au coin d'une rue, les deux amis ont rencontré leurs amies Louisette et Marie Edwige, qui étaient en ville, elles aussi, pour faire du shopping. Il n'était que onze heures du matin mais les filles étaient déjà chargées de paquets de toutes sortes. Les deux garçons leur ont demandé s'ils pouvaient les aider; les deux filles ont répondu que oui. Nicolas a vite pris les paquets de Louisette, son amie sportive, mais Alceste a éprouvé beaucoup de difficultés à tenir ses tartines et les paquets de Marie Edwige en même temps. Il ne pouvait pas décider ce qu'il préférait—les tartines ou les paquets. Tout d'un coup, tous les paquets, les tartines et Alceste sont tombés par terre. Les filets et les sacs se sont vidés; leur contenu, les jolies chemises, les jupes, les pullovers et toutes les provisions se sont dispersés partout dans la rue. Les trois amis ont sauté dans toutes les directions pour essayer de les ramasser. Dans la confusion, Nicolas a oublié qu'il tenait les paquets de Louisette et il a, lui aussi, laissé tomber les paquets. Ils ont commencé à pleurer tous les trois. Nicolas est tombé au milieu de la rue en courant après une blouse que le vent gonflait comme une voile. Les freins des voitures crissaient en essayant d'éviter Nicolas. Louisette, elle, a couru après sa robe qui traînait comme un spectre sur le trottoir; Marie Edwige s'est jetée comme un joueur de rugby après les pamplemousses, les artichauts et les oignons qui roulaient le long du trottoir. Mais où était Alceste? Après avoir causé toute cette confusion, Alceste est resté par terre et a ri des efforts inutiles et ridicules de ses amis.

L'imparfait décrit et crée le contexte.	*Le passé composé exprime une action précise qui avance l'histoire.*
se promenaient	
mangeait	
tombait	
suivait	
	ont rencontré
étaient	
était	
étaient	
	ont demandé
pouvaient	
	ont répondu
	a vite pris
	a éprouvé
pouvait	
préférait	
	sont tombés
	se sont vidés
	se sont dispersés
	ont sauté
	a oublié
tenait	
	a laissé
	ont commencé
	est tombé

L'imparfait décrit et crée le contexte.	*Le passé composé exprime une action précise qui avance l'histoire.*
gonflait	
crissaient	
	a couru
traînait	
	s'est jetée
roulaient	
était	
	est resté
	a ri

Exercices d'entraînement

1   *Analysez le texte «Le Musée de peintures» en justifiant l'emploi de chaque imparfait et passé composé. Commencez par le deuxième paragraphe (page 133).*

2   *Mettez les verbes entre parenthèses au passé (employez le passé composé ou l'imparfait):*

1. Au milieu de la nuit, les enfants (aller) _____ dans la chambre de leurs parents parce qu'ils (avoir) _____ peur.
2. Eudes (ne pas frapper) _____ Agnan parce que celui-ci (porter) _____ des lunettes.
3. La maîtresse (rougir) _____ quand l'agent de police lui (crier) _____ de s'occuper de ses élèves.
4. Pendant que nous (glisser) _____ sur le carrelage, Agnan et la maîtresse (examiner) _____ les peintures et Alceste (se passer) _____ la langue sur les lèvres devant le tableau qui (représenter) _____ toutes sortes de choses bonnes à manger.
5. Quand nous (être) _____ bébés, nos mères (mettre) _____ en purée tout ce que nous (manger) _____.
6. Jacques (se faire) _____ mal quand il (tomber) _____ de l'échelle. Il (beaucoup souffrir) _____ et alors il (aller) _____ chez le médecin qui (pouvoir) panser la blessure.
7. Hier après-midi, je (décider) _____ d'aller à la plage parce qu'il (faire) _____ très beau, mais quand je (arriver) _____ il (se mettre) _____ à pleuvoir. Alors, je (se sentir) _____ triste et je (devoir) _____ rentrer sans me baigner.

3   *Mettez les verbes entre parenthèses aux temps qui conviennent (employez le passé composé ou l'imparfait):*

Le week-end passé, ce (être) _____ l'anniversaire de ma femme et il (faire) _____ très beau; les enfants et moi, nous lui (demander) _____ ce qu'elle (vouloir) _____ faire pour fêter son anniversaire. Après avoir réfléchi un peu, elle (dire) _____ qu'il (falloir) _____ profiter du beau temps et par conséquent qu'il (falloir) _____ passer toute la journée à la plage et dîner à la terrasse d'un restaurant près du port. Nous (être) _____ tous d'accord. Ma fille (préparer) _____ un pique-nique pour manger sur la plage; mon fils (fouiller) _____ dans tous les placards pour essayer de trouver tout ce qu'il (falloir)

_____ pour passer la journée à la plage. Il (trouver) _____ une canne à pêche, des ballons, des seaux et des pelles et les (ranger) _____ dans le coffre de la voiture. Pendant les préparatifs ma femme (ne pas se faire) _____ de soucis; à la fin, elle (se lever) _____ et (mettre) _____ une bonne heure pour faire sa toilette et pour se préparer pour une journée paisible, mais elle (ne pas savoir) _____ ce qui (aller) _____ arriver.

Nous (partir enfin) _____. Après une demi-heure de route, nous (constater) _____ que tout le monde (avoir) _____ la même idée que nous. La route (être) _____ encombrée de voitures. Nous (rouler) _____ très lentement. Petit à petit, tout le monde (s'impatienter) _____, mais il (ne rien y avoir) _____ à faire pour améliorer la situation. Tout d'un coup je (entendre) _____ une petite explosion; et je (donner) _____ un coup de volant et je (déraper) _____ dans le virage mais heureusement je (ne pas accrocher) _____ d'autres voitures. Je (sauter) _____ de la voiture pour voir ce qu'il y (avoir) _____: un pneu crevé. Je (devoir) _____ enlever toutes les affaires du coffre pour sortir la roue de secours qui (être) _____ au fond. La roue de secours, elle aussi, (être) _____ à plat. Pendant des heures, je (se plaindre) _____ de mon sort et les autres conducteurs (crier) _____ qu'il (falloir) _____ dégager la route quand un colosse (se présenter) _____ devant moi et (offrir) _____ de m'aider. Tout seul, il (pousser) _____ la voiture avec l'épaule. Pendant qu'il (pousser) _____ la voiture, un autre homme qui (avoir) _____ la même voiture que moi (proposer) _____ de nous prêter sa roue de secours. La voiture réparée, nous (repartir) _____ mais quand nous (arriver enfin) _____ à la plage il (faire déjà) _____ nuit.

B. Le Plus-que-parfait

Formation:

Le plus-que-parfait se forme en mettant l'imparfait d'**avoir** ou **être** avant le participe passé.

	donner			**venir**	
j'avais donné		nous avions donné		j'étais venu(e)	nous étions venu(e)s
tu avais donné		vous aviez donné		tu étais venu(e)	vous étiez venu(e)(s)
il	avait donné	ils	avaient donné	il était venu	ils étaient venus
elle		elles		elle était venue	elles étaient venues

se lever

je m'étais levé(e)	nous nous étions levé(e)s
tu t'étais levé(e)	vous vous étiez levé(e)(s)
il s'était levé	ils s'étaient levés
elle s'était levée	elles s'étaient levées

Exercice d'entraînement

Mettez au plus-que-parfait:

1. je joue
2. elle se fâche
3. nous nous levons
4. ils rendent
5. tu vis
6. vous apprenez
7. il jette
8. tu sais
9. vous vous endormez
10. ils ont
11. je cours
12. tu réussis
13. elle descend
14. je veux
15. vous dites

Emploi:

Le plus-que-parfait existe comme un temps passé antérieur à un autre temps passé. Il exprime une action *terminée avant* une autre action et souvent l'action au plus-que-parfait détermine l'existence de l'autre action passée. C'est un temps chronologiquement plus loin dans le passé que le passé composé.

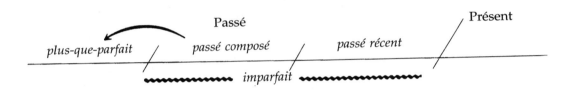

Alceste est retourné chercher les caramels qu'il avait oubliés.

Nous étions sages parce que nous avions remarqué que la maîtresse avait l'air nerveux.

Hier, j'ai touché le chèque que mes parents m'avaient envoyé la semaine dernière.

(L'action d'*oublier* est terminée avant l'action de *retourner*.)

(L'action de *remarquer* est terminée avant l'action ou la condition d'*être sage*.)

(L'action d'*envoyer* est terminée avant l'action de *toucher*.)

Exercices d'entraînement

1 *Mettez les verbes entre parenthèses aux temps du passé qui conviennent (employez le passé composé, l'imparfait ou le plus-que-parfait). N'oubliez pas l'accord du participe passé:*

1. Hier soir, je (terminer) _____ la réponse à la lettre que vous m' (écrire) _____ il y a un mois.
2. Nous (être) _____ curieux de voir la pièce que Jacques nous (recommander) _____. Par conséquent nous (retenir) _____ des places pour la séance de ce soir.
3. L'autre jour, je (faire) _____ la connaissance de la dame que tu (voir) _____ chez Cécile la semaine dernière.
4. Puisque je (se réveiller) _____ de bonne heure ce jour-là, je (se mettre) _____ au travail plus tôt que d'habitude.

5. Cet après-midi la fille (salir) _____ la chambre que sa mère (nettoyer) _____ hier.

6. Georgette (se féliciter) _____ de tous les services que Guillaume lui (rendre) _____.

7. La maîtresse (décrire) _____ le plus beau tableau du musée quand Eudes (casser) _____ le vase Ming.

8. Pendant que tous les enfants (attendre) _____ l'arrivée d'Alceste, la maîtresse leur (lire) _____ deux histoires.

9. Comme il (ne pas avoir) _____ assez de temps, François (devoir) _____ aller à l'école en courant.

10. Le facteur me (rendre) _____ la lettre parce que je (ne pas mettre) _____ de timbres.

2 *Mettez les verbes entre parenthèses aux temps qui conviennent (le passé composé, l'imparfait, le plus-que-parfait—ou même le présent ou l'impératif):*

Au printemps, Nicolas et ses copains Alceste, Agnan, Eudes, Clotaire, Marie-Edwige et aussi Louisette (discuter) _____ l'idée de passer une semaine ensemble au bord de la mer. Ils en (parler) _____ à leurs parents, qui (se connaître) _____ bien et qui (trouver) _____ l'idée chouette surtout s'ils (pouvoir) _____ tous les accompagner. Ils (louer) _____ une maison à La Baule sur la côte sud de la Bretagne. Les familles (choisir) _____ La Baule parce qu'il y (avoir) _____ une très belle plage où l'on (pouvoir) _____ se baigner, se bronzer et faire de la voile, du tennis ou du golf. Les enfants (être) _____ tellement ravis qu'ils (ne pas cesser) _____ d'imaginer ce qu'ils (aller) _____ faire pendant leurs vacances.

Le jour de leur départ (enfin arriver) _____. Après sept heures d'un voyage fatigant en voiture, tout le monde (être) _____ de très mauvaise humeur. Eudes, qui (aimer) _____ bien donner des gifles et des coups de poing sur le nez (dire) _____ «Je (être) _____ un boxeur professionnel», et avec cela, il (commencer) _____ à frapper Clotaire. Et Clotaire, lui (rendre) _____ coup pour coup. Eudes (se moquer) _____ de lui en disant «Tu (être) _____ bête comme une oie». Soudain Nicolas (voir) _____ la mer. «La mer! La mer! (Regarder) _____ la mer», (crier) _____ Nicolas. Clotaire et Eudes (arrêter) _____ leur bataille et (regarder) _____ la mer. C'(être) _____ un beau spectacle. Le soleil (briller) _____ sur la mer. «Nous (enfin arriver) _____. Fantastique», (crier) _____ les enfants. Mais Agnan (ne pas se rendre) _____ compte qu'ils (arriver) _____ parce qu'il (lire) _____ son livre de chimie. Les autres enfants (penser) _____ que c'(être) _____ stupide de lire et d'étudier quand on (être) _____ en vacances, mais ils (ne rien dire) _____. Les enfants (crier) _____ «Plus vite» à la mère de Louisette qui

(conduire) _____. Elle (répondre) _____, «(se taire) _____! Il (être)

_____ plus difficile de conduire quand les enfants (faire) _____ beaucoup

de bruit. Nous (presque arriver) _____.» Quelques minutes plus tard, ils

(arriver) _____ à la plage. Immédiatement, les enfants (sauter) _____ de

l'auto et (entrer) _____ dans la petite maison au bord de la mer. Ils (trouver)

_____ qu'il y (avoir) _____ exactement six chambres. Chaque enfant

(choisir) _____ sa chambre, mais Alceste et Eudes (se disputer) _____

parce que chacun (vouloir) _____ la chambre à côté de la cuisine. Finalement,

Eudes (céder) _____ la chambre à Alceste, mais en le quittant il lui (lancer)

_____ un coup de poing sur le nez.

Arrêter

Une fois que les enfants (être) _____ installés, la mère de Louisette leur

(lancer) _____ gaîment un au revoir. Après son départ, les enfants (décider)

_____ de faire un pique-nique sur la plage. Il (faire) _____ beau et l'eau

(être) _____ chaude. Alceste (préparer) _____ un excellent pique-nique et

ils (aller) _____ à la plage chargés de serviettes-éponges, de parasols, de seaux,

de pelles, de ballons et d'huile solaire. Quand ils y (arriver) _____, tout le

monde (se jeter) _____ à l'eau sauf Agnan qui (lire) _____ son livre de

chimie et Alceste qui (manger) _____. Les autres (s'amuser bien) _____.

Louisette (pousser) _____ Eudes dans l'eau et il lui (donner) _____ un

coup sur le nez. Il y (avoir) _____ alors une petite bataille dans l'eau. Agnan

(ne pas pouvoir) _____ supporter leur bruit et (lancer) _____ dans la

direction des autres, «Moi, je (ne pas perdre) _____ mon temps à des jeux

d'enfant.» Plus tard, ils (décider) _____ de surprendre Agnan et de le flanquer

dans l'eau. Sans bruit, ils (se glisser) _____ près d'Agnan qui (lire) _____

encore son livre. Soudain, Louisette et Marie-Edwige lui (saisir) _____ les jambes et Eudes et Nicolas lui (saisir) _____ les bras. Malgré ses cris, ils le

(entraîner) _____ vers la mer et ils le (jeter) _____ dans l'eau avec ses

lunettes et son livre. Il (disparaître) _____ un moment. Mais, bientôt, il

(reparaître) _____ mais sans lunettes. «M... M... M... Mon livre de chimie,

m...m...m...mes lunettes!!!» (balbutier) _____ Agnan. Il (plonger) _____

dans l'eau, mais les autres enfants (se mettre) _____ à rire. Agnan (nager)

_____ avec le courant et il (enfin atteindre) _____ la plage après une lutte

affreuse. Il (ne pas être) _____ du tout content. Les autres (penser) _____

que c'(être) _____ une plaisanterie superbe, mais Agnan (dire) _____ qu'il

(ne pas trouver) _____ cela drôle du tout. «Je n'y (voir) _____ plus rien du

tout», (dire) _____-t-il _____ en sanglotant, et il (tomber) _____ contre

Alceste qui (avoir) _____ un gros morceau de gâteau à la main. En tombant, lui

aussi, Alceste (lâcher) _____ son morceau de gâteau qui (venir) _____

d'aveugler Agnan. Agnan (commencer) _____ à hurler et à se plaindre.

Bêtement, Clotaire (se planter) _____ devant Agnan et (ajouter) _____ «Si

je vois une baleine qui porte des lunettes je te préviendrai.» Tout d'un coup, les

enfants (entendre) _____ un bruit bizarre dans la direction de la mer; ils (se

retourner) _____ pour voir une énorme bête aux cheveux bruns qui (porter)

_____ de grosses lunettes. Cette bête (flotter) _____ dans les vagues et

(s'approcher) _____ de la plage quand Agnan (crier) _____, «Mes lunettes,

mes lunettes!!!!» Clotaire (courir) _____ vers la bête et (vite reconnaître)

_____ que c' (être) _____ Eudes qui (jouer) _____ à la baleine en

portant les lunettes d'Agnan. Clotaire (vite saisir) _____ les lunettes et les

(rapporter) _____ à son copain Agnan.

(à suivre, dans les exercices de vérification)

Exercices de vérification

1 *Mettez les verbes entre parenthèses aux temps qui conviennent (le présent, le futur, le passé composé, l'imparfait, le plus-que-parfait):*

1. Les voitures (recommencer) _____ à rouler quand Alceste (se précipiter) _____ dans la rue et (causer) _____ une série d'accidents.
2. Après avoir grossi de 20 kilos, Alceste (décider) _____ de se mettre au régime.
3. Tout le monde sait qu'Alceste (ne jamais pouvoir) _____ maigrir parce qu'il (manger) _____ tout le temps.
4. Quand le gardien (finir) _____ de faire des observations à la maîtresse, les enfants (cesser) _____ de faire des glissades dans le musée.

5. Tous les amis de Nicolas (se sentir) _____ mal à l'aise quand enfin la maîtresse leur (sourire) _____.

6. Quand il (avoir) _____ vingt-cinq ans, Nicolas (se marier) _____ avec Louisette parce qu'il la (trouver) _____ très sportive.

7. Chaque fois que Jacques (rendre) _____ visite à sa grand-mère, il lui (apporter) _____ des fleurs aux couleurs éclatantes.

8. Alceste (quitter) _____ l'école quand il (se rappeler) _____ qu'il (oublier) _____ ses caramels.

9. Pendant que Pierre (lire) _____ le journal hier, sa femme (peindre) _____ un tableau.

10. Hier après-midi, il (faire) _____ beau quand soudain des nuages (apparaître) _____ dans l'ouest.

11. Ce matin, l'enfant bruyant (se taire) _____ quand la maîtresse (revenir) _____ du bureau du directeur.

12. Qu'est-ce que l'espèce humaine (savoir) _____ dans cinquante ans?

13. Est-ce que le directeur (pouvoir) _____ examiner le dossier que je (mettre) _____ sur son bureau avant-hier?

14. Autrefois, les peintures de Matisse ne (valoir) _____ qu'une petite somme mais aujourd'hui, il (falloir) _____ payer une fortune pour en avoir une.

15. Alceste (vouloir) _____ acheter la peinture qui (représenter) _____ des choses bonnes à manger mais le gardien (refuser) _____ de lui permettre de quitter le musée avec le tableau.

16. Maintenant je (savoir) _____ pourquoi la maîtresse (ne pas apprécier) _____ les musées de peintures. Elle (détester) _____ les tableaux.

2 *Mettez les verbes entre parenthèses aux temps qui conviennent (le passé composé, l'imparfait, le plus-que-parfait—ou même le présent):*

Pendant ce temps-là, Louisette et Nicolas (louer) _____ un bateau à voile

pour faire une belle promenade en mer, mais soudain, le vent (commencer)

_____ à souffler très fort et les deux jeunes gens (s'apercevoir) _____ qu'ils

(être) _____ trop loin de la plage pour pouvoir manœuvrer les voiles et pour

ramener le bateau à la plage. Ils (avoir) _____ tellement peur qu'ils (se sentir)

_____ paralysés. Subitement, Louisette, qui (être) _____ une fille solide et

sportive, (arracher) _____ les cordages de la main de Nicolas et, donnant un

brusque coup de barre, (prendre) _____ le contrôle du bateau. Après une heure

de lutte contre le vent et le courant, Louisette (pouvoir) _____ diriger le bateau

à voile vers la plage; Louisette et Nicolas (enfin arriver) _____ au coucher du

soleil. Ils (rentrer) _____ chez eux et ils (s'endormir) _____

immédiatement.

Le lendemain, après le petit déjeuner, ils (jouer) _____ au tennis. Clotaire

(ne pas savoir) _____ jouer et il (frapper) _____ les balles avec le manche

de la raquette. Tous les autres (rire) _____, même Agnan, qui (savoir)

_____ tenir une raquette même s'il (ne jamais jouer) _____ au tennis de sa vie. Clotaire, si fâché par cet affront, (proposer) _____ un match à n'importe quel adversaire. Agnan, ravi de pouvoir enfin se moquer des autres, (accepter) _____ le défi. Il va sans dire que ce match entre Clotaire, qui (ne pas savoir) _____ tenir une raquette, et Agnan, le chouchou de la maîtresse qui (ne jamais jouer) _____ au tennis de sa vie, (être) _____ un spectacle ridicule. Les autres (crever) _____ de rire; mais enfin Agnan (gagner) _____ et les copains le (féliciter) _____.

Pour se rafraîchir, les copains (décider) _____ de se baigner et de faire du ski nautique. Eudes (essayer) _____ le premier, mais il (vite tomber) _____ à l'eau. Après lui, Alceste (essayer) _____, mais à cause de son poids, le hors-bord, les skis et même Alceste (être) _____ envoyés au fond de la mer. Quand Alceste et le pilote du bateau (revenir) _____ à la surface, ils (crier) _____ «Au secours, au secours!!» Les autres les (entendre) _____ crier. Clotaire (dire) _____, «Je (aller) _____ chercher du secours», mais Eudes l'(interrompre) _____, «Tu (être) _____ bête. Ils (aller) _____ mourir parce que tu (ne pas pouvoir) _____ courir assez vite et puis le poste de secours (être) _____ à trois kilomètres d'ici.» «Il (ne rien y avoir) _____ à faire», (lancer) _____ Nicolas et il (se mettre) _____ à pleurer. Louisette, qui (voir) _____ ce qui (arriver) _____ à Alceste, (se jeter) _____ à l'eau et elle (nager) _____ vers Alceste pour le sauver; elle le (saisir) _____ de toutes ses forces et le (tirer) _____ vers la plage. Puis elle (sauver) _____ l'autre garçon. Quand elle (enfin terminer) _____ ses actes de courage, tout le monde (crier) _____ «Tu as été formidable! Vive Louisette!!» Nicolas, plein d'admiration pour elle, (décider) _____ de se marier avec elle un jour. Et Louisette lui (lancer) _____ un sourire.

(Cette histoire est adaptée d'une histoire racontée par une de nos élèves, Elizabeth Scott.)

Révision

Répondez aux questions suivantes par des phrases complètes en employant le vocabulaire et les structures de cette leçon:

1. Qui est-ce que votre père emmène avec lui en vacances?
2. En quelle année êtes-vous né(e)?
3. Qu'est-ce que c'est qu'une nature morte?
4. Que souhaitez-vous comme cadeau de Noël?
5. A quoi rêviez-vous quand vous étiez enfant?

6. Quelle sorte de peinture préférez-vous?
7. Qu'est-ce que vous détestiez quand vous étiez à l'école primaire? Qu'est-ce que vous aimiez?
8. Faites une phrase avec le verbe **emmener**.
9. Faites une phrase avec le verbe **amener**.
10. Complétez la phrase suivante: Quand j'étais enfant, d'habitude, je...
11. Complétez la phrase suivante: L'autre jour, je suis allé en ville après que ma mère...
12. Complétez la phrase suivante: Nathalie a embrassé le petit chien que son père...
13. Mettez au passé la phrase qui décrit chacun des dessins suivants:

Discussion et création

En employant le vocabulaire et les structures de cette leçon, répondez aux questions suivantes:

1. Vous allez au théâtre: parlez de l'achat des billets, de l'ambiance dans la salle, du lever du rideau, de l'entracte, etc.
2. Apportez un tableau (ou une photo) en classe et décrivez-le(la).
3. Quel acteur préférez-vous? Pourquoi? Quelle actrice préférez-vous? Pourquoi?
4. En classe, décrivez une scène et faites dessiner cette scène au tableau noir par un des élèves.
5. Racontez un incident auquel vous avez participé mais que vous n'avez jamais raconté à vos parents.
6. Faites le portrait du chouchou de la maîtresse de votre classe quand vous étiez à l'école primaire.

Sixième Leçon

Nicolas reçoit un cadeau formidable de mémé.

*le facteur

la personne qui apporte les lettres

*deviner

une montre-bracelet

imaginer, découvrir

faire une drôle de tête

remonter

*autour de

avoir un air étrange

ici: mettre en état de fonctionnement

La terre tourne autour du soleil.

*une aiguille

Cette montre a deux aiguilles: une grande et une petite.

*bouger

à moins de

**servir à

**un œuf à la coque

faire un mouvement

à l'exception de, excepté si...

un stylo sert à écrire = un stylo est employé pour écrire

un œuf cuit trois minutes à l'eau bouillante

*prêt

se mettre à table

coller

*une tache

préparé

Nous nous mettons à table pour prendre le repas.

attacher

Le stylo fait une tache.

eh bien

sur la pointe des pieds

alors

faillir + *infinitif*

chut!

presque; j'ai failli tomber = je suis presque tombé

Tais-toi!

La Montre

Hier soir, après ma rentrée de l'école, un facteur° est venu et il a apporté un paquet pour moi. C'était un cadeau de mémé. Un cadeau terrible et vous ne devineriez° jamais ce que c'était: une montre-bracelet!° Ma mémé et ma montre sont drôlement chouettes, et les copains vont faire une drôle de tête.° Papa n'était pas là, parce que ce soir il avait un
5 dîner pour son travail, et maman m'a appris comment il fallait faire pour remonter° la montre et elle me l'a attachée autour du° poignet. Heureusement, je sais bien lire l'heure, pas comme l'année dernière quand j'étais petit et j'aurais été obligé tout le temps de demander aux gens quelle heure il est à ma montre, ce qui n'aurait pas été facile. Ce qu'elle avait de bien, ma montre, c'est qu'elle avait une grande aiguille° qui tournait plus
10 vite que les deux autres qu'on ne voit pas bouger° à moins de° regarder bien et longtemps. J'ai demandé à maman à quoi servait° la grande aiguille et elle m'a dit que c'était très pratique pour savoir si les œufs à la coque° étaient prêts.°

C'est dommage, à 7 h 32, quand nous nous sommes mis à table,° maman et moi, il n'y avait pas d'œufs à la coque. Moi,
15 je mangeais en regardant ma montre et maman m'a dit de me dépêcher un peu parce que le potage allait refroidir; alors j'ai fini ma soupe en deux tours et un petit peu de la grande aiguille. A 7 h 51, maman a apporté le morceau de chouette gâteau qui restait de midi et nous nous sommes levés de table
20 à 7 h 58. Maman m'a laissé jouer un petit peu, je collais° mon oreille à la montre pour entendre le tic-tac et puis, à 8 h 15, maman m'a dit d'aller me coucher. J'étais aussi content que la fois où on m'a donné un stylo qui faisait des taches° partout. Moi, je voulais garder ma montre à mon poignet pour dormir,
25 mais maman m'a dit que ce n'était pas bon pour la montre, alors je l'ai mise sur la table de nuit, là où je pouvais la voir bien en me mettant sur le côté, et maman a éteint la lumière à 8 h 38.

Et là, ça a été formidable! Parce que les numéros et les aiguilles de ma montre, eh
30 bien,° ils brillaient dans le noir! Même si j'avais voulu faire des œufs à la coque, je n'aurais pas eu besoin d'allumer la lumière. Je n'avais pas envie de dormir, je regardais tout le temps ma montre et c'est comme ça que j'ai entendu s'ouvrir la porte de la maison: c'était papa qui rentrait. J'étais bien content parce que je pourrais lui montrer le cadeau de mémé. Je me suis levé, j'ai mis la montre à mon poignet et je suis sorti de ma chambre.
35 J'ai vu papa qui montait l'escalier sur la pointe des pieds.° «Papa! j'ai crié, regarde la belle montre que mémé m'a donnée!» Papa, il a été très surpris, tellement surpris qu'il a failli° tomber dans l'escalier. «Chut,° Nicolas, il m'a dit, chut, tu vas réveiller ta mère!»

ben quoi *(fam.)*	eh bien
*fier, fière	très content de soi
le petit *(fam.)*	l'enfant
je fasse	*je fais* (au subjonctif)
faire dodo *(fam. pour les enfants)*	dormir
*être pressé (de)	être obligé de se dépêcher
*se plaindre (de)	(se conjugue comme *éteindre*) protester, exprimer une plainte
**d'un coup (tout d'un coup)	soudain, brusquement, en une seule fois
qu'est-ce qu'il y a?	quel est le problème? qu'est-ce qui se passe?
il paraît	il semble
je revienne	*je reviens* (au subjonctif)
ça fait cinq minutes que j'attends	voir page 20
*verser	faire couler un liquide

la toile cirée	tissu imperméable qui couvre souvent une table dans la cuisine; une nappe en plastique

**de bonne heure	tôt: *Si l'on se lève à 6 h du matin, on se lève de bonne heure.*
pointer	ce que fait un ouvrier à l'usine pour marquer ses heures d'entrée et de sortie

*dehors	≠ *de dans*
ait	*a* (au subjonctif)
soit	*est* (au subjonctif)
un couvercle	ce qui couvre

LE COUVERCLE

La lumière s'est allumée et on a vu sortir maman de sa chambre. «Sa mère s'est réveillée», a dit maman à papa, l'air pas content, et puis elle a demandé si c'était une heure pour revenir d'un dîner d'affaires. «Ben quoi,° a dit papa, il n'est pas si tard.»

5   —Il est 11 h 58, j'ai dit, drôlement fier,° parce que moi j'aime bien aider mon papa et ma maman.

    —Ta mère a toujours de bonnes idées pour les cadeaux, a dit papa à maman.

    —C'est bien le moment de parler de ma mère, surtout devant le petit»,° a répondu maman qui n'avait pas l'air de rigoler, et puis elle m'a dit que j'aille me coucher mon chéri et que je fasse° un gros dodo.°

10   Je suis revenu dans ma chambre, j'ai entendu papa et maman parler un peu et j'ai commencé mon dodo à 12 h 14.

    Je me suis réveillé à 5 h 07; il commençait à faire jour et c'était dommage parce que les numéros de ma montre brillaient moins. Moi, je n'étais pas pressé de° me lever parce qu'il n'y avait pas classe, mais je me suis dit que je pourrais aider mon papa qui se

15 plaint° que son patron se plaint toujours qu'il arrive en retard au bureau. J'ai attendu un peu et à 5 h 12 je suis allé dans la chambre de papa et maman et j'ai crié: «Papa! il fait jour! Tu vas être en retard au bureau!» Papa a eu l'air très surpris, mais c'était moins dangereux que dans l'escalier, parce que dans son lit, il ne pouvait pas tomber. Mais il a fait une drôle de tête, papa, comme s'il était tombé. Maman s'est réveillée aussi, d'un

20 coup.° «Qu'est-ce qu'il y a?° Qu'est-ce qu'il y a? elle a demandé.

    —C'est la montre, a dit papa; il paraît° qu'il fait jour.

    —Oui, j'ai dit, il est 5 h 15 et ça marche vers le 16.

    —Bravo, a dit maman, va te recoucher maintenant, nous sommes réveillés.»

    Je suis allé me recoucher, mais il a fallu que je revienne° trois fois, à 5 h 47, 6 h 18 et

25 7 h 02, pour que papa et maman se lèvent enfin.

    Nous étions assis pour le petit déjeuner et papa a crié à maman: «Dépêche-toi un peu, chérie, avec le café, je vais être en retard, ça fait cinq minutes que j'attends.»°

    —Huit, j'ai dit, et maman est venue et elle m'a regardé d'une drôle de façon. Quand elle a versé° le café dans les tasses, elle en a mis un peu sur la toile cirée° parce que sa

30 main tremblait; j'espère qu'elle n'est pas malade, maman.

    «Je vais rentrer de bonne heure° pour le déjeuner, a dit papa; je pointerai° à l'entrée.» J'ai demandé à maman ce que ça voulait dire: pointer, mais elle m'a dit de ne pas m'occuper de ça et d'aller m'amuser dehors.° C'est bien la première fois que je regrettais qu'il n'y ait° pas classe, parce que j'aurais voulu que mes copains voient ma

35 montre. A l'école, le seul qui soit° venu avec une montre, une fois, c'est Geoffroy, qui avait la montre de son papa, une grosse montre avec un couvercle° et une chaîne. Elle

un ennui	un problème
un(e) tel(le)...	un si grand...
une fessée	une punition corporelle appliquée sur les fesses

*non plus	la négation de l'adverbe *aussi*
à la hauteur de	au niveau de, à l'altitude de
loucher	avoir un strabisme: un œil regarde à droite; l'autre regarde à gauche.

*avaler	faire descendre dans l'estomac ce qu'on a mangé
elle est rien chouette (*fam.*)	elle est très jolie
ressortir	sortir une seconde fois
un canif	un petit couteau

*empêcher qqn. de + *infinitif*	≠ permettre à qqn. de...
la nuit	pendant la nuit

était très chouette, la montre du papa de Geoffroy, mais il apparaît que Geoffroy n'avait pas la permission de la prendre et il a eu des tas d'ennuis° et on n'a plus jamais revu la montre. Geoffroy a eu une telle° fessée,° il nous a dit, qu'on a bien failli ne plus jamais le revoir, lui non plus.°

5   Je suis allé chez Alceste, un copain qui habite tout près de chez moi, un gros qui mange beaucoup. Je sais qu'il se lève de bonne heure parce que son petit déjeuner lui prend du temps. «Alceste! j'ai crié devant sa maison, Alceste! Viens voir ce que j'ai!» Alceste est sorti, un croissant à la main et un autre dans la bouche. «J'ai une montre!» j'ai dit à Alceste en mettant mon bras à la hauteur du° bout de croissant qui était dans sa

10   bouche. Alceste s'est mis à loucher° un peu, il a avalé° et il a dit: «Elle est rien chouette!»°

—Elle marche bien, elle a une aiguille pour les œufs à la coque et elle brille la nuit, j'ai expliqué.

—Et dedans, elle est comment?» il m'a demandé, Alceste.

15   Ça, je n'avais pas pensé à regarder. «Attends», m'a dit Alceste et il est entré en courant dans sa maison. Il en est ressorti° avec un autre croissant et un canif.° «Donne ta montre, m'a dit Alceste, je vais l'ouvrir avec mon canif. Je sais comment faire, j'ai déjà ouvert la montre de mon papa.» J'ai donné la montre à Alceste, qui a commencé à travailler dessus avec le canif. Moi, j'ai eu peur qu'il ne casse ma montre et je lui ai dit:

20   «Rends-moi ma montre.» Mais Alceste n'a pas voulu, il tirait la langue et essayait d'ouvrir la montre; alors j'ai essayé de reprendre la montre de force, le canif a glissé sur le doigt d'Alceste, Alceste a crié, la montre s'est ouverte et elle est tombée par terre à 9 h 10. Il était toujours 9 h 10 quand je suis arrivé en pleurant à la maison. La montre ne marchait plus. Maman m'a pris dans ses bras et elle m'a dit que papa arrangerait tout.

25   Quand papa est arrivé pour le déjeuner, maman lui a donné ma montre. Papa a tourné le petit bouton, il a regardé maman, il a regardé la montre, il m'a regardé moi et puis il m'a dit: «Ecoute, Nicolas, cette montre ne peut plus être réparée. Mais ça ne t'empêchera pas de° t'amuser avec elle, bien au contraire: elle ne risque plus rien et elle sera toujours aussi jolie à ton poignet.» Il avait l'air tellement content, maman avait l'air

30   tellement contente, que j'ai été content aussi.

Ma montre marque maintenant toujours 4 heures: c'est une bonne heure, l'heure des petits pains au chocolat, et la nuit,° les numéros continuent à briller.

C'est vraiment un chouette cadeau, le cadeau de mémé!

Sempé/Goscinny
Les Récrés du petit Nicolas
Editions Denoël

QUESTIONNAIRE

Répondez oralement aux questions suivantes en faisant des phrases complètes:

1. Qu'est-ce que le facteur a apporté pour Nicolas?
2. Que pense Nicolas de sa grand-mère?
3. Quelle sera la réaction de ses copains quand ils verront sa montre?
4. Où est-ce que sa mère a mis la montre?
5. Qu'est-ce qu'il ne savait pas faire l'année dernière?
6. Combien d'aiguilles a sa montre?
7. A quoi sert la grande aiguille selon sa mère?
8. A quelle heure la famille s'est-elle mise à table?
9. En combien de temps Nicolas a-t-il fini sa soupe?
10. Pourquoi a-t-il collé son oreille à la montre?
11. A quelle heure s'est-il couché?
12. Quel autre cadeau avait-il aimé?
13. Où est-ce qu'il a mis sa montre pour la nuit?
14. Qu'est-ce que sa montre avait de remarquable?
15. Est-ce qu'il a bien dormi? Pourquoi ou pourquoi pas?
16. Qu'est-ce qu'il a entendu? Qu'est-ce qu'il a vu?
17. Quelle a été la réaction de son père quand il lui a montré son cadeau?
18. Qu'a-t-il dit à Nicolas?
19. Quelle a été la conséquence de cette conversation?
20. Est-ce que sa mère était de bonne humeur? Pourquoi ou pourquoi pas?
21. Qu'est-ce que son père a répondu?
22. Quelle heure était-il?
23. Pourquoi Nicolas l'a-t-il précisée?
24. Qu'est-ce que sa mère lui a demandé de faire?
25. A quelle heure s'est-il endormi?
26. A quelle heure s'est-il réveillé?
27. Qu'a-t-il remarqué à 5 h 07?
28. Pourquoi était-ce dommage?
29. Etait-il pressé de se lever? Pourquoi ou pourquoi pas?
30. Pourquoi a-t-il decidé d'aider son père?
31. Comment l'a-t-il aidé?
32. Qu'est-ce qu'il lui a dit?
33. Quelle a été la réaction du père?
34. Pourquoi était-ce moins dangereux que dans l'escalier?
35. Qu'est-ce que sa mère a demandé?
36. Combien de fois Nicolas est-il revenu?
37. A table pour le petit déjeuner, qu'est-ce que son père a crié à sa mère?
38. Depuis combien de temps attendait-il le café?
39. Pourquoi Nicolas se demande-t-il si sa mère est malade?
40. Quand son père va-t-il rentrer?
41. Que fera-t-il? Pourquoi?
42. Qu'est-ce que Nicolas regrettait pour la première fois? Pourquoi?
43. Qu'est-ce que Geoffroy a apporté à l'école une fois?
44. Pourquoi a-t-il eu des ennuis?
45. Quelle punition a-t-il eue?
46. Qui est-ce que Nicolas est allé voir?
47. Est-ce qu'Alceste était déjà levé? Pourquoi?
48. Que faisait Alceste quand il est sorti de la maison?

49. Qu'est-ce qu'Alceste a fait pour regarder la montre? Pourquoi?
50. Qu'est-ce qu'Alceste voulait savoir?
51. Où est-ce qu'il est allé dans la maison? Pourquoi?
52. Pourquoi Nicolas a-t-il eu peur?
53. Qu'est-ce qu'il a demandé à Alceste?
54. Pourquoi Alceste a-t-il crié?
55. Qu'est-ce qui est arrivé à la montre?
56. Est-ce que la montre marchait encore?
57. Quelle a été la réaction de sa mère?
58. Qu'est-ce que son père a dit?
59. Pourquoi pourra-t-il toujours s'amuser avec sa montre?
60. Quelle heure marque sa montre maintenant?
61. Pourquoi est-ce une bonne heure?

Expressions supplémentaires

une horloge   *Une horloge, une montre et un réveil indiquent l'heure qu'il est.*

une montre

un réveil

une cloche

servir   *Maman sert le dîner.*

servir à + *infinitif*   *Un canif sert à couper.*

servir de + *un nom*   *Il vous servira de guide pendant votre séjour.*

se servir de   employer: *Il se sert du couteau pour ouvrir la montre.*

les œufs à la coque   *Les Français prennent des œufs au déjeuner ou au dîner, mais pas au petit déjeuner.*

sur le plat

brouillés

durs

une omelette

la hauteur	de haut	*La table a 6 mètres de long, 3 mètres de large et 1 mètre de haut.*
la longueur	de long	*La table a 6 mètres de longueur, 3 mètres de largeur et 1 mètre de hauteur.*
la largeur	de large	
tout d'un coup		en un instant
tout à coup		soudain
le coup de grâce		l'action qui achève définitivement
un coup d'état		une petite révolution/un renversement de gouvernement
un coup de téléphone (donner)		téléphoner
un coup de soleil (attraper)		une brûlure de la peau par le soleil
le coup de foudre (avoir)		l'amour à la première rencontre
un coup d'œil (donner)		un petit regard
un coup de pied (donner)		frapper avec le pied
un coup de poing (donner)		frapper avec le poing
un coup de main (donner)		aider

La Maison

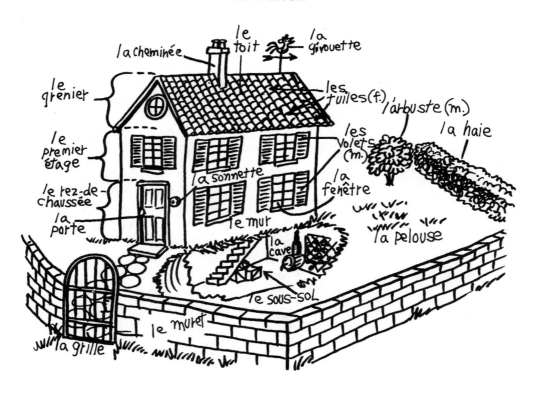

La Salle de séjour

le plafond
le tableau
la bibliothèque
le fauteuil
la lampe
le store
le divan
le balcon
le rideau
le tapis
la table
le plancher

le salon = une salle de séjour élégante

La Cuisine

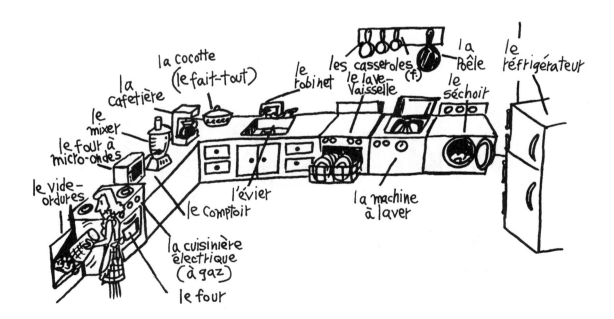

la cocotte (le fait-tout)
la cafetière
le mixer
le four à micro-ondes
le vide-ordures
le robinet
les casseroles (f.)
le lave-vaisselle
la poêle
le réfrigérateur
le séchoir
l'évier
le comptoir
la machine à laver
la cuisinière électrique (à gaz)
le four

La Chambre

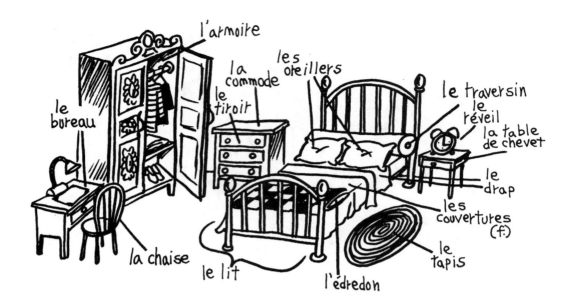

l'armoire

la commode

les oreillers

le traversin

le réveil

la table de chevet

le tiroir

le bureau

le drap

les couvertures (f.)

la chaise

le lit

l'édredon

le tapis

La Salle de bains

la serviette

la douche

l'eau froide

le bidet

F C l'eau chaude

le lavabo

le cabinet de toilettes (les W.C.) (les toilettes)

la baignoire

Exercices de vérification

Répondez aux questions suivantes en faisant des phrases complètes.

1. Quels sont les meubles de la chambre? de la salle de séjour? de la cuisine? de la salle de bains?
2. Que donne-t-il?

3. A quoi sert une poêle? un réveil? une girouette? une armoire? une lampe? une cafetière?
4. Qu'est-ce que c'est?

5. Dessinez le salon de Nicolas en y mettant autant d'objets que possible. Indiquez le nom de chaque objet.

PRONONCIATION

a et une révision des voyelles nasales

1. La montre de Nicolas

Le son [ɑ] se prononce postérieurement, le dos de la langue presque à plat vers le milieu de la bouche, la bouche légèrement ouverte, comme le son *a* dans le mot anglais *father*.

bas	il se rase	Jacques
phrase	il se fâche	blâme
	tâche	Jeanne

Jacques blâme Jeanne d'avoir gâté les pâtés.

Le son [a] se prononce plus en avant, la bouche un peu fermée. Cependant on confond souvent les deux sons [ɑ] et [a].

la	chasse	Paris	il va
ma	tache	Papa	voilà
bras	femme	tabac	Nicolas
table	dame	malade	

Le papa de ma camarade est malade.
Cet après-midi, mon ami va avoir mal à la tête.

2. <u>un</u>   <u>bon</u>   <u>vin</u>   <u>blanc</u>

parfum	non	main	éteint	en	comment
brun	montre	pain	examen	dans	Maman
chacun	monter	moins	il se plaint	quand	il prend
aucun	tomber	copain	cinq	grand	demande
lundi	façon	besoin		temps	chambre
				j'entends	langue

Comparez:

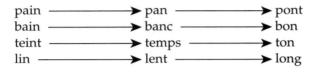

pain ⟶ pan ⟶ pont
bain ⟶ banc ⟶ bon
teint ⟶ temps ⟶ ton
lin ⟶ lent ⟶ long

<u>On</u> pr<u>en</u>d <u>un</u> verre de b<u>on</u> vin blanc mai<u>n</u>te<u>n</u>ant.
Chac<u>un</u> m<u>an</u>ge p<u>en</u>d<u>an</u>t l<u>on</u>gt<u>em</u>ps.

3. Les sons se *dé*nasalisent quand la voyelle est suivie d'une double consonne ou d'une voyelle.

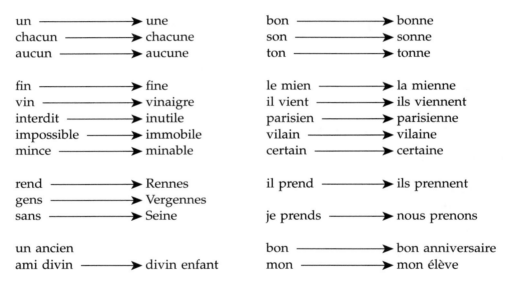

un ⟶ une   bon ⟶ bonne
chacun ⟶ chacune   son ⟶ sonne
aucun ⟶ aucune   ton ⟶ tonne

fin ⟶ fine   le mien ⟶ la mienne
vin ⟶ vinaigre   il vient ⟶ ils viennent
interdit ⟶ inutile   parisien ⟶ parisienne
impossible ⟶ immobile   vilain ⟶ vilaine
mince ⟶ minable   certain ⟶ certaine

rend ⟶ Rennes   il prend ⟶ ils prennent
gens ⟶ Vergennes
sans ⟶ Seine   je prends ⟶ nous prenons

un ancien
ami divin ⟶ divin enfant   bon ⟶ bon anniversaire
                                      mon ⟶ mon élève

Quelques verbes irréguliers

lire

je lis	nous lisons
tu lis	vous lisez
il / elle } lit	ils / elles } lisent

futur: je lirai
passé composé: j'ai lu
imparfait: je lisais

dire

je dis	nous disons
tu dis	vous dites
il / elle } dit	ils / elles } disent

futur: je dirai
passé composé: j'ai dit
imparfait: je disais

dormir (s'endormir)

je dors	nous dormons
tu dors	vous dormez
il \	ils \
elle ⌡ dort	elles ⌡ dorment

futur:	je dormirai
passé composé:	j'ai dormi
imparfait:	je dormais

Exercice d'entraînement

Mettez les verbes entre parenthèses à la forme qui convient:

1. Il (dormir) _____ toute la nuit sans difficulté.
2. Je crois qu'elle (lire) _____ bientôt le roman.
3. Quand vous avez téléphoné, moi, je (lire) _____ le journal et lui, il (dormir) _____ paisiblement.
4. Qu'est-ce que vous (dire) _____ quand on vous (dire) _____ «merci»?
5. Elle (lire) _____ vite. Elle (lire) _____ ce livre en deux heures!
6. (Lire) _____ les directives avant de commencer.
7. Je n'y suis pas entré parce qu'il me (dire) _____ la veille que c'était interdit.
8. Nous (s'endormir) _____ à minuit hier soir.
9. Ils (dire) _____ sans doute qu'ils ne pourront pas nous accompagner.
10. Est-ce que tu (dire) _____ la vérité à ton père ce matin?

STRUCTURES

I. Négations (suite, voir page 17)

La négation la plus simple **ne... pas** peut être remplacée par plusieurs variantes avec des définitions particulières, mais leur place est la même.

1. **Ne... jamais** = la négation de **quelquefois, souvent, toujours.**

Papa arrive-t-il quelquefois en retard au bureau?	Non, il **n'**arrive **jamais** en retard au bureau.
Regarde-t-il quelquefois la télévision?	Non, il **ne** la regarde **jamais**.
Vas-tu souvent à la plage?	Non, je **n'**y vais **jamais**.
Aimez-vous quelquefois faire vos devoirs?	Non, je **n'**aime **jamais** faire mes devoirs.

2. **Ne... plus** = la négation d'**encore.**

Cette montre peut-elle encore être réparée?	Non, elle **ne** peut **plus** être réparée.
Sommes-nous encore en été?	Non, nous **ne** sommes **plus** en été.
Fait-il encore chaud?	Non, il **ne** fait **plus** chaud.
Avez-vous encore de l'argent?	Non, je **n'**ai **plus** d'argent

3. **Ne... pas encore** = la négation de **déjà**.

La montre est-elle déjà cassée?	Non, elle **n'**est **pas encore** cassée.
As-tu déjà fini tes devoirs?	Non, je **ne** les ai **pas encore** finis.
Sommes-nous déjà en vacances?	Non, nous **n'**y sommes **pas encore**.
A-t-il déjà visité la France?	Non, il **ne** l'a **pas encore** visitée.

4. **Ne... rien** = la négation de **quelque chose**.

As-tu dit quelque chose?	Non, je **n'**ai **rien** dit.
Qu'as-tu mangé comme petit déjeuner?	Je **n'**ai **rien** mangé.
Avez-vous fait quelque chose d'intéressant pendant le week-end?	Non, nous **n'**avons **rien** fait d'intéressant.

Remarquez: Est-ce que quelque chose vous intéresse?	**Rien ne** m'intéresse.
Qu'est-ce qui plaît à Tante Georgette?	**Rien ne** lui plaît.

5. **Ne... personne** = la négation de **quelqu'un, tout le monde**.

Y a-t-il quelqu'un dans le bureau?	Non, il **n'**y a **personne**.
Qui verrez-vous ce soir?	Je **ne** verrai **personne**.
Connaît-il quelqu'un d'intéressant?	Non, il **ne** connaît **personne** d'intéressant.

Remarquez: a) Est-ce que quelqu'un comprend la réponse?	Non, **personne ne** la comprend.
Qui est venu?	**Personne n'**est venu.

b) Aux temps composés, le pronom **personne** est placé **après** le participe passé.

Qui avez-vous vu?	Je **n'**ai vu **personne**.
A-t-il trouvé quelqu'un?	Non, il **n'**a trouvé **personne**.

6. **Ne... aucun(e)** s'emploie comme adjectif négatif, toujours au singulier.

Non, il **n'**y a **aucun** garçon dans notre groupe.
A cette époque, je **ne** prenais **aucun** plaisir à écouter la musique classique.
L'animal mystérieux **n'**a laissé **aucune** trace dans la neige.

7. Plusieurs négations peuvent se combiner (surtout avec **ne.... plus**).

La montre de Nicolas **ne** marchera **plus jamais**.
Si elle **ne** marche **plus**, elle ne risque **plus rien**.
Il **n'**y a **plus personne** dans la salle. Elle est maintenant vide.

8. Pour mettre un infinitif à la forme négative il faut le faire précéder de **ne... pas, ne... jamais, ne... plus,** etc.

Maman m'a dit de **ne pas** m'occuper de cela.
On lui demande de **ne plus** fumer.
On a failli **ne plus jamais** la revoir.

Exercice d'entraînement

Répondez aux questions suivantes à la forme négative:

1. Avez-vous déjà déjeuné?
2. Fait-il quelquefois froid a la Martinique?
3. Le ciel est-il quelquefois bleu quand il pleut?
4. A-t-il encore des amis?
5. As-tu dîné au réfectoire?
6. Georges a-t-il quelque chose à me dire?
7. Est-ce que tout le monde est prêt?
8. As-tu appris quelque chose d'important?
9. Voulez-vous acheter quelque chose?
10. Est-ce que quelqu'un vous a raconté l'histoire?
11. A-t-il rencontré quelqu'un en ville?
12. Voulez-vous encore prendre quelque chose?
13. Y a-t-il encore quelqu'un dans le bureau?
14. Y a-t-il encore une place?
15. Allez-vous encore quelquefois au cinéma?
16. A-t-il encore des fleurs?

II. Pronoms compléments (suite, voir pages 44–47, 79–80, 115, 124–126)

1. S'il y a plusieurs pronoms compléments, ils se mettent dans l'ordre suivant:

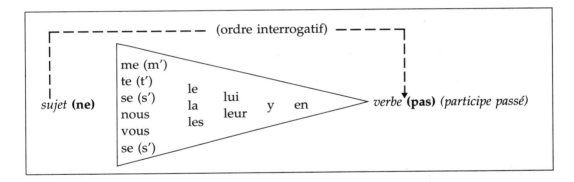

Elle donne la montre à Nicolas.	→ Elle **la lui** donne.
Elle ne donne pas la montre à Nicolas	→ Elle ne **la lui** donne pas.
Donne-t-elle la montre à Nicolas?	→ **La lui** donne-t-elle?
Elle a donné la montre à Nicolas.	→ Elle **la lui** a donnée.
Elle n'a pas donné la montre à Nicolas.	→ Elle ne **la lui** a pas donnée.
A-t-elle donné la montre à Nicolas?	→ **La lui** a-t-elle donnée?

Il me donne ses fleurs.	→ Il **me les** donne.
Il me donne des fleurs.	→ Il **m'en** donne.
Il lui donne des fleurs.	→ Il **lui en** donne.
Elle met les fleurs dans le vase.	→ Elle **les y** met.
Nous n'avons pas parlé des vacances à nos parents.	→ Nous ne **leur en** avons pas parlé.

Remarquez: Alceste prend la montre à Nicolas. ────→ Il **la lui** prend.

2. Après l'impératif *affirmatif,* les pronoms compléments se mettent dans l'ordre suivant:

verbe	–	le la les	–	moi (m') toi (t') nous vous	–	lui leur	–	y	–	en

Comparez:

Donnez-lui la montre.   { Donnez-**la-lui**
Ne **la lui** donnez pas.

Lisez-moi les résultats.   { Lisez-**les-moi**.
Ne **me les** lisez pas.

Donne-moi un bouquet de fleurs.   { Donne **m'en** un.
Ne **m'en** donne pas.

Exercices d'entraînement

 Remplacez les noms en italique par les pronoms qui conviennent:

1. Elle me lit *les nouvelles.*
2. Nous faisons trop *d'exercices.*
3. Le père Nöel a donné *des cadeaux à mon père.*
4. Nous regardons souvent *la télévision chez Robert.*
5. Il se sert *d'un stylo* pour écrire *la lettre à sa grand-mère.*
6. As-tu rendu *les clés à ta sœur?*
7. J'ai mis *mes papiers sur le bureau.*
8. Ne me demandez pas *leur adresse.*
9. Montre-moi *ton itinéraire.*
10. J'ai dit *la vérité au proviseur.*
11. Il ne reste plus *de places* au théâtre pour ce soir.
12. Je n'ai jamais lu *les indications qu'on donnait pour faire cet exercice.*
13. Ne donnez pas *les résultats de mes examens à mes parents.*
14. Donne-moi *ton numéro de téléphone.*
15. Elle a envie de voir *le film.*
16. Nous avons vu trois *pièces* pendant que nous étions *à Paris.*
17. J'ai entendu de la musique *dans votre chambre.*
18. Donnez-moi *des idées.*
19. Papa est fier *de mes progrès.*
20. Georges ne veut pas nous rendre *notre chaîne stéréo.*

2 *Répondez aux questions en employant autant de pronoms que possible:*

1. Votre professeur vous donne-t-il beaucoup de devoirs?
2. Avez-vous passé les vacances d'été chez vous?
3. A quelles occasions donnez-vous des cadeaux à vos parents?
4. Avez-vous lu le journal ce matin?
5. Comment trouvez-vous votre classe de français?
6. Parlez-vous souvent de l'école à vos camarades?
7. Combien de montres est-ce que vos grands-parents vous ont données?
8. Où met-on les aliments surgelés?
9. Avez-vous besoin de lunettes pour voir la signalisation de la route?
10. Votre mère donne-t-elle des conseils à votre père?

III. Le Temps passe vite

Une seconde, une minute, une heure, un jour, une semaine, un mois, une saison, un an, un siècle... hélas!

1. *Quelle heure est-il?*

Il est une heure.

Il est une heure dix.

Il est une heure et quart.

Il est une heure et demie.

Il est deux heures moins vingt.

Il est deux heures moins le quart.

Il est minuit.

Il est midi.

Remarquez ces autres expressions avec le mot **heure**:

A quelle heure part le train?

Il part à dix-sept heures quarante-cinq (17 h 45)—c'est-à-dire le soir, à six heures moins le quart.

Les trains français sont toujours **à l'heure**. Ils ne sont jamais **en avance** et ils ne sont jamais **en retard**.

Nous nous sommes levés **de bonne heure (tôt)** et nous nous sommes couchés **tard**. C'était une longue journée. (Voir page 68.)

Il vient de partir tout à l'heure.	=	Il vient de partir il y a 2 ou 3 minutes
Il va partir tout à l'heure.	=	Il va partir dans 2 ou 3 minutes
A tout à l'heure!	=	A bientôt!

C'est l'heure. La classe est finie.

2. Il serait utile maintenant de se rappeler les nombres cardinaux et ordinaux. (Remarquez aussi la numérotation des pages pour une liste complète.)

Les Nombres cardinaux

1	un	11	onze	21	vingt et un	31	trente et un
2	deux	12	douze	22	vingt-deux	32	trente-deux
3	trois	13	treize	23	vingt-trois	33	trente-trois
4	quatre	14	quatorze	24	vingt-quatre	34	trente-quatre
5	cinq	15	quinze	25	vingt-cinq	35	trente-cinq
6	six	16	seize	26	vingt-six	36	trente-six
7	sept	17	dix-sept	27	vingt-sept	37	trente-sept
8	huit	18	dix-huit	28	vingt-huit	38	trente-huit
9	neuf	19	dix-neuf	29	vingt-neuf	39	trente-neuf
10	dix	20	vingt	30	trente	40	quarante

40	quarante	50	cinquante	60	soixante
41	quarante et un	51	cinquante et un	61	soixante et un
42	quarante-deux, etc.	52	cinquante-deux, etc.	62	soixante-deux, etc.

70	soixante-dix	80	quatre-vingts	90	quatre-vingt-dix
71	soixante et onze	81	quatre-vingt-un	91	quatre-vingt-onze
72	soixante-douze	82	quatre-vingt-deux	92	quatre-vingt-douze
73	soixante-treize, etc.	83	quatre-vingt-trois, etc.	93	quatre-vingt-treize, etc.

100	cent	200	deux cents	1000	mille
101	cent un	201	deux cent un	2000	deux mille

100,000	cent mille	1996	dix-neuf cent quatre-vingt-seize
1,000,000	un million		mil neuf cent quatre-vingt-seize

Les Nombres ordinaux

Pour les nombres ordinaux, ajoutez **-ième** aux nombres cardinaux à l'exception des trois cas suivants:

un	→	premier (1er)
une	→	première (1ère)
quatre	→	quatrième (4e)
		tous les nombres en **-e** font le même changement
cinq	→	cinquième (5e)

Remarquez: Vingt et unième (21e), trente et unième (31e), etc.

3. *Nous sommes quelle date aujourd'hui?*
   Quelle est la date aujourd'hui?
   Quelle date sommes-nous?

   > C'est aujourd'hui le 4 février.
   > C'est le lundi 4 février.
   > Nous sommes le 4 février.
   > Le jour de l'An est le 1er janvier.

4. *Nous sommes quel jour aujourd'hui?*
   C'est quel jour aujourd'hui?
   Quel jour sommes-nous?

   > C'est
   > Nous sommes } lundi, mardi, mercredi, jeudi, vendredi, samedi, dimanche
   >
   > C'est déjà le week-end.

5. *Nous sommes quel mois?*
   C'est quelle saison?
   Quel mois sommes-nous?
   En quelle saison sommes-nous?

Nous sommes au printemps. mars, avril, mai

Nous sommes en été. juin, juillet, août

Nous sommes en automne. septembre, octobre, novembre

Nous sommes en hiver. décembre, janvier, février

6. **Age** a deux emplois:

a. Quel âge avez-vous?   J'ai dix-sept ans.

b.

mais...

Le Moyen Age   L'âge moderne   Le siècle de Louis XIV =
                                                        Le Grand Siècle

7. **Epoque** a deux emplois:

a. A cette époque, je ne prenais aucun plaisir à écouter la musique classique, mais maintenant je l'adore.

b. Une époque historique.

On appelle les premières années du vingtième siècle «la belle époque».

8. **Temps** s'emploie dans plusieurs expressions:

Il est temps de partir.
Je n'ai pas le temps d'aller au cinéma.
De temps en temps nous jouons au tennis.
Le temps s'écoule; le temps passe vite.
Le temps c'est de l'argent.
Ça fait longtemps que je ne t'ai pas vu.
Nous travaillons tous les deux en même temps.
Cette année je suis beaucoup de cours; mon emploi du temps est très chargé.

Attention à l'autre sens (voir page 68):

Quel temps fait-il?   Il fait beau, etc.

9. **Fois** a deux emplois:

   a. Une occasion, une époque:

   > Il était une fois un prince charmant...
   > Nous avons fait cela plusieurs fois.
   > On étudie la grammaire encore une fois.
   > Nous y allons deux fois par semaine.
   > C'est la première fois que je gagne.

   b. La multiplication:

   > Trois fois deux font six.

   Remarquez ces autres expressions avec **fois**:

   > **Quelquefois, parfois, autrefois** (dans le passé)

10. **Le moment** = une courte période de temps; un instant.

    > Attendez un petit moment, s'il vous plaît!
    > C'était un beau moment, le retour des copains après les vacances.

En ce moment	=	maintenant
A ce moment-là	=	à un moment précis dans le passé

Exercices d'entraînement

1 *Répondez aux questions suivantes en faisant des phrases complètes:*

1. A quelle heure commence le cours de français?
   A quelle heure se termine-t-il?
2. A quelle heure vous couchez-vous d'habitude?
   A quelle heure vous êtes-vous couché hier soir?
3. Quelle heure est-il?

   1.   2.   3.   4.   5.

4. Ecrivez en lettres:

15	200	81	71	13	2001
32	98	1996	5ᵉ	12ᵉ	1ᵉʳ

5. Combien d'années y a-t-il dans un siècle?
6. Quelle est la date aujourd'hui?
7. En quelle saison sommes-nous?
8. En quel mois est la fête nationale française?
9. Combien font huit fois neuf?
10. Combien font six fois quatre?
11. Combien font vingt-sept fois trois cent quatre-vingt-quinze?
12. Quel âge avez-vous?
13. Que faites-vous en ce moment?
14. Combien de fois allez-vous en ville d'habitude?
15. Avez-vous quelquefois le temps de regarder la télévision?

2 *Complétez les phrases suivantes par les mots du vocabulaire qui conviennent:*

1. Je suis très fatigué ce matin parce que je me suis couché _____ et je me suis réveillé _____.
2. C'était à quelle _____ que tu habitais Paris?
3. A _____ je faisais toujours du cheval mais ça fait _____ que je n'en ai pas fait.
4. Le vingtième _____ est une _____ extraordinaire.
5. Je ne peux rester qu'un petit _____.
6. Le professeur n'arrive jamais _____. Il est toujours _____.
7. A _____! Je vous verrai _____.

IV. Révision des temps de verbes

		Passé			Présent	Futur

plus-que-parfait / *passé composé* / *passé récent* / /

imparfait

Examinez encore le texte de *La Montre* et essayez de trouver pour quelle raison chaque temps du passé est employé. Puis, dans l'histoire suivante, mettez les verbes entre parenthèses aux temps qui conviennent (présent, futur, imparfait, passé composé, plus-que-parfait):

M. Bongrain nous (inviter) _____ à passer le dimanche à sa nouvelle maison de

campagne qu'il (acheter) _____ l'été dernier. Nous (accepter) _____ son

invitation et nous (aller) _____ chez lui le week-end suivant. La maison (ne pas être)

_____ très grande mais elle (être) _____ chouette. Après une courte conversation

avec M. Bongrain, sa femme (se présenter) _____. Elle (avoir) _____ les yeux

tout rouges, elle (tousser) _____ et elle (porter) _____ un tablier plein de taches

noires. Alors elle nous (dire) _____:

— Je (ne pas vous donner) _____ la main parce que je (être) _____ noire

de charbon! Depuis ce matin, je (essayer) _____ de faire marcher cette cuisinière sans

y réussir!

M. Bongrain (se mettre) _____ à rire. Il (dire) _____:

— Evidemment, c'est un peu rustique, mais c'est ça la vie à la campagne!

Mme Bongrain (ne pas rire) _____ et elle (partir) _____ en disant:

— Je m'excuse, il faut que je m'occupe du déjeuner. Je crois que ce déjeuner (être)

_____ très rustique, lui aussi.

Enfin l'heure du déjeuner (arriver) _____ et nous (se mettre) _____ à table.

Les tomates qui (venir) _____ du jardin (être) _____ encore vertes et Papa

(avoir) _____ de la difficulté à les manger. Maman (trouver) _____ que les

concombres (avoir) _____ un goût particulier. Charles, le fils des Bongrain (dire)

_____ que les épinards (flotter) _____ et (onduler) _____ sur l'assiette

comme des algues. M. Bongrain (se montrer) _____ cependant fier des produits de

son potager. Mme Bongrain (s'excuser) _____ pour aller chercher le reste de ce

déjeuner campagnard. Elle (rentrer) _____ triomphalement avec un gigot d'agneau

tout noir à l'extérieur. M. Bongrain (commencer) _____ à découper le gigot. Comme

le gigot carbonisé (ne pas être) _____ du tout cuit à l'intérieur M. Bongrain (devoir)

_____ lutter avec cette chair frémissante. En attaquant le gigot, M. Bongrain le (faire)

_____ avec une si grande force que le couteau (rebondir) _____ sur le plateau

de jus de sorte que Maman a reçu une grosse tache rouge sur sa petite robe blanche.

Polie, Maman (dire) _____ qu'elle (trouver) _____ que la tache (ajouter)

_____ un peu de couleur à sa robe. Embarrassé, M. Bongrain (s'excuser) _____

en disant qu'on (ne pas être) _____ sûr de ce qu'on (manger) _____ quand on

(être) _____ à la campagne. Charles (trouver) _____ les pommes de terre rôties

un peu dures et alors que M. Bongrain (s'excuser) _____ et que Maman (dire)

_____ qu'elle (ne pas lui en vouloir) _____, Charles et moi nous (jouer)

_____ aux boules avec ces malheureuses pommes de terre. Papa, toujours flatteur,

(faire) _____ des compliments à Mme Bongrain pour son repas. Enfin, on (beaucoup

parler) _____ mais on (ne pas beaucoup manger) _____.

Après le déjeuner on (s'asseoir) _____ dans le salon. Mme Bongrain (expliquer)

_____ à Maman qu'elle (avoir) _____ une bonne en ville mais que la bonne (ne pas vouloir) _____ travailler à la campagne. M. Bongrain (expliquer) _____ à Papa combien la maison lui (coûter) _____. Grâce à cette affaire formidable, il pourrait même acheter des chaises pour remplacer les cartons sur lesquels ils (être) _____ obligés de s'asseoir. Moi, je (ne pas s'intéresser) _____ à leur conversation. Alors je (relire) _____ une revue que je (lire) _____ le mois dernier.

Nous (ne plus rester) _____ très longtemps parce que Papa (dire) _____ qu'il (préférer) _____ partir de bonne heure pour éviter les embouteillages. M. Bongrain (dire) _____ que ce (être) _____ sage et qu'en effet ils (ne pas aller) _____ tarder à rentrer eux-mêmes dès que Mme Bongrain aura fini de tout ranger dans la cuisine.

Juste au moment où Papa (aller) _____ démarrer, M. Bongrain (s'approcher) _____ de la voiture pour lui dire:

— Pourquoi n'achètes-tu pas une maison de campagne comme moi? Bien sûr, personnellement j'aurais pu m'en passer mais pour ma femme tu ne peux pas savoir le bien que ça lui fait, cette détente et ce bol d'air tous les dimanches.

adapté du *Chouette bol d'air*
de Sempé et Goscinny
Le petit Nicolas et les copains
Editions Denoël

Exercices de vérification

1 *Remplacez les noms en italique par les pronoms qui conviennent:*

1. Robert a mis *la clef de sa chambre dans sa poche.*
2. Nous avons parlé *de nos problèmes à nos parents.*
3. Avez-vous envie *de faire du ski?*
4. Elle ne veut pas voir *ce film.*
5. Rendez-moi *mes affaires.*
6. Il s'est moqué *de mes photos.*
7. Mes amis ont répondu *à mes lettres.*
8. Nicolas a dit *l'heure à ses parents.*
9. Ne fais pas *d'histoires à ta sœur.*
10. Donnez *des fleurs à votre grand-mère.*
11. Nous n'avons pas encore fini *nos devoirs.*
12. Il faut lire *les questions* avant d'essayer de répondre *aux questions.*
13. Alceste a mangé trois *tartines.*
14. Mettez *les fourchettes sur la table.*
15. Il a failli m'envoyer *toute sa collection.*

2 *Répondez aux questions suivantes à la forme négative:*

1. François Mitterrand est-il encore président de la République?
2. Avez-vous déjà fait ces exercices?

3. Arrivez-vous toujours en retard?
4. Sommes-nous encore en vacances?
5. Combien de places reste-t-il?
6. Avez-vous vu quelqu'un dans la salle à manger?
7. A-t-il fait quelque chose d'intéressant?
8. As-tu déjà lu le journal?
9. Donnez-vous encore quelquefois de mauvaises réponses?
10. Est-ce que quelqu'un est venu te voir hier soir?

3 *Complétez les phrases suivantes avec les expressions de temps qui conviennent:*

1. La Renaissance était une _____ intéressante.
2. Un _____, s'il vous plaît. Il arrive tout de suite.
3. Notre cours a lieu cinq _____ par semaine.
4. Nous n'avons pas le _____ de visiter le musée.
5. Alceste mange tout le _____.
6. Je crois que Jean était malade à _____ des examens.
7. Une _____, alors que j'étais à Paris, il a plu pendant une semaine entière.
8. Je le regrette mais je ne suis pas libre en ce _____.
9. Je ne sais pas l' _____ du match ce soir.
10. Le _____ passe vite quand on s'amuse.

Révision

Répondez aux questions suivantes par des phrases complètes en employant le vocabulaire et les structures de cette leçon:

1. Qu'allez-vous faire tout à l'heure?
2. A quoi sert une montre?
3. Décrivez une montre extraordinaire.
4. De quoi vous plaignez-vous à l'école? à la maison?
5. Quand vous êtes pressé(e), que faites-vous?
6. Après avoir fini l'école en juin, étudiez-vous encore?
7. Prenez-vous des œufs au petit déjeuner? Comment les aimez-vous?
8. A quelle heure se met-on à table pour le dîner?
9. Complétez: Mes parents m'empêchent de...
10. Quelle est la date aujourd'hui?
11. C'est quel jour, le premier janvier?
12. Complétez: En ce moment...
13. Vos parents vous ont-ils quelquefois donné une fessée? Pourquoi?
14. Que fait le facteur?
15. Qui joue au football à minuit?
16. Sommes-nous déjà en été?
17. Avez-vous le temps d'aller souvent au cinéma?
18. A quelle heure finit le cours de français?
19. Vous êtes-vous levé(e) de bonne heure ce matin?
20. Complétez: De temps en temps, je...

Discussion et création

En employant le vocabulaire et les structures de cette leçon, répondez aux questions suivantes:

1. Racontez une très courte histoire au passé dans laquelle vous employez l'expression: **à cette époque-là...**
2. Comment est Nicolas sur les dessins qui suivent?

3. Décrivez votre chambre.
4. Examinez avec soin les dessins des pages 170–172. Quelles différences trouvez-vous entre les maisons françaises et les maisons américaines?
5. Quand vous étiez enfant, que faisiez-vous pour vous amuser?
6. Imaginez que vous êtes de mauvaise humeur et que rien ne vous intéresse. En employant des expressions négatives faites autant de plaintes ou de protestations que possible.
7. En employant des pronoms compléments et quelquefois des négations quand c'est possible, décrivez ce que fait Nicolas avec le cadeau.

8. Faites un résumé de *La Montre* au passé en utilisant les réponses aux questions du *Questionnaire* (voir pages 168–169) comme base. Ne regardez pas le texte.
9. Adaptation orale de la question précédente: Racontez en classe, chacun à tour de rôle, l'histoire de *La Montre*. N'oubliez pas d'employer les temps du passé.
10. En employant le vocabulaire de toute la leçon, imaginez que vous êtes un agent immobilier qui essaie de persuader son client d'acheter une maison de campagne qui en réalité n'est pas très confortable.
11. Les élèves de la classe décrivent ensemble une maison qui a des meubles placés d'une façon vraiment bizarre pendant que vous essayez de dessiner ce qu'ils disent au tableau noir.
12. Cherchez dans un magazine une photo de l'extérieur d'une maison et une photo de l'intérieur d'une maison et faites-en une description.
13. Cherchez dans un journal français la section dite «Immobilier» et trouvez une maison ou un appartement qui vous conviendrait à l'âge de 40 ans. Justifiez votre choix.

Septième Leçon

Eva, dans «Une Lettre d'Eva», Gilles, dans «Une Abominable Feuille d'érable sur la glace», et le bûcheron, dans «Conseils à un bûcheron», viennent tous les trois du Québec et représentent la culture québecoise du Canada. Au Canada l'hiver est souvent long et dur et toujours enneigé, ce qui mène aux rêveries.

eut	*elle a eu* (au passé simple)
*d'abord	premièrement
*au lieu de	à la place de
une babiole	un bibelot, un petit objet de peu de valeur
demanda	*elle a demandé* (au passé simple)
crut	*elle a cru* (au passé simple)
le collage	une création artistique faite de morceaux de papier mis (collés) ensemble
**le goût	*ici:* le désir, le goût = un des cinq sens; *goûter* = savourer
*dessiner	créer une œuvre d'art avec ou de l'encre ou de la peinture
reçut	*elle a reçu* (au passé simple)
se retira	*elle s'est retirée* (au passé simple)
*avoir du mal à + *infinitif*	avoir de la difficulté à
*un sourire	

☺

prit	*elle a pris* (au passé simple)
réussit	*elle a réussi* (au passé simple)
fut	*a été* (au passé simple)
la plume	un stylo qu'on met dans de l'encre avant d'écrire
mouiller	mettre en contact avec de l'eau
*le bout	la pointe, l'extrémité
plonger	faire entrer dans un liquide
une gorgée	une quantité de liquide
eût eu	*elle avait eu* (au plus-que-parfait du subjonctif)
*avaler	faire descendre de la bouche à l'estomac
s'écraser	*ici:* tomber violemment
*le panier	la poubelle, un réceptacle pour les choses sans valeur qu'on ne veut plus
remarqua	*elle a remarqué* (au passé simple)
*le long de	toute la longueur de: *Il y a une ligne le long de la page.* (C'est-à-dire que la ligne commence en haut de la page et finit en bas.)
*un chemin	une très petite route
l'encrier	une petite bouteille qui contient de l'encre
parurent	*ils ont paru* (au passé simple); *paraître* = sembler

Une Lettre d'Eva

Quand Eva eut° sept ans, elle a décidé d'écrire une lettre. A qui? Bah... On verrait cela plus tard. Il faut d'abord° l'écrire. Aussi, pour son anniversaire, au lieu de° bonbons et autres babioles,° elle a demandé à sa mère de lui offrir de l'encre. A son père, elle demanda° du papier. Il crut° que c'était pour faire du collage° et sa mère crut que sa
5 petite Eva avait le goût° de dessiner.° Elle reçut° donc, ce jour-là, du papier blanc, du jaune, du bleu, du vert, du rouge, et puis du noir. Et cinq couleurs d'encre: la noire, la bleue, puis la verte, la jaune et enfin la rouge.

Puis elle se retira° pour commencer d'écrire sa lettre. Elle eut du mal d'abord à° choisir son papier. Sur quel papier écrit-on les lettres? Puis elle se dit qu'une lettre sur du
10 papier jaune cela serait comme un sourire° à lire et en prit° une feuille. La première bouteille d'encre qu'elle réussit° à ouvrir fut° la bleue. Bon. Prendre la plume.° Mouiller° la plume comme fait maman avec le bout° de la langue. La plonger° dans l'encre et on commence. Mais la plume prit une grosse gorgée° et avant qu'elle eût eu° le temps de l'avaler,° une grosse goutte bleu de mer du sud s'écrasait° sur le désert du papier jaune.
15 Ah... Elle allait jeter la feuille au panier° quand elle remarqua° le long d'°un chemin° qui allait directement de la tache à l'encrier° de tout petits points qui lui parurent°

bouger	être en mouvement
reconnut	*elle a reconnu* (au passé simple)
une caravane	un groupe de voyageurs dans le désert
fit	*elle a fait* (au passé simple)
d'un trait	en une seule ligne
ajouta	*elle a ajouté* (au passé simple)
un chameau	
commença	*elle a commencé* (au passé simple)
un palmier	
monta	*elle a monté* (au passé simple)
monter des tentes	*Les nomades montent des tentes dans le désert où ils vont dormir.*
recouvrit	*elle a recouvert* (au passé simple)
**prendre soin de	*ici*: faire attention à
étoiler	couvrir légèrement d'étoiles
s'en fut	*elle s'en est allée* (au passé simple); *ici*: aller
*le lendemain	le jour après
selon	suivant
*neuf	nouveau
laissa	*elle a laissé* (au passé simple)
vit	*elle a vu* (au passé simple)
*s'approcher de	venir près de
le puits	un trou très profond dans la terre d'où l'on tire de l'eau
caler	*ici*: plonger profondément
jusqu'à	à (une limite)
*un pas	chaque mouvement du pied quand on marche
un traîneau	un transport tiré sur la neige par un cheval: *Le père Noël voyage en traîneau.*
attela	*elle a attelé* (au passé simple); attacher
rapporter	*ici*: prendre avec soi
un seau	

bouger.° Et regardant de plus près, elle reconnut° une caravane,° fit° une dune d'un trait,° ajouta° quelques chameaux° et commença° de dessiner des palmiers° autour de l'oasis miraculeux. Vers le soir, elle monta° des tentes,° recouvrit° le tout d'une feuille noire qu'elle avait pris soin d'°étoiler° et, contente de la journée, s'en fut° dormir.

5   Il faisait beau le lendemain,° même si c'était l'hiver. Que faire aujourd'hui? Ah... Oui! La lettre.

       Elle prit donc une feuille blanche... et, selon° son secret tout neuf,° y laissa° tomber de la plume une tache noire. Et vit° distinctement qui marchaient sur la neige dure de cet hiver à elle, un homme et un enfant. Ils s'approchaient du° puits.° L'enfant s'appelait

10   Dominique et son père avait l'air fatigué, calant° jusqu'à° mi-jambe un pas° sur trois. Elle leur fit un traîneau,° y attela° un cheval puis monta avec eux rapportant° un seau°

*plein de	*Le seau est plein d'eau.*
glacé(e)	très froide, même solide
à la hâte	très vite, sans faire attention
en bordure de	au bord de
souper	dîner
alluma	*elle a allumé* (au passé simple) (allumer = enflammer ≠ éteindre)
la lune	*La lune se lève la nuit; le soleil se lève le jour.*
dont	pronom relatif *de* + quelque chose ou quelqu'un
une île	*Tahiti, Cuba et Madagascar sont des îles.*
*attira	*elle a attiré* (au passé simple); *attirer =* provoquer une attraction à, plaire à
*tout de suite	immédiatement
atteindre	*ici:* arriver à
cuire	*Eva fait cuire les poissons sur le feu pour son dîner.*
les restes	les parties des poissons qu'Eva ne mange pas
un goéland	une mouette, un oiseau de mer

un aigle

un château de sable

plein d'°eau glacée° jusqu'au bord de la forêt dessinée à la hâte° en bordure de° l'hiver. Invitée à souper° chez eux, elle alluma° la lampe et fit se lever une grosse lune° jaune dans une page bleue dont° elle recouvrit ce nouveau monde pour la nuit.

5   Le troisième jour, sur une feuille bleu de mer, la tache d'une île° verte attira° tout de suite° son regard, elle qui flottait déjà sur un bateau minuscule dans le coin sud-sud-est d'une page d'océan. Elle finit par atteindre° l'île sur le soir. Le temps de faire un feu, d'y mettre trois poissons à cuire° et d'en jeter les restes° à un goéland° qu'elle prit pour un aigle° et la nuit était faite. Elle s'endormit dans un château de sable° au chant d'insectes tropicaux.

vécut	*elle a vécu* (au passé simple)
au cœur de	au centre de
une clairière	un petit endroit sans arbres dans une forêt
le pissenlit	la dent-de-lion, une mauvaise herbe à fleur jaune
mit	*elle a mis* (au passé simple)
mangea	*elle a mangé* (au passé simple)
se coucha	*s'est couché* (au passé simple)
écrivit	*elle a écrit* (au passé simple)
un cerf-volant	

une hauteur	une élévation
une fusée	

un songe	un rêve
la terre	la planète où nous habitons
se reposa	*elle s'est reposée* (au passé simple): *On se repose au lit.*

Le jeudi elle vécut° l'été au cœur d'°une clairière° couverte de pissenlits° dont elle fit des bouquets qu'elle mit° dans ses cheveux et dont elle mangea° les feuilles pour souper. Toute la page était verte et le gros encrier rouge du soleil se coucha sur les champs au fond d'un horizon violet de montagnes et de nuit. C'est le matin du vendredi
5 qu'elle écrivit° la lettre à Dominique, son ami en hiver.

Dominique,

Aujourd'hui je t'écris ta lettre pour te dire que je t'aime. Je pense à toi dans l'été et dans toutes les saisons. Aussi, je me prépare pour mon plus long voyage. J'aimerais bien t'emmener, mais j'ai appris, ces derniers jours, que voyager est un travail qu'on fait tout
10 *seul. Si tu y penses, fais un cerf-volant.°*

Ton amie pour toujours.

Et le samedi, vers les 9 heures du soir, dans les hauteurs° d'une nuit d'encre, une petite fusée° s'échappait de la page où montait, bleu pâle, pleine d'hommes et de songes,° la tache ronde de la terre.°
15 Le septième jour Eva se reposa.°

Gilles Vigneault, *Le grand cerf-volant,*
Poèmes, contes et chansons,
Ottawa, Nouvelles Editions de l'Arc,
1979, pp. 119–120

QUESTIONNAIRE

Répondez oralement aux questions suivantes en faisant des phrases complétes:

1. Quel âge avait Eva? Qu'est-ce qu'elle a décidé?
2. Qu'est-ce qu'elle a demandé pour son anniversaire?
3. En général, qu'est-ce qu'elle recevait pour son anniversaire?
4. Quel papier a-t-elle choisi pour sa première lettre? Pourquoi?
5. Qu'a-t-elle fait avec la plume?
6. Qu'est-ce qui est arrivé quand elle a plongé la plume dans l'encre?
7. Quelle scène a-t-elle dessinée sur la feuille jaune?
8. Quelle saison représentait le dessin du lendemain?
9. Que faisaient Dominique et son père?
10. Qu'est-ce qu'Eva a créé pour aider Dominique et son père?
11. Où Eva est-elle allée avec Dominique et son père? Qu'est-ce qu'ils ont fait?
12. Où Eva s'est-elle retrouvée le troisième jour?
13. Que faisait-elle?
14. Le soir, qu'est-ce qu'elle a fait sur l'île?
15. Où s'est-elle endormie?
16. Où s'est-elle retrouvée le jeudi?
17. Qu'a-t-elle fait dans la forêt?
18. Qu'a-t-elle fait le vendredi?
19. A qui a-t-elle écrit la lettre? Qu'est-ce qu'elle a écrit?
20. Qu'est-ce qui est arrivé le samedi?
21. Après son grand voyage, qu'a-t-elle fait le dimanche?

une feuille d'érable

*gagner	être victorieux, ≠ perdre
*apparaître	se montrer, se présenter
*une façon	une méthode
*un endroit	un lieu
*une partie	un jeu, un match
quant à	en ce qui concerne
*à travers	au milieu de, entre, parmi
peigner	*On se peigne les cheveux devant le miroir.*
la colle	une substance gluante
lacer	*Pour mettre les patins il faut bien les lacer.*
*le patin	ce qu'on porte aux pieds pour jouer au hockey

le ruban gommé

le bâton

découper

Le garçon découpe les photos des joueurs de hockey.

à son sujet — sur lui

*la glace — la surface de la patinoire sur laquelle on joue au hockey

le sifflet

l'arbitre

s'élancer — *ici*: sauter

le disque

le caoutchouc — *Les pneus sont fabriqués de caoutchouc.*

arracher — saisir violemment

Une Abominable Feuille d'érable° sur la glace

Les hivers de mon enfance étaient des saisons longues, longues. Nous vivions en trois lieux: l'école, l'église et la patinoire; mais la vraie vie était sur la patinoire. Les vrais combats se gagnaient° sur la patinoire. La vraie force apparaissait° sur la patinoire. Les vrais chefs se manifestaient sur la patinoire. L'école était une sorte de punition. Les
5 parents ont toujours envie de punir les enfants et l'école était leur façon° la plus naturelle de nous punir. De plus, l'école était un endroit° tranquille où l'on pouvait préparer les prochaines parties° de hockey, dessiner les prochaines stratégies. Quant à° l'église, nous trouvions là le repos de Dieu: on y oubliait l'école et l'on rêvait à la prochaine partie de hockey. A travers° nos rêveries, il nous arrivait de réciter une prière: c'était pour
10 demander à Dieu de nous aider à jouer aussi bien que Maurice Richard.

Tous, nous portions le même costume que lui, ce costume rouge, blanc, bleu des Canadiens de Montréal, la meilleure équipe de hockey au monde; tous, nous peignions° nos cheveux à la manière de Maurice Richard et, pour les tenir en place, nous utilisions une sorte de colle,° beaucoup de colle. Nous lacions° nos patins° à la manière de Maurice
15 Richard, nous mettions le ruban gommé° sur nos bâtons° à la manière de Maurice Richard. Nous découpions° dans les journaux toutes ses photographies. Vraiment nous savions tout à son sujet.°

Sur la glace,° au coup de sifflet° de l'arbitre° les deux équipes s'élançaient° sur le disque° de caoutchouc;° nous étions cinq Maurice Richard contre cinq autres Maurice
20 Richard à qui nous arrachions° le disque; nous étions dix joueurs qui portions, avec le

brûlant	*ici*: extrême, exagéré, en feu
arborer	porter
étroit	petit
faire passer pour	donner l'impression d'être
feuilleter	tourner et lire rapidement les pages d'un livre, d'un magazine, etc.
*fier, fière	*ici*: digne, qui a le sens de l'honneur: *Il n'admet pas qu'il n'a plus d'argent. Il est bien trop fier.*
la dernière mode	le style le plus récent
les formules (*f.*) de commande	les feuilles sur lesquelles on indique quels articles du catalogue on veut acheter
*d'habitude	normalement
*une institutrice	une personne qui enseigne aux enfants, une enseignante à l'école primaire
avoir l'amabilité de	une formule de politesse; *l'amabilité =* la gentillesse
*maigre	≠ gros
un piastre	une expression populaire pour le dollar canadien
l'emballage (*m.*)	l'action d'envelopper quelque chose; le papier qu'on met autour de ce qu'on achète
au lieu de	à la place de
le devant	≠ le dos de la chemise
terrasser	battre, perdre
*essayer	*ici*: *mettre* un vêtement
se faire une idée	se décider
*loin	≠ près
enfoncer	forcer, planter
enfiler	*mettre* un vêtement
la manche	*Un chandail a deux manches.*

même brûlant° enthousiasme, l'uniforme des Canadiens de Montréal. Tous nous arborions° au dos le très célèbre numéro 9.

Un jour, mon chandail des Canadiens de Montréal était devenu trop étroit;° puis il était déchiré ici et là, troué. Ma mère m'a dit: «Avec ce vieux chandail, tu vas nous faire
5 passer pour° pauvres!» Elle a fait ce qu'elle faisait chaque fois que nous avions besoin de vêtements. Elle a commencé de feuilleter° le catalogue que la compagnie Eaton[1] nous envoyait par la poste chaque année. Ma mère était fière.° Elle n'a jamais voulu nous habiller au magasin général; seule pouvait nous convenir la dernière mode° du catalogue Eaton. Ma mère n'aimait pas les formules de commande° incluses dans le catalogue; elles
10 étaient écrites en anglais et elle n'y comprenait rien. Pour commander mon chandail de hockey, elle a fait ce qu'elle faisait d'habitude;° elle a pris son papier à lettres et elle a écrit de sa douce calligraphie d'institutrice:° «Cher Monsieur Eaton, auriez-vous l'amabilité de° m'envoyer un chandail de hockey des Canadiens pour mon garçon qui a dix ans et qui est un peu trop grand pour son âge, et que le docteur Robitaille trouve un
15 peu trop maigre?° Je vous envoie trois piastres° et retournez-moi le reste s'il en reste. J'espère que votre emballage° va être mieux fait que la dernière fois.»

Monsieur Eaton a répondu rapidement à la lettre de ma mère. Deux semaines plus tard, nous avons reçu le chandail. Ce jour-là, j'ai eu l'une des plus grandes déceptions de ma vie! Je puis dire que j'ai, ce jour-là, connu une très grande tristesse. Au lieu du°
20 chandail bleu, blanc, rouge des Canadiens de Montréal, M. Eaton nous avait envoyé un chandail bleu et blanc, avec la feuille d'érable au devant,° le chandail des Maple Leafs de Toronto. J'avais toujours porté le chandail bleu, blanc, rouge des Canadiens de Montréal; tous mes amis portaient le chandail bleu, blanc, rouge; jamais, dans mon village, quelqu'un n'avait porté le chandail de Toronto, jamais on n'y avait vu un chandail des
25 Maple Leafs de Toronto. De plus, l'équipe de Toronto se faisait terrasser° régulièrement par les triomphants Canadiens. Les larmes aux yeux, j'ai trouvé assez de force pour dire:

—J'porterai jamais[2] cet uniforme-là.

—Mon garçon, tu vas d'abord l'essayer!° Si tu te fais une idée°sur les choses avant de les essayer, mon garçon, tu n'iras pas loin° dans la vie.
30 Ma mère m'avait enfoncé° sur les épaules le chandail bleu et blanc des Maple Leafs de Toronto et, déjà, j'avais les bras enfilés° dans les manches.° Elle a tiré le chandail sur

[1]La compagnie Eaton est une grande compagnie à Toronto où l'on peut faire ses achats par catalogue.

[2]Souvent le *ne* d'une négation est supprimé dans la conversation.

aplatir	rendre plat
le pli 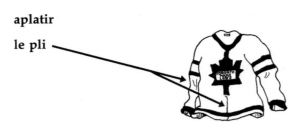	marque qui reste où on a plié quelque chose: *Pour faire un avion avec une feuille de papier, il faut faire beaucoup de plis.*
un soupir	une expiration d'air de la bouche qui montre ici la résignation
désespéré	sans espoir
le poste	la position
prévenir	dire, informer
plutôt	de préférence
peser	être lourd
saigner	perdre du sang
infliger	donner, imposer
*C'en était trop!	C'était assez! C'était insupportable!
se briser	se casser
soulager	calmer
se pencher	s'incliner
se relever	≠ se pencher
le vicaire	un prêtre
faire la loi à quelqu'un	dicter la conduite de quelqu'un, commander quelqu'un
se mettre en colère	se fâcher
se rendre	*ici*: aller
les mites (*f.*)	les petits insectes ailés qui font des trous dans les chandails

moi et s'est appliquée à aplatir° tous les plis° de cette abominable feuille d'érable sur laquelle, en pleine poitrine, étaient écrits les mots Toronto Maple Leafs. Je pleurais.

—J'pourrai jamais porter ça.

—Pourquoi? Ce chandail-là te va bien... Comme un gant...

5 —Maurice Richard se mettrait jamais ça sur le dos...

—T'es pas Maurice Richard. Puis, c'est pas ce qu'on se met sur le dos qui compte, c'est ce qu'on se met dans la tête...

—Vous me mettrez pas dans la tête de porter le chandail des Maple Leafs de Toronto.

10 Ma mère a eu un gros soupir° désespéré° et elle m'a expliqué:

—Si tu gardes pas ce chandail qui te fait bien, il va falloir que j'écrive à M. Eaton pour lui expliquer que tu veux pas porter le chandail de Toronto. M. Eaton, c'est un Anglais; il va être insulté parce que lui, il aime les Maple Leafs de Toronto. S'il est insulté, penses-tu qu'il va nous répondre très vite? Le printemps va arriver et tu auras

15 pas joué une seule partie parce que tu auras pas voulu porter le beau chandail bleu que tu as sur le dos.

J'ai dû donc porter le chandail des Maple Leafs. Quand je suis arrivé à la patinoire avec ce chandail, tous les Maurice Richard en bleu, blanc, rouge se sont approchés un à un pour regarder ça. Au coup de sifflet de l'arbitre, je suis parti prendre mon poste°

20 habituel. Le chef d'équipe est venu me prévenir° que je ferais plutôt° partie de la deuxième ligne d'attaque. Quelques minutes plus tard, la deuxième ligne a été appelée; j'ai sauté sur la glace. Le chandail des Maple Leafs pesait° sur mes épaules comme une montagne. Le chef d'équipe est venu me dire d'attendre; il aurait besoin de moi à la défense, plus tard. A la troisième période, je n'avais pas encore joué; un des joueurs de

25 défense a reçu un coup de bâton sur le nez, il saignait;° j'ai sauté sur la glace; mon heure était venue! L'arbitre a sifflé; il m'a infligé° une punition. Il prétendait que j'avais sauté sur la glace quand il y avait encore cinq joueurs. C'en était trop!° C'était trop injuste!

C'est de la persécution! C'est à cause de mon chandail bleu! J'ai frappé mon bâton sur la glace si fort qu'il s'est brisé.° Soulagé,° je me suis penché° pour ramasser les débris.

30 Me relevant,° j'ai vu le jeune vicaire,° en patins, devant moi:

—Mon enfant, ce n'est pas parce que tu as un petit chandail neuf des Maple Leafs de Toronto, au contraire des autres, que tu vas nous faire la loi.° Un bon jeune homme ne se met pas en colère.° Enlève tes patins et va à l'église demander pardon à Dieu.

Avec mon chandail des Maple Leafs de Toronto, je me suis rendu° à l'église, j'ai prié

35 Dieu; je lui ai demandé qu'il envoie au plus vite des mites° qui viendraient dévorer mon chandail des Maple Leafs de Toronto.

Roche Carrier
Les Enfants du bonhomme dans la lune,
Montréal, Alain Stanké Itée, 1979, pp. 77–81

QUESTIONNAIRE

Répondez oralement aux questions suivantes en faisant des phrases complètes.

1. Comment étaient les hivers de l'enfance de Gilles?
2. Où vivait-il avec ses amis?
3. Lequel des trois lieux préféraient-ils?
4. Selon les enfants, pourquoi les parents les envoyaient-ils à l'école?
5. Que faisaient les jeunes à l'église?
6. Quelle prière récitaient-ils?
7. Quel costume les jeunes portaient-ils?
8. A qui ressemblaient-ils tous et comment?
9. Que faisaient-ils sur la glace?
10. Qu'est-ce qui est arrivé au chandail de Gilles?
11. Comment la mère de Gilles préférait-elle acheter les vêtements?
12. Pourquoi la mère ne comprenait-elle pas les formules de commande?
13. Qu'est-ce qu'elle a fait pour commander le nouveau chandail?
14. Comment est-ce qu'elle décrit son fils à M. Eaton?
15. De quoi est-ce qu'elle se plaint?
16. Qu'est-ce qu'ils ont reçu deux semaines plus tard?
17. Quelle a été la réaction de Gilles quand il a ouvert le paquet?
18. Gilles aimait-il son chandail?
19. Qu'est-ce qui arrivait généralement quand les Canadiens jouaient contre les Maple Leafs?
20. Comment Gilles a-t-il réagi à cette insulte?
21. Quel conseil sa mère lui a-t-elle donné?
22. Comment sa mère trouvait-elle le chandail?
24. Pourquoi Gilles a-t-il refusé de porter le chandail?
25. D'après la mère, qu'est-ce qui est plus important que les vêtements?
26. D'après la mère, pourquoi fallait-il garder le chandail?
27. Quelle va être la réaction de M. Eaton si Gilles ne porte pas le chandail?
28. Comment les autres joueurs ont-ils réagi quand Gilles est arrivé à la patinoire avec le chandail des Maples Leafs?
29. Qu'est-ce que le chef d'équipe a fait?
30. Qu'est-ce que Gilles a fait quand la deuxième ligne d'attaque a été appelée?
31. Comment le chef d'équipe a-t-il réagi?
32. Pourquoi Gilles a-t-il enfin sauté sur la glace à la troisième période?
33. Pourquoi l'arbitre a-t-il sifflé?
34. Quelle a été la réaction de Gilles? Qu'est-ce que Gilles a dit?
35. Qui s'est approché de Gilles?
36. Quel conseil le vicaire a-t-il donné à Gilles et où l'a-t-il envoyé?
37. Pour quoi Gilles a-t-il prié?

LE CANADA FRANCOPHONE

L'Océan
Arctique

L'ALASKA

LE
YUKON

LES TERRITOIRES
DU NORD - OUEST

La Baie
d'Hudson

L'Océan
Atlantique

LE LABRADOR

TERRE-NEUVE

LA COLOMBIE
BRITANNIQUE

L'ALBERTA

LE
MANITOBA

LE QUÉBEC

St-Pierre-et-Miquelon

L'Île du Prince-Édouard

QUÉBEC ●

L'Océan
Pacifique

LE
SASKATCHEWAN

L'ONTARIO

MONTRÉAL ●

La Nouvelle-Écosse

Le Nouveau-Brunswick

OTTAWA

● TORONTO

LES ÉTATS-UNIS

*un bûcheron	une personne qui fait tomber les arbres dans la forêt
se hâter	se dépêcher
effleurer	toucher légèrement
la demeure	la maison
la hache	

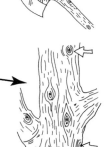

le tronc	
noueux, noueuse	qui a beaucoup de nœuds
*le sentier	le chemin
*maladroit(e)	*ici*: sinueux; ≠ tout droit
boueux, boueuse	plein de boue; *La boue c'est le mélange, de la terre et de l'eau.*
jadis	dans le passé; autrefois
retentir	prolonger un son par des résonances; résonner
le courroux	la colère
*crier	parler à très haute voix
*hurler	= crier
ainsi que	comme
repu de	plein de
*l'ombre	la zone sombre, obscure, sans lumière; *à l'ombre* ≠ au soleil
le linceul	la toile dans laquelle on enveloppe une personne morte
*le voile	l'étoffe qui cache le visage; *ici*: son emploi symbolise la mort

*tandis que	marque la simultanéité et l'opposition
crispé	convulsé, raide
s'entasser	s'accumuler

Conseils à un bûcheron°

Bûcheron, hâte-toi,° voici venir la nuit.
Tu ne la vois donc pas qui s'avance sans bruit?
Elle pose partout son pied lourd, elle effleure°
Les champs, les monts, les bois. Regagne ta demeure.°
5   Laisse tomber la hache° au pied des troncs° noueux,°
Et reprends le sentier° maladroit° et boueux.°
Hâte-toi; tu le sais, l'heure est rapide et brève.
Et puis, ne vois-tu pas comme le vent s'élève?
La neige te prendra sous son pâle manteau.
10 Tu te perdras. Les pins marqués de ton couteau
Et grâce auxquels, jadis,° tu retrouvais ta route,
Ne sont plus là. Le vent devient sinistre. Ecoute,
Ecoute retentir° son horrible courroux.°
Il crie,° il hurle° ainsi qu'°une bande de loups.
15 Hâte-toi, car la nuit est féroce et brutale,
Si son appel est doux sa caresse est fatale.
Tu mourras dans ses bras, repu d'°angoisse, et seul,
Et l'ombre° deviendra ton lugubre linceul.°
Elle prendra ton corps dans ses immenses voiles,°
20 Tandis qu'°autour de toi trembleront les étoiles.
On te retrouvera demain, crispé,° sans voix,
Et les journaux diront: «Trouvé mort dans les bois»...
Bûcheron, hâte-toi. La neige en avalanches
S'entasse.° Crains la nuit dont les ombres sont blanches.

auprès de	tout près de
ramper	progresser comme un serpent
un rayon	*Il étudie avec un seul rayon de lumière qui tombe de la lampe.*
le gîte	la petite maison
la bûche	un gros morceau de bois qu'on met dans la cheminée
un éclair	*ici:* la lumière de la cheminée reflétée sur les murs
bouillir	*L'eau bout à 100 degrés celsius.*
une nappe	*On couvre la table avec une nappe.*
un tison	le reste d'un morceau de bois, d'une bûche, dont une partie a brulé
un chaudron	une grande casserole
le bas	≠ le haut
se consumer	se dissiper, disparaître peu à peu

Ta femme et tes enfants t'espèrent sous ton toit;
Songe comme il fait chaud, comme il fait bon chez toi.
C'est l'heure où la tourmente auprès des° maisons rampe.°
Une fidèle main vient d'allumer la lampe;
5   Sous ses rayons° ton gîte° est devenu plus sûr.
La bûche° chante et met des éclairs° sur le mur.
La soupe bout° et l'on a recouvert la table
D'une robuste nappe° en toile véritable.
Un doigt de feu conduit la danse des tisons,°
10 Et la flamme amoureuse embrasse les chaudrons.°
Hâte-toi! Dans le bas° du ciel qui se consume°
Vois ta lampe qui brille et ta maison qui fume!...

Blanche Lamontagne-Beauregard
Dans la brousse,
Montréal, Editions du Devoir, 1935, pp. 94–95

QUESTIONNAIRE

Répondez oralement aux questions suivantes en faisant des phrases complètes.

1. A quel moment de la journée commence le poème?
2. Que fait la nuit?
3. Qu'est-ce que l'auteur conseille au bûcheron?
4. Comment sont les arbres?
5. Comment est le sentier?
6. Que fait le vent?
7. Que fera la neige?
8. Que faisaient les pins autrefois?
9. Comment le vent ressemble-t-il aux loups?
10. Comment la nuit est-elle devenue?
11. Qu'est-ce qui arrivera au bûcheron s'il ne retrouve pas sa route?
12. Quel rôle jouera l'ombre pour son corps?
13. Que font la femme et les enfants du bûcheron?
14. Quelle ambiance y a-t-il chez le bûcheron?
15. Qu'est-ce qu'on voit dans la cheminée?
16. Que fait la soupe?
17. De quoi la table est-elle recouverte?
18. Que symbolisent la lumière et la fumée?

Expressions supplémentaires

Les Cinq Sens

le nom		*le verbe*
la vue		voir
l'ouïe (*f.*)		entendre
l'odorat (*m.*)		sentir
le goût		goûter
le toucher		toucher

aveugle   qui ne voit pas
sourd   qui n'entend pas
muet   qui ne parle pas

Expressions avec *prendre*

prendre soin de

prendre des places

prendre congé de quelqu'un

Le médecin prend soin du malade.

J'ai pris des places pour la représentation de «Macbeth» à la comédie ce soir.

prendre un congé   prendre de courtes vacances

prendre des vacances
(passer les vacances)

L'été dernier, j'ai pris mes grandes vacances sur la Côte d'Azur.

prendre la retraite

Mon grand-père a 65 ans. Il vient de prendre sa retraite.

prendre une photo

prendre le déjeuner

prendre de la glace

prendre un coca

prendre une bière

prendre un citron pressé

prendre un jus d'orange

se prendre pour

s'imaginer: *Il se prend pour un génie.*

La Lettre

Dans tous les pays la politesse exige certaines formules dans la correspondance. La France n'est pas une exception. Les nuances d'amitié et de respect sont souvent subtiles et difficiles à connaître.

Voici quelques-unes des formules les plus utiles:

Pour commencer une lettre   *Pour terminer une lettre*

Chéri(e)   *très intime*   je t'embrasse tendrement
Cher Dominique   grosses bises
Chère Eva   bien à toi
Cher(s) ami(s)   affectueusement
Cher collègue   amitiés
Cher Monsieur Eaton   amicalement, bien cordialement
Cher monsieur   (une formule de politesse)
Monsieur
Monsieur le Directeur; Messieurs   *très cérémonieux*   (une formule de politesse)

Formules de politesse pour terminer une lettre

Je vous prie,	{ cher Monsieur, chère Madame, },	d'agréer	l'expression de	{ mes sentiments (les plus) amicaux

Je vous prie, { cher Monsieur, chère Madame, }, d'agréer l'expression de { mes sentiments (les plus) amicaux
Veuillez,   Monsieur le maire,   agréer   mes sentiments (les plus) cordiaux
                                                                      mes sentiments (les plus) distingués
                                                                      ma considération (la plus) distinguée
                                                                      ma considération (la plus) respectueuse

Vocabulaire de la lettre

l'enveloppe   écrire à la machine
l'adresse   envoyer
un timbre de 2, 80 F   expédier
l'expéditeur   mettre à la poste
le destinataire   le facteur apporte le courrier
le papier à lettres   le paquet, le colis
la papeterie   la levée du courrier
                               la boîte aux lettres

Exercices de vérification

1 *Expliquez ce que fait le garçon dans chaque dessin en employant le vocabulaire ci-dessus:*

1.

2.

3.

4.

5.

2 *Pour qui Nicolas se prend-il?*

1.

2.

3.

4.

5.

PRONONCIATION

Quatre paires de consonnes

*Répétez les mots deux par deux (e.g.: **pied-billet; poids-bois**, etc.):*

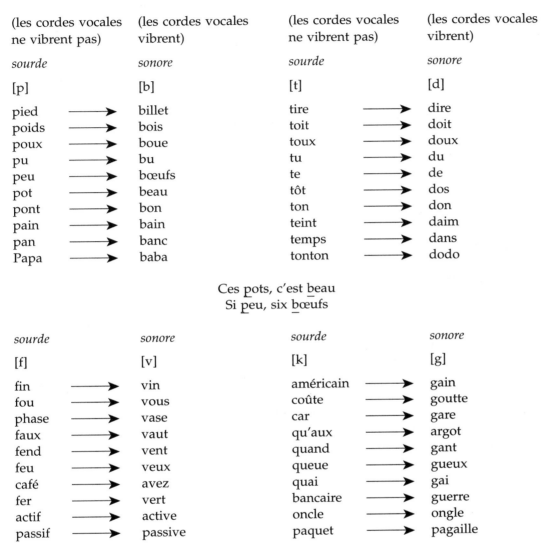

(les cordes vocales ne vibrent pas)	(les cordes vocales vibrent)	(les cordes vocales ne vibrent pas)	(les cordes vocales vibrent)
sourde	*sonore*	*sourde*	*sonore*
[p]	[b]	[t]	[d]
pied →	billet	tire →	dire
poids →	bois	toit →	doit
poux →	boue	toux →	doux
pu →	bu	tu →	du
peu →	bœufs	te →	de
pot →	beau	tôt →	dos
pont →	bon	ton →	don
pain →	bain	teint →	daim
pan →	banc	temps →	dans
Papa →	baba	tonton →	dodo

Ces pots, c'est beau
Si peu, six bœufs

sourde	*sonore*	*sourde*	*sonore*
[f]	[v]	[k]	[g]
fin →	vin	américain →	gain
fou →	vous	coûte →	goutte
phase →	vase	car →	gare
faux →	vaut	qu'aux →	argot
fend →	vent	quand →	gant
feu →	veux	queue →	gueux
café →	avez	quai →	gai
fer →	vert	bancaire →	guerre
actif →	active	oncle →	ongle
passif →	passive	paquet →	pagaille

Pas de café à la cave, du vin!

Quelques verbes irréguliers

prendre (apprendre, comprendre)

je	prends	nous	prenons
tu	prends	vous	prenez
il elle	prend	ils elles	prennent

futur: je prendrai
passé composé: j'ai pris
imparfait: je prenais

écrire (décrire)

j'	écris	nous	écrivons
tu	écris	vous	écrivez
il elle	écrit	ils elles	écrivent

futur: j'écrirai
passé composé: j'ai écrit
imparfait: j'écrivais

devoir

je	dois	nous	devons
tu	dois	vous	devez
il elle }	doit	ils elles }	doivent

futur: je devrai
passé composé: j'ai dû
imparfait: je devais

recevoir

je	reçois	nous	recevons
tu	reçois	vous	recevez
il elle }	reçoit	ils elles }	reçoivent

futur: je recevrai
passé composé: j'ai reçu
imparfait: je recevais

envoyer

j'	envoie	nous	envoyons
tu	envoies	vous	envoyez
il elle }	envoie	ils elles }	envoient

futur: j'enverrai
passé composé: j'ai envoyé
imparfait: j'envoyais

Exercice d'entraînement

Mettez les verbes entre parenthèses à la forme qui convient:

1. Nous (prendre) _____ toujours le petit déjeuner à sept heures du matin.
2. Il (recevoir) _____ plusieurs beaux cadeaux pour son seizième anniversaire.
3. Qu'est-ce que tu (écrire) _____ à tes parents pour expliquer nos projets?
4. Je (devoir) _____ partir mais je ne voulais pas quitter mes amis.
5. Tu (devoir) _____ dire merci avant de partir.
6. Je (prendre) _____ volontiers de la glace à la vanille avec un verre d'eau fraîche.
7. Ils vous (prendre) _____ pour un idiot quand vous parlez comme ça.
8. Ils le regrettent mais ils (devoir) _____ partir tout de suite.
9. Est-ce que tu (comprendre) _____ la leçon? Moi, je l'ai trouvée difficile.
10. Mes parents (recevoir) _____ toujours leurs amis le samedi soir.

STRUCTURES

I. Le Conditionnel présent

Formation:

Pour former le conditionnel présent, on prend le radical (la base) du futur et on ajoute les terminaisons de l'imparfait.

porter

je	porter **ais**	nous	porter **ions**
tu	porter **ais**	vous	porter **iez**
il elle }	porter **ait**	ils elles }	porter **aient**

finir

je	finir **ais**	nous	finir **ions**
tu	finir **ais**	vous	finir **iez**
il elle }	finir **ait**	ils elles }	finir **aient**

vendre

je	vendr **ais**	nous	vendr **ions**
tu	vendr **ais**	vous	vendr **iez**
il elle }	vendr **ait**	ils elles }	vendr **aient**

Les verbes irréguliers gardent toujours l'irrégularité du radical mais les terminaisons sont régulières.

Exemples:

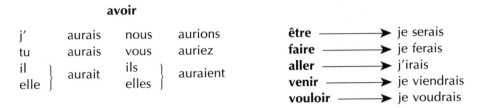

avoir

j'	aurais	nous	aurions
tu	aurais	vous	auriez
il elle }	aurait	ils elles }	auraient

être ⟶ je serais
faire ⟶ je ferais
aller ⟶ j'irais
venir ⟶ je viendrais
vouloir ⟶ je voudrais

Exercice d'entraînement

Mettez au conditionnel présent:

1. je veux
2. elle doit
3. nous choisissons
4. ils entendent
5. il achète
6. vous pouvez
7. il est
8. ils prennent
9. elle sait
10. je mets
11. je pars
12. il meurt
13. elle croit
14. nous buvons
15. il dort

Emploi:

Le conditionnel présent s'emploie:

1. comme formule de politesse surtout avec les verbes **vouloir, aimer** et **pouvoir**.

> Je voudrais deux tasses de thé, s'il vous plaît.
> Oui, j'aimerais bien t'accompagner au cinéma.
> Pourriez-vous me passer le pain, s'il vous plaît?

2. comme résultat d'une condition introduite par **si** + *l'imparfait*. Le verbe à l'imparfait représente une hypothèse au présent qui n'est pas vraie.

Condition	Résultat
Je ne suis pas riche mais **si** j'**étais** riche,	j'**achèterais** une voiture.
Je n'ai pas de voiture mais **si** j'**avais** une voiture,	je **ferais** un voyage.
Je ne fais pas de voyage mais **si** je **faisais** un voyage,	j'**irais** à Paris.

Remarquez: Après **si**, qui exprime une condition, le verbe ne se met *jamais* au conditionnel.

Exercice d'entraînement

Mettez les verbes entre parenthèses aux temps qui conviennent:

1. Si vous étiez à Paris, que (faire) _feriez_ -vous?
2. Je prendrais un coca si j'(avoir) _aurais_ soif.
3. Je (ne pas pouvoir) _ne pourrai pas_ faire du ski aujourd'hui s'il (ne pas y avoir) _n'y a pas_ de neige.
4. Je (vouloir) _voudrais_ vous parler, monsieur.
5. S'il était plus grand, il (ne pas avoir) _n'aurait pas_ peur.
6. Quand j'avais quinze ans, je (savoir) _savais_ déjà conduire.
7. Je pourrais vous comprendre si vous (parler) _parliez_ plus lentement.
8. Si j'avais assez d'argent, j'(aller) _irais_ au théâtre ce soir.
9. Pauvre Sophie! Elle a l'air triste. Si je (être) _étais_ à sa place, je (être) _serais_ bien malheureuse moi aussi.
10. Il n'a pas de bons résultats. Il (réussir) _réussira_ s'il (préparer) _prépare_ mieux son travail.
11. Quand le réveil a sonné, je (déjà se réveiller) _m'étais déjà réveillé_
12. C'est dommage! S'il (faire) _faisait_ beau, nous (aller) _irions_ à la plage.
13. (Pouvoir) _Pourriez_ -vous mettre cette lettre à la poste?
14. Quand nous (avoir) _aurons_ le temps, nous verrons ce film.
15. Si je (croire) _crois_ toujours ce que (dire) _dit_ la météo, je (ne jamais sortir) _ne sortirai jamais._

II. Le Conditionnel passé

Formation:

Pour former le conditionnel passé, on met le conditionnel présent du verbe auxiliaire (**avoir** ou **être** selon le cas) avant le participe passé. Les formes négative et interrogative et les règles pour l'accord du participe passé sont les mêmes que pour le passé composé.

J'aurais compris.	Tu les aurais connus.
Elle serait venue.	Je ne la lui aurais pas donnée.
Ils se seraient levés.	Les auraient-ils achetés?

Exercice d'entraînement

Mettez au conditionnel passé:

1. je reçois
2. elle choisit
3. il va
4. nous descendons
5. je la vois
6. vous ne lisez pas
7. tu dois
8. nous écrivons
9. ils partent
10. nous les prenons
11. elle arrive
12. je ne les achète pas
13. ils se dépêchent
14. il est
15. je m'ennuie

Emploi:

Le conditionnel passé s'emploie:

1. comme forme de politesse au passé, indiquant souvent un regret.

> Gilles aurait préféré un nouveau chandail des Canadiens.
> J'aurais bien aimé vous voir avant votre départ.
> Il aurait pu venir mais nous n'étions pas là.
> Nous aurions voulu vous accompagner mais nous étions en retard.

2. comme résultat d'une condition introduite par **si** + *le plus-que-parfait*. Le verbe au plus-que-parfait représente une hypothèse qui ne s'est jamais réalisée.

Condition	Résultat
Je n'ai pas travaillé mais **si** j'**avais travaillé,**	j'**aurais réussi.**
Je n'avais pas de voiture mais **si** j'**avais eu** une voiture,	j'**aurais fait** un voyage.
Je n'ai pas fait de voyage mais **si** j'**avais fait** un voyage,	je **serais allé** à Paris.

Exercice d'entraînement

Mettez les verbes entre parenthèses aux temps qui conviennent:

1. Nous ne sommes pas allés à Paris mais si nous y (aller) _____allons_____, nous (visiter) _____visiterons_____ la Sainte-Chapelle.
2. Je (préférer) _____ rester chez moi pendant les vacances dernières.
3. Si vous (envoyer) _____envoyez_____ la lettre hier, il la (recevoir) _____receverra_____ ce matin.
4. Si je lui avais menti, elle (se fâcher) _____s'aurait fâché_____ contre moi.
5. Il aurait réussi s'il (travailler) _____.
6. Je (ne pas se dépêcher) _____ si tu (ne pas me dire) _____ que j'étais en retard.
7. S'il faisait froid, je (mettre) _____ un pull.
8. Quand je (être) _____ chez moi après les vacances, je vous (téléphoner) _____.
9. Il n'est pas encore là mais il (arriver) _____ à l'heure s'il (prendre) _____ le train.
10. Il aurait été malade s'il (manger) _____ tout le gâteau.

III. Les Phrases conditionnelles

Les phrases conditionnelles se composent de trois éléments: (1) le moment, (2) l'hypothèse ou la condition et (3) le résultat.

Le Moment	La Condition	Le Résultat
le futur	**si** + le présent	l'impératif, le futur
le présent	**si** + l'imparfait	le conditionnel présent
le passé	**si** + le plus-que-parfait	le conditionnel passé

Le Moment	La Condition	Le Résultat	La Réalité
Demain,	si vous avez le temps,	allez au cinéma.	
	si j'ai le temps,	j'irai au cinéma.	?
Aujourd'hui,	si j'avais le temps,	j'irais au cinéma.	Je n'y vais pas parce que je n'ai pas le temps.
Hier,	si j'avais eu le temps,	je serais allé au cinéma.	Je n'y suis pas allé parce que je n'avais pas le temps.

Remarquez: (a) Le résultat dans toutes ces phrases conditionnelles est incertain ou contraire à la realité.

(b) Cette organisation des temps est plus ou moins catégorique.

(c) Une phrase conditionnelle peut commencer par le résultat aussi bien que par la condition.

> Nous sortirons s'il fait beau.
> Je serais allé au musée si j'avais eu le temps.

(d) Il existe une phrase conditionnelle exceptionnelle. Si l'on exprime *une généralisation*, les deux parties de la phrase sont au même temps.

> *présent:* Si on est malade on va chez le médecin.
> *passé:* L'année dernière, si je travaillais sérieusement, je réussissais.

Exercice d'entraînement

Mettez les verbes entre parenthèses aux temps qui conviennent:

1. Si Eva (ne pas recevoir) _____ de l'encre et du papier pour son anniversaire, (écrire) _____-elle _____ des lettres?
2. Dans cette école, si un élève copie le devoir d'un autre élève, on le (mettre) _____ à la porte.
3. J'ai déjà un chandail des Canadiens, mais j'(aimer) _____ bien en avoir un des Maple Leafs.
4. Gilles (jouer) _____ aujourd'hui s'il (porter) _____ un chandail des Canadiens, mais il ne (avoir) _____ qu'un seul chandail: celui des Maple Leafs.
5. S'il (ne pas faire) _____ nuit est-ce que le bûcheron (regagner) _____ sa maison? Mais non, il continuerait à travailler.
6. Je n'ai pas encore reçu ta lettre. Si je la (recevoir) _____, j'y (répondre) _____.
7. Ferme la fenêtre si tu (avoir) _____ froid.
8. L'été dernier, nous (partir) _____ en voyage si nos amis français nous (inviter) _____ à leur rendre visite sur la Côte d'Azur.
9. Si tu (venir) _____ à dix heures ce matin, nous (pouvoir) _____ partir plus tôt pour aller à la plage.
10. Je (dîner) _____ si j'(avoir) _____ faim, mais je n'ai pas faim.

IV. L'Emploi du verbe *devoir*

En général, **devoir** est suivi d'un verbe à la forme infinitive et il est synonyme d'*être obligé de* ou *avoir l'intention de*, indiquant une probabilité.

Il doit travailler: Il est obligé de travailler *ou*
                     Il a l'intention de travailler.
                     (et c'est probablement ce qu'il va faire)

Il devait travailler: Il était obligé de travailler *ou*
                       Il avait l'intention de travailler.
                       (et c'est probablement ce qu'il allait faire)

Il a dû travailler: Il a été obligé de travailler
                     (et c'est probablement ce qu'il a fait)

Au conditionnel présent, **devoir** indique *un conseil* ou un jugement moral. On utilise **devoir** au conditionnel passé pour exprimer *un regret* ou un reproche. Le sens de **devoir** est alors *avoir l'obligation morale de*.

Tu devrais travailler. Ce serait une bonne idée de travailler.
Tu aurais dû travailler. Ç'aurait été une bonne idée de travailler
                          *mais tu n'as pas travaillé et je te reproche
                          de ne pas avoir travaillé.*

D'autres exemples:

Je devrais travailler mais j'ai envie de dormir.
J'aurais dû dire «merci» mais je n'ai rien dit.
Tu n'as pas dit la vérite. Tu n'aurais pas dû mentir.

Exercices d'entraînement

 *Refaites les phrases suivantes avec le verbe **devoir**:*

1. *Nous sommes obligés de* faire la vaisselle.
2. Maman *me conseille de* remercier Monsieur Eaton.
3. *J'ai été obligé de* partir.
4. *J'ai eu l'obligation morale de* lui offrir un cadeau mais je n'avais pas assez d'argent.
5. *Il avait l'intention d'*étudier à la bibliothèque.
6. *Ç'aurait été une bonne idée de* remercier tes grands-parents mais tu n'as rien dit.
7. Nous *avons été obligés de* prendre quatre billets.
8. Quand j'aurai seize ans je *serai obligé de* travailler pendant les vacances.
9. Il ne compte pas le voir mais *ce serait une bonne idée de* lui rendre visite.
10. J'ai menti. *On me reproche d'avoir menti.*

 *Faites des phrases avec les éléments suivants en employant le verbe **devoir** deux fois dans chaque phrase:*

1. Tu / travailler à la bibliothèque; / tu / ne pas aller à la plage / aujourd'hui
2. Tu / travailler à la bibliothèque; / tu / ne pas aller à la plage / hier

3. Tu / remercier ton oncle; / tu / ne pas me remercier / aujourd'hui
4. Tu / remercier ton oncle; / tu / ne pas me remercier / hier

5. Il / partir de bonne heure; / il / ne pas partir tard / aujourd'hui
6. Il / partir de bonne heure; / il / ne pas partir tard / hier

7. Je / faire des devoirs; / je / ne pas regarder la télévision / aujourd'hui
8. Je / faire des devoirs; / je / ne pas regarder la télévision / hier

9. Nous / nous réveiller de bonne heure; / nous / ne pas faire la grasse matinée / aujourd'hui
10. Nous / nous réveiller de bonne heure; / nous / ne pas faire la grasse matinée / hier

11. Ils / écouter le professeur; / ils / ne pas bavarder en classe / aujourd'hui
12. Ils / écouter le professeur; / ils / ne pas bavarder en classe / hier

Exercices de vérification

1 *Mettez les verbes entre parenthèses aux temps qui conviennent:*

1. Je (vouloir) _____ vous parler d'une affaire importante.
2. Si vous (avoir) _____ le temps, (venir) _____ me voir demain.
3. Si je (comprendre) _____ la question que tu m'as posée, je (pouvoir) _____ y répondre.
4. Nous (arriver) _____ à l'heure si nous (prendre) _____ un taxi pour aller au théâtre ce soir.
5. Je (aller) _____ plus souvent aux concerts si les professeurs (ne pas nous donner) _____ tant de devoirs.
6. Si les enfants (savoir) _____ ce que nous (savoir) _____, ils (ne pas vouloir) _____ grandir.
7. Quand je (être) _____ à Paris cet été, je vous (envoyer) _____ une carte postale.
8. Elle va passer son examen la semaine prochaine. Si elle (ne pas réussir) _____ son père (être) _____ très mécontent.
9. L'été dernier mes parents (partir) _____ pour l'Europe si ma mère (ne pas tomber) _____ malade.
10. Chaque fois qu'ils (recevoir) _____ des cadeaux de Mémé, ils (devoir) _____ la remercier.
11. Depuis combien de temps (être) _____ -vous inscrit à votre école?
12. Dominique était loin de son amie, mais s'il (être) _____ avec Eva, est-ce qu'Eva (créer) _____ce monde imaginaire?
13. S'il (faire) _____ chaud aujourd'hui, nous (passer) _____ l'après-midi à la plage, mais il fait du vent.
14. Nous (recevoir) _____ des amis l'autre soir, mais notre fille (être) _____ malade.
15. Lorsque je (savoir) _____ son numéro de téléphone, je lui (téléphoner) _____ pour l'inviter à notre soirée.

2 *Refaites les phrases suivantes avec le verbe **devoir**:*

1. Nous avons l'intention de nous réveiller de bonne heure demain matin.
2. Elle a été obligée d'emprunter les skis de son père.
3. Ce serait une bonne idée pour nous de faire un plus gros effort.
4. J'avais l'intention de t'envoyer une carte postale.
5. Ç'aurait été une bonne idée si tu avais couru un peu plus vite.
6. Il est obligé de faire la lessive une fois par semaine.
7. L'année prochaine à l'université, tu seras obligé de travailler.
8. Tu as été obligé de passer toute la journée à l'école.

3 *Examinez les modèles et faites un reproche en employant le verbe* **devoir**:

	Déclaration	*Reproche*
Modèles:	Vous avez fait cela.	Vous n'auriez pas dû faire cela.
	Vous n'avez pas fait cela.	Vous auriez dû faire cela.

1. Vous n'avez pas fait les devoirs.
2. Vous n'avez pas écrit à Eva.
3. J'ai insulté mon professeur.
4. Je n'ai pas fait attention.
5. Il ne se dépêche pas.
6. Alceste a mangé cinq tartines.
7. Tu n'as pas beaucoup travaillé.
8. Nous nous moquons de son père.
9. Il regarde toujours la télévision.
10. Vous avez menti.

1.
2.
3.
4.
5.
6.
7.
8.
9.
10.

Révision

Répondez aux questions suivantes par des phrases complètes en employant le vocabulaire et les structures de cette leçon:

1. Que prenez-vous quand vous allez au café?
2. A quel âge prend-on la retraite?
3. Quand vous prenez congé de quelqu'un, qu'est-ce que vous dites?
4. Quand prenez-vous soin de votre frère ou de votre sœur?
5. Qu'est-ce qu'un aveugle ne peut pas faire?
6. Dans quelles circonstances prenez-vous des places?
7. Que faites-vous quand vous vous approchez d'une rose pour apprécier son parfum?
8. A qui deviez-vous écrire des lettres après votre anniversaire?
9. Que met-on sur une enveloppe?
10. Où achetez-vous le papier à lettres?
11. Qu'est-ce qu'on met à la poste?
12. Où mettez-vous les lettres?
13. Qui est-ce qui apporte le courrier?
14. Comment terminez-vous une lettre à un(e) ami(e)?
15. A qui écrivez-vous une lettre cérémonieuse?
16. Si quelqu'un vous rend un service, qu'est-ce que vous lui dites?
17. Complétez: Nous pourrons sortir ce soir si...
18. Complétez: Si j'avais assez d'argent,...
19. Complétez: J'aurais été très heureux si...

Discussion et création

En employant le vocabulaire et les structures de cette leçon, répondez aux questions suivantes:

1. Choisissez des formules pour commencer et pour terminer une lettre:
   a. aux amis de vos parents
   b. au maire d'une ville
   c. à votre sœur ou à votre frère
   d. à votre professeur de français
2. Ecrivez une lettre à un(e) ami(e) dans laquelle vous expliquez un rêve.
3. Ecrivez une lettre à une grande compagnie pour commander un vêtement.
4. Ecrivez un billet doux, une lettre d'amour, à un(e) ami(e).
5. Racontez une histoire en ne faisant que des gestes et faites interpréter cette histoire par un autre élève.
6. Décrivez un achat dont vous n'étiez pas satisfait. Expliquez vos réactions face à l'article en question.
7. Faites un dessin d'une des scènes que crée Eva.
8. Complétez le fait divers dans le journal qui annonce la mort possible du bûcheron. Ce compte rendu doit commencer par: Trouvé mort dans les bois...

Huitième Leçon

Une studieuse année scolaire s'est terminée. Nicolas a remporté le prix de français, qui récompense chez lui la quantité, sinon la qualité, et il a quitté ses condisciples qui ont nom: Alceste, Rufus, Eudes, Geoffroy, Joachim, Clotaire et Agnan. Les livres et les cahiers sont rangés,° et c'est aux vacances qu'il s'agit de° penser maintenant.

    Et chez Nicolas, le choix de l'endroit° où l'on va passer ces vacances n'est pas un problème, car...

ranger (p. 223)

mettre en ordre: *Maman range les vêtements de Nicolas dans la commode*
ici: mettre de côté: *Range ton livre; on va manger.*

*il s'agit de (p. 223)

il est question de: *Dans cette histoire il s'agit des vacances de la famille de Nicolas.* (Remarquez que *il* est un sujet impersonnel.)

*l'endroit (p. 223)

lieu, place déterminée, localité: *A quel endroit veux-tu passer les vacances?—Je veux les passer au bord de la mer.*

**la plage

Les enfants jouent sur la plage.

*fâché

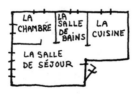

La mère est fâchée.

le Midi

le sud de la France

*louer

Les parents de Nicolas ne possèdent pas la villa. Ils la louent pour deux mois.

Plage-les-Pins

une parodie des noms de stations balnéaires

*les pièces

La chambre, la cuisine, la salle à manger sont des «pièces».

*eau courante

avec lavabo et WC

minable (*fam.*)

très médiocre

*autour de

La corde est autour de Papa et de l'arbre.

*étonné

choqué, surpris

débarrasser

Maman débarrasse la table.

**la pêche

Le monsieur est à la pêche.

C'est papa qui décide

Tous les ans, c'est-à-dire le dernier et l'autre, parce qu'avant c'est trop vieux et je ne me rappelle pas, papa et maman se disputent beaucoup pour savoir où aller en vacances, et puis maman se met à pleurer et elle dit qu'elle va aller chez sa maman, et moi je pleure aussi parce que j'aime bien mémé, mais chez elle il n'y a pas de plage,° et à la fin

5   on va où veut maman et ce n'est pas chez mémé.

Hier, après le dîner, papa nous a regardés, l'air fâché° et il a dit:

— Ecoutez-moi bien! Cette année, je ne veux pas de discussions, c'est moi qui décide! Nous irons dans le Midi.° J'ai l'adresse d'une villa à louer° à Plage-les-Pins.° Trois pièces,° eau courante,° électricité. Je ne veux rien savoir pour aller à l'hôtel et manger de

10   la nourriture minable.°

— Eh bien, mon chéri, a dit maman, ça me paraît une très bonne idée.

— Chic! j'ai dit et je me suis mis à courir autour de° la table parce que quand on est content, c'est dur de rester assis.

Papa, il a ouvert des grands yeux, comme il fait quand il est étonné,° et il a dit:

15   «Ah? Bon.»

Pendant que maman débarrassait° la table, papa est allé chercher son masque de pêche° sous-marine dans le placard.

**faire une partie de pêche

aller à la pêche

**faire la planche

Pierre fait la planche.

la nage libre

Le papa de Nicolas fait de la nage libre dans une course (le plus souvent, c'est «le crawl»).

battre des records

Papa a battu le record de deux secondes.

*s'entraîner

Papa s'entraîne pour le championnat interrégional.

la pêche sous-marine

Nicolas fait de la pêche sous-marine.

contredire

dire le contraire de ce que quelqu'un dit

*un tricot

un pull-over, ou ce qu'on est en train de tricoter (pull, chaussettes, bonnet, etc.)

ça fait des tas de jours

beaucoup de jours dans le passé, *avant* le moment actuel

un guignol

une marionnette sans fils; *ici:* un idiot

*poser une question

Le garçon pose une question à la maîtresse.

*emporter

prendre quelque chose avec soin hors d'un endroit

— Tu vas voir, Nicolas, m'a dit papa, nous allons faire des parties de pêche° terribles, tous les deux.

Moi, ça m'a fait un peu peur, parce que je ne sais pas encore très bien nager; si on me met bien sur l'eau je fais la planche,° mais papa m'a dit de ne pas m'inquiéter, qu'il allait m'apprendre à nager et qu'il avait été champion interrégional de nage libre° quand il était plus jeune, et qu'il pourrait encore battre des records° s'il avait le temps de s'entraîner.°

— Papa va m'apprendre à faire de la pêche sous-marine!° j'ai dit à maman quand elle est revenue de la cuisine.

— C'est très bien, mon chéri, m'a répondu maman, bien qu'en Méditerranée il paraît qu'il n'y a plus beaucoup de poissons. Il y a trop de pêcheurs.

— C'est pas vrai! a dit papa; mais maman lui a demandé de ne pas la contredire° devant le petit et que si elle disait ça, c'est parce qu'elle l'avait lu dans un journal; et puis elle s'est mise à son tricot,° un tricot qu'elle a commencé ça fait des tas de jours.°

— Mais alors, j'ai dit à papa, on va avoir l'air de deux guignols° sous l'eau, s'il n'y a pas de poissons!

Papa est allé remettre le masque dans le placard sans rien dire. Moi, j'étais pas tellement content: c'est vrai, chaque fois qu'on va à la pêche avec papa c'est la même chose, on ne ramène rien. Papa est revenu et puis il a pris son journal.

— Et alors, j'ai dit, des poissons pour la pêche sous-marine, il y en a où?

— Demande à ta mère, m'a répondu papa, c'est une experte.

— Il y en a dans l'Atlantique, mon chéri, m'a dit maman.

Moi, j'ai demandé si l'Atlantique c'était loin de là où nous allions, mais papa m'a dit que si j'étudiais un peu mieux à l'école, je ne poserais pas de questions° comme ça et ce n'est pas très juste, parce qu'à l'école on n'a pas de classes de pêche sous-marine; mais je n'ai rien dit, j'ai vu que papa n'avait pas trop envie de parler.

— Il faudra faire la liste des choses à emporter,° a dit maman.

un camion de
déménagement

les lainages

vêtements en laine

*la vaisselle

ébréché

Les assiettes et les tasses sont ébréchées.
(le bord est un peu cassé)

*un trou

Il y a un trou dans le tricot.

*au fond

Il y a un lapin au fond du trou.

sur place

à cet endroit-là

à prix d'or

à un prix très élevé

vilain (*fam.*)

méchant

des galets

de petites pierres rondes, polies et
arrondies par la mer: *Cette plage a des
galets et n'a pas de sable.*

— Ah! non! a crié papa. Cette année, nous n'allons pas partir déguisés en camion de déménagement.° Des slips de bain, des shorts, des vêtements simples, quelques lainages°...

— Et puis des casseroles, la cafetière électrique, la couverture rouge et un peu de
5   vaisselle,° a dit maman.

Papa, il s'est levé d'un coup, tout fâché, il a ouvert la bouche, mais il n'a pas pu parler, parce que Maman l'a fait à sa place.

— Tu sais bien, a dit maman, ce que nous ont raconté les Blédurt quand ils ont loué une villa l'année dernière. Pour toute vaisselle, il y avait trois assiettes ébréchées° et à la
10   cuisine deux petites casseroles dont une avait un trou° au fond.° Ils ont dû acheter sur place° à prix d'or° ce dont ils avaient besoin.

— Blédurt ne sait pas se débrouiller, a dit papa. Et il s'est rassis.

— Possible, a dit maman, mais si tu veux une soupe de poisson, je ne peux pas la faire dans une casserole trouée, même si on arrive à se procurer du poisson.
15   Alors, moi je me suis mis à pleurer, parce que c'est vrai ça, c'est pas drôle d'aller à une mer où il n'y a pas de poissons, alors que pas loin il y a les Atlantiques où c'en est plein. Maman a laissé son tricot, elle m'a pris dans ses bras et elle m'a dit qu'il ne fallait pas être triste à cause des vilains° poissons et que je serai bien content tous les matins quand je verrai la mer de la fenêtre de ma jolie chambre.
20   — C'est-à-dire, a expliqué papa, que la mer on ne la voit pas de la villa. Mais elle n'est pas très loin, à deux kilomètres. C'est la dernière villa qui restait à louer à Plage-les-Pins.

— Mais bien sûr, mon chéri, a dit maman. Et puis elle m'a embrassé et je suis allé jouer sur le tapis avec les deux billes que j'ai gagnées à Eudes à l'école.
25   — Et la plage, c'est des galets?° a demandé maman.

— Non, madame! Pas du tout! a crié papa tout content. C'est une plage de sable! De sable très fin! On ne trouve pas un seul galet sur cette plage!

ricocher

Nicolas fait ricocher des galets sur l'eau.

moche (*fam.*)

laid, affreux, dégoûtant, minable

*faire semblant de

La fille fait semblant de lire le manuel, mais elle lit des bandes dessinées.

*emmener

conduire *quelqu'un* d'un endroit (de chez soi) à un autre

Bains-les-Mers

une parodie des noms de stations balnéaires

se passer la main sur la figure

Le monsieur se passe la main sur la figure.

*frais, fraîche

légèrement froid(e)

— Tant mieux, a dit maman; comme ça, Nicolas ne passera pas son temps à faire ricocher° des galets sur l'eau. Depuis que tu lui as appris à faire ça, c'est une véritable passion chez lui.

Et moi j'ai recommencé à pleurer, parce que c'est vrai que c'est chouette de faire
5 ricocher des galets sur l'eau; j'arrive à les faire sauter jusqu'à quatre fois, et ce n'est pas juste, à la fin, d'aller dans cette vieille villa avec des casseroles trouées, loin de la mer, là où il n'y a ni galets ni poissons.

— Je vais chez mémé! j'ai crié, et j'ai donné un coup de pied à une des billes d'Eudes.
10 Maman m'a pris de nouveau dans ses bras et elle m'a dit de ne pas pleurer, que papa était celui qui avait le plus besoin de vacances dans la famille et que même si c'était moche° là où il voulait aller, il fallait y aller en faisant semblant d'°être contents.

— Mais, mais, mais..., a dit papa.

— Moi je veux faire des ricochets! j'ai crié.
15 — Tu en feras peut-être l'année prochaine, m'a dit maman, si papa décide de nous emmener° à Bains-les-Mers.°

— Où ça? a demandé papa, qui est resté avec la bouche ouverte.

— A Bains-les-Mers, a dit maman, en Bretagne, là où il y a l'Atlantique, beaucoup de poissons et un gentil petit hôtel qui donne sur une plage de sable et de galets.
20 — Moi je veux aller à Bains-les-Mers! j'ai crié. Moi je veux aller à Bains-les-Mers!

— Mais, mon chéri, a dit maman, il faut être raisonnable, c'est papa qui décide.

Papa s'est passé la main sur la figure,° il a poussé un gros soupir et il a dit:

— Bon, ça va! j'ai compris. Il s'appelle comment ton hôtel?

— Beau-Rivage, mon chéri, a dit maman.
25 Papa a dit que bon, qu'il allait écrire pour voir s'il restait encore des chambres.

— Ce n'est pas la peine, mon chéri, a dit maman, c'est déjà fait. Nous avons la chambre 29, face à la mer, avec salle de bains.

Et maman a demandé à papa de ne pas bouger parce qu'elle voulait voir si la longueur du pull-over qu'elle tricotait était bien. Il paraît que les nuits en Bretagne sont
30 un peu fraîches.°

Sempé/Goscinny
Les Vacances du petit Nicolas
Editions Denoël

QUESTIONNAIRE

Répondez oralement aux questions suivantes en faisant des phrases complètes:

1. Pourquoi papa et maman se disputent-ils tous les ans?
2. Que fait maman quand il y a des disputes?
3. Comment papa a-t-il regardé Nicolas et maman hier, après le dîner?

4. Qu'est-ce que papa veut?
5. Où ira la famille?
6. Qu'est-ce que papa a l'intention de faire dans le Midi?
7. Décrivez la villa qu'il veut louer.
8. Pourquoi ne veut-il pas aller à l'hôtel?
9. Qu'est-ce que maman a pensé de l'idée de papa?
10. Qu'est-ce que Nicolas a pensé de l'idée et qu'a-t-il fait?
11. Qu'a fait papa quand maman et Nicolas ont accepté sa proposition?
12. Qu'est-ce que maman a fait après le dîner?
13. Qu'est-ce que papa est allé chercher?
14. Qu'est-ce que Nicolas et son papa vont faire?
15. Pourquoi Nicolas a-t-il peur?
16. Pourquoi Nicolas ne doit-il pas s'inquiéter?
17. De quoi papa avait-il été champion?
18. Que pourrait-il encore faire s'il avait le temps?
19. Qu'est-ce que papa va apprendre à Nicolas?
20. Pourquoi n'y a-t-il plus beaucoup de poissons dans la Méditerranée, d'après maman?
21. Qu'est-ce que maman a demandé à papa de ne pas faire?
22. Qu'est-ce que maman s'est mise à faire?
23. Qu'est-ce que Nicolas a pensé de l'absence de poissons dans la Méditerranée?
24. Qu'est-ce qui arrive chaque fois que Nicolas va à la pêche avec son père?
25. Qui sait où il y a des poissons?
26. Où y a-t-il des poissons?
27. Qu'est-ce que Nicolas voulait savoir?
28. D'après papa, qu'est-ce que Nicolas devrait faire?
29. Pourquoi l'opinion de papa n'est-elle pas juste?
30. Que faudrait-il faire, d'après maman?
31. A quoi ne faut-il pas ressembler, d'après papa?
32. Qu'est-ce que papa veut emporter?
33. Qu'est-ce que maman a ajouté à la liste?
34. Comment papa a-t-il réagi quand maman lui a lu sa liste?
35. Qu'est-ce qui était arrivé aux Blédurt l'année précédente?
36. Quel commentaire papa a-t-il fait sur Blédurt?
37. Qu'est-ce que maman a l'intention de préparer comme nourriture?
38. Pourquoi Nicolas s'est-il mis à pleurer?
39. Qu'est-ce qui fera plaisir à Nicolas, d'après maman?
40. Qu'est-ce que papa a expliqué?
41. Qu'est-ce que Nicolas est allé faire?
42. A quelle sorte de plage maman croit-elle aller?
43. Quelle sorte de plage papa a-t-il choisie?
44. Qu'est-ce que Nicolas aime bien faire avec les galets?
45. Pourquoi Nicolas a-t-il recommencé à pleurer?
46. Qu'est-ce que maman a expliqué à Nicolas?
47. Quand Nicolas pourra-t-il faire ricocher des galets?
48. Où maman a-t-elle suggéré qu'ils pourraient passer les vacances?
49. Où Nicolas veut-il aller?
50. Qu'est-ce que papa a demandé à maman?
51. Qu'est-ce que maman a déjà fait?
52. Pourquoi maman fait-elle un tricot pour Papa?

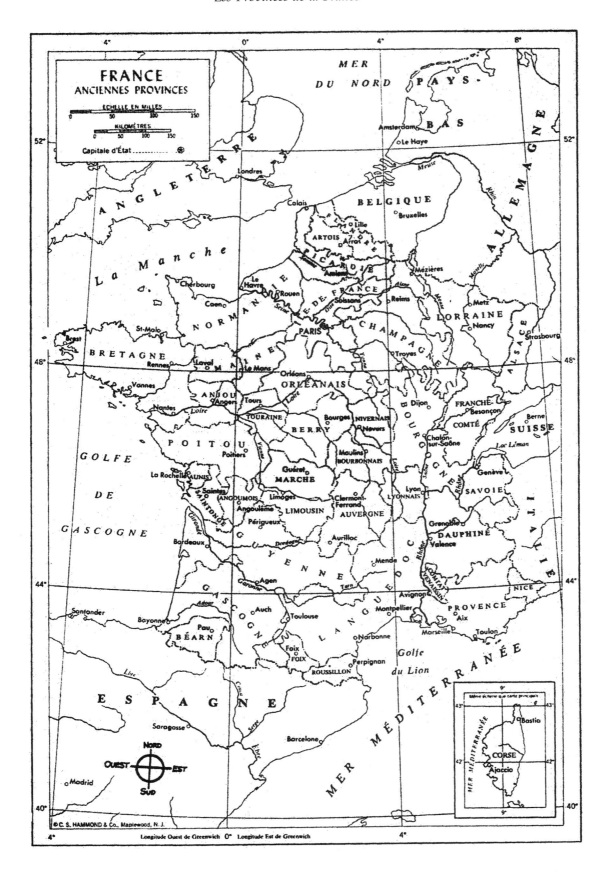

FRANCE
ANCIENNES PROVINCES

ECHELLE EN MILLES

KILOMÈTRES

Capitale d'État............⊛

Expressions supplémentaires

I. A la plage

1 la mer	**12** le coquillage	**23** les costumes de bain
2 les vagues	**13** faire du ski nautique	**24** prendre un bain de soleil
3 se baigner	**14** faire de la planche à voile	**25** l'huile solaire
4 nager	**15** le bateau	**26** les lunettes de soleil
5 plonger	**16** le phare	**27** le coup de soleil
6 se noyer	**17** la jetée	**28** le ballon
au secours!	**18** le matelas	**29** le seau
7 le maître nageur	**19** le bateau à voile	**30** la pelle
8 creuser	**20** le maillot de bain	**31** se bronzer
9 le sable	**21** le bikini	**32** la serviette (éponge)
10 un château de sable	**22** le slip	**33** le parasol
11 la mouette		

II. La Vie en plein air

la chasse

le chasseur   le fusil   le gibier
faire la chasse
chasser

| viser | | *Le chasseur vise le cerf.* |

tirer sur  *Il tire sur le cerf.*

tuer *Il a tué le cerf.*

la pêche

1	aller à la pêche	4	attraper un poisson	7	le fleuve
2	le pêcheur	5	le ruisseau	8	la canne à pêche
3	pêcher	6	la rivière	9	la truite

Le ruisseau se jette dans la rivière; la rivière se jette dans le fleuve et le fleuve se jette dans l'océan ou dans la mer.

le camping

1	faire du camping	4	le feu	7	le sac de couchage
2	le campeur	5	dresser / monter } la tente	8	la poêle
3	la tente	6	le sac à dos	9	un réchaud

III. A la montagne

1	la station de ski	7	faire de la luge	12	faire du ski alpin
2	la piste de ski	8	le saut à ski	13	faire du ski de fond
3	la pente	9	le tremplin	14	les chaussures de ski
4	les skis	10	le remonte-pente	15	la fixation
5	le skieur		(le tire-fesses)	16	les bâtons
6	le moniteur de ski	11	le téléphérique	17	la course nordique

Exercices de vérification

1 *Identifiez les objets et les actions dans chaque dessin en employant le vocabulaire qui précède et en faisant des phrases complètes:*

1.

2.

3.

4.

5.

6.

7.

8.

9.

Identifiez la province.

1.

2.

3.

4. Nommez les provinces du Midi.
5. Nommez les provinces à la frontière de l'Allemagne.
6. Où est «Plage-les-Pins»?
7. Où est «Bains-les-Mers»?

PRONONCIATION

[r]

Le **r** français se prononce en courbant le dos de la langue et en lui faisant toucher le voile du palais qu'on fait vibrer (comme si l'on crachait ou comme si l'on se gargarisait).
(Le **r** anglais ou américain se prononce au milieu de la bouche, tandis que le **r** espagnol se prononce en avant de la bouche et en faisant vibrer la pointe de la langue.)

Prononcez bien les mots suivants tirés du texte:

rouge	short	or
rien	irons	air
ramène	serai	mer
rassis	chercher	faire
rappelle	chéri	dire
remettre	paraît	sur
raisonnable	pourrait	voir
bras	poserais	alors
trois	fenêtre	ouvert
très	apprendre	soupir
trop	emporter	courir
grand	dernier	figure
gros	ébréchée	nourriture
tricot	débrouiller	pêcheur
prochain	véritable	fraîcheur
Bretagne	électricité	
	Méditerranée	

[l]

Le l français se prononce en pointant la langue et en touchant juste derrière les dents avec la pointe de la langue. (Le l français se prononce plus en arrière que le l anglais où la pointe de la langue touche les dents.)

Prononcez bien les mots suivants tirés du texte:

la	elle	il
les	aller	salle
l'eau	galet	seul
lu	il y a	sable
lui	celui	table
loin	vilain	minable
levé	voulait	possible
placé	tellement	journal
plein	semblant	vaisselle
plus	pull-over	guignol

Remarquez:

Tous les mots qui se terminent en **-ille** se prononcent [ij] sauf **mille, ville, tranquille.**

bille	[bij]
vieille	[vjɛj]
famille	[famij]
gentille	[ʒãtij]
taille	[taij]
oreille	[ɔrɛij]

[s] et [z]

S'il y a une voyelle avant et après un **s**, il se prononce [z].

chose
lisez
les ans
cuisine

Un **s** se prononce [s] quand il est:

1. doublé

adresse	assiettes
passer	discussions
poissons	

2. avec une autre consonne

        di<u>s</u>pute   discu<u>ss</u>ions
        li<u>s</u>te   ma<u>s</u>que
        tri<u>s</u>te

3. au début du mot

        <u>s</u>a   <u>s</u>ans
        <u>s</u>uis   <u>s</u>lips
        <u>s</u>ous   <u>s</u>imples
        <u>s</u>ais

Prononcez bien les mots suivants tirés du texte:

[s]		[z]
assis	rester	chose
aussi	disputent	déguisé
laisse	slips	cuisine
adresse	sa	poserais
passions	se	raisonnable
poissons	sans	les ans
embrassé	suis	nous allons
casseroles	sur	ils avaient
vaisselle	son	les amis
discussions	salle	ils ont
liste	sable	grands yeux
triste	serai	
masque	savoir	

c se prononce [s] quand il est suivi de **i** ou **e**, ou quand il a une cédille (ç).

cinq	centre	ça
cidre	cercle	annonçant
cinéma	céréale	leçon
ciment	cesser	commençons
cirque	place	avançons

Prononcez bien les mots suivants tirés du texte:

ce	face	pièces	décide
ça	place	vacances	électricité
c'est	parce que	commence	

-tion se prononce [sjɔ̃] :

condition	nation	équitation
position	natation	prononciation

[ɲ]

gn se prononce la langue touchant le palais comme le **ñ** espagnol. (Voir page 42.)

guignol	pagne
Bretagne	montagne
campagne	compagnon
Espagne	agneau

Quelques verbes irréguliers

rire (sourire)

je	ris	nous	rions
tu	ris	vous	riez
il elle	} rit	ils elles	} rient

futur:	je rirai
passé composé:	j'ai ri
imparfait:	je riais

ouvrir (couvrir, offrir)

j'	ouvre	nous	ouvrons
tu	ouvres	vous	ouvrez
il elle	} ouvre	ils elles	} ouvrent

futur:	j'ouvrirai
passé composé:	j'ai ouvert
imparfait:	j'ouvrais

suivre (poursuivre)

je	suis	nous	suivons
tu	suis	vous	suivez
il elle	} suit	ils elles	} suivent

futur:	je suivrai
passé composé:	j'ai suivi
imparfait:	je suivais

conduire (construire, détruire)

je	conduis	nous	conduisons
tu	conduis	vous	conduisez
il elle	} conduit	ils elles	} conduisent

futur:	je conduirai
passé composé:	j'ai conduit
imparfait:	je conduisais

Exercice d'entraînement

Mettez les verbes entre parenthèses à la forme qui convient:

1. Les enfants (rire) _____ quand le clown est tombé.
2. Tous les élèves (rire) _____ quand le professeur est entré dans la salle de classe.
3. Nicolas (offrir) _____ un bouquet de fleurs à sa mère pour son anniversaire l'année prochaine.
4. Nous (suivre) _____ un cours de français.
5. On (ouvrir) _____ les portes de la banque à 9 h.
6. Vous (souffrir) _____ quand le médecin vous a donné une piqûre.
7. Si j'avais seize ans, je (conduire) _____ la voiture de mon père.
8. Quand est-ce qu'on (construire) _____ la tour Eiffel?

STRUCTURES

I. Les Pronoms relatifs

Un pronom relatif se réfère à un nom et joint une proposition relative à ce nom. Toute la proposition relative sert d'adjectif, modifie et suit directement un nom qu'on appelle l'antécédent.

A. Les Pronoms relatifs simples

	Sujet	Objet direct	Complément de préposition
personnes	qui	que	qui
choses	qui	que	lequel, laquelle lesquels, lesquelles

(Pour les pronoms relatifs **qui** et **que** comme sujet et objet direct, consultez la deuxième leçon, page 52.)

⎰ *sujet:* ⎱ C'était papa **qui** avait le plus besoin de vacances.
⎱ *personne* ⎰

⎰ *sujet:* ⎱ La mère de Nicolas aime bien le petit hôtel **qui** donne sur une plage de sable
⎱ *chose* ⎰ et de galets.

⎰ *objet*
direct: ⎱ Le garçon **que** tu trouves aimable est le meilleur ami de Jacques.
⎱ *personne* ⎰

⎰ *objet*
direct: ⎱ Nicolas joue avec les billes **qu'**il a gagnées en jouant avec Eudes à l'école.
⎱ *chose* ⎰

Qui s'emploie aussi comme complément d'une préposition pour des personnes.

> Le garçon **à qui** Nicolas parle s'appelle Alceste.
> La dame **derrière qui** Jean est assis porte une robe rouge.
> Le monsieur **avec qui** tu joues au tennis est le champion du pays.
> La fille **vers qui** Jacques se dirige vient de gagner un prix.

Lequel, laquelle, lesquels ou **lesquelles** s'emploient comme compléments de préposition pour des choses.

> La raison **pour laquelle** je n'ai pas répondu à votre lettre est très compliquée.
> Les boîtes **dans lesquelles** vous avez mis les livres ont été trempées dans l'inondation.
> On a barré les chemins **par lesquels** vous êtes passé la semaine dernière.

Remarquez: **Lequel, lesquels** et **lesquelles** ont des formes composées après les prépositions
à et **de.**

à + lequel = auquel	**à + lesquel(le)s = auxquel(le)s**
de + lequel = duquel	**de + lesquel(le)s = desquel(le)s**

Le jeu **auquel** Nicolas s'intéresse se joue avec des billes.

Exercice d'entraînement

Joignez les deux phrases en employant le pronom relatif qui convient. La première phrase doit devenir la proposition principale.

1. Maman fait son tricot. Elle a commencé ce tricot il y a six mois.
2. Nous avons écouté l'histoire. M. Blédurt nous a raconté cette histoire.
3. Papa joue avec les billes. Nicolas a gagné ces billes.
4. C'est la dernière villa. Elle restait à louer à Plage-les-Pins.
5. Papa fait des projets de voyage. Il a vraiment besoin de vacances.
6. Il me semble que nous avons déjà rencontré ce jeune homme. Nos amis lui parlent.
7. Le garçon s'appelle Jacques. Françoise sort avec ce garçon.
8. Les amis viendront nous voir. Nous leur avons écrit.
9. Le sénateur critique toutes les idées du ministre des affaires étrangères. Le président lance toujours des injures à ce sénateur.
10. Agnan ne s'intéresse qu'à son jeu de chimie. Clotaire aime bien jouer chez lui.
11. Ce parc semble toujours vert. Une fontaine se trouve au milieu de ce parc.
12. L'eau de l'Atlantique est toujours froide. Nicolas aime bien plonger dans cette eau.
13. Le vieux mur va bientôt tomber. Il y a une échelle contre ce mur.
14. Le trou est profond. Le jeune garçon est tombé au fond de ce trou.
15. Le cours nous a beaucoup plu. Vous avez dormi pendant ce cours.
16. Il n'y a plus d'encre dans le stylo. Vous avez écrit avec ce stylo.
17. Le groupe de jeunes gens a parlé pendant toute la pièce. Nous nous étions installés devant ce groupe.
18. La cérémonie a duré quatre heures. Monsieur Morize a prononcé un discours au cours de cette cérémonie.

B. Dont

Dont remplace les pronoms relatifs **de qui** et **de** + une forme de **lequel (duquel, de laquelle, desquels, desquelles)**. Il s'emploie pour les personnes et les choses.

Dont s'emploie après les expressions comme **parler de, se souvenir de, être content de, avoir besoin de, avoir envie de**.

Deux Phrases	NE DITES PAS:	Une Seule Phrase DITES:
Les Blédurt ont dû acheter des casseroles. Ils avaient besoin **de ces casseroles.**	~~Les Blédurt ont dû acheter des casseroles *desquelles* ils avaient besoin.~~	Les Blédurt ont dû acheter des casseroles **dont** ils avaient besoin.
Nicolas est un garçon célèbre. Nous parlons souvent **de lui.**	~~Nicolas est un garçon célèbre *de qui* nous parlons souvent.~~	Nicolas est un garçon célèbre **dont** nous parlons souvent.

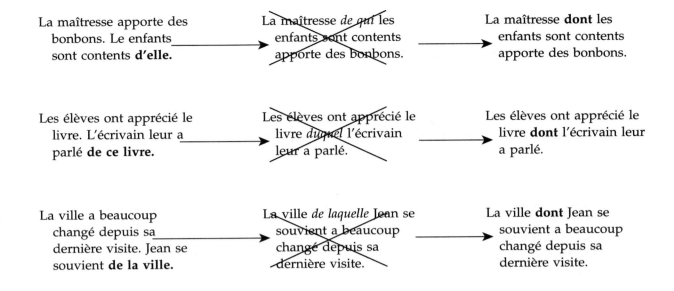

La maîtresse apporte des bonbons. Le enfants sont contents **d'elle**.	La maîtresse *de qui* les enfants sont contents apporte des bonbons.	La maîtresse **dont** les enfants sont contents apporte des bonbons.
Les élèves ont apprécié le livre. L'écrivain leur a parlé **de ce livre**.	Les élèves ont apprécié le livre *duquel* l'écrivain leur a parlé.	Les élèves ont apprécié le livre **dont** l'écrivain leur a parlé.
La ville a beaucoup changé depuis sa dernière visite. Jean se souvient **de la ville**.	La ville *de laquelle* Jean se souvient a beaucoup changé depuis sa dernière visite.	La ville **dont** Jean se souvient a beaucoup changé depuis sa dernière visite.

Dont indique aussi la possession.

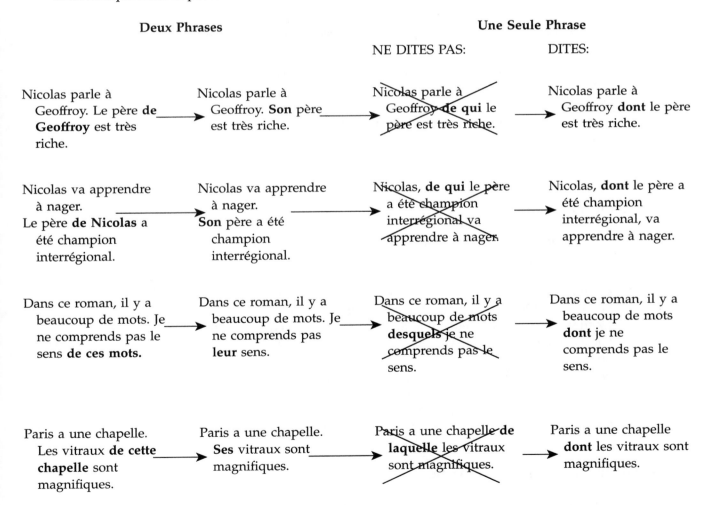

	Deux Phrases		**Une Seule Phrase**
		NE DITES PAS:	DITES:
Nicolas parle à Geoffroy. Le père de **Geoffroy** est très riche.	Nicolas parle à Geoffroy. **Son** père est très riche.	Nicolas parle à Geoffroy **de qui** le père est très riche.	Nicolas parle à Geoffroy **dont** le père est très riche.
Nicolas va apprendre à nager. Le père **de Nicolas** a été champion interrégional.	Nicolas va apprendre à nager. **Son** père a été champion interrégional.	Nicolas, **de qui** le père a été champion interrégional va apprendre à nager.	Nicolas, **dont** le père a été champion interrégional, va apprendre à nager.
Dans ce roman, il y a beaucoup de mots. Je ne comprends pas le sens **de ces mots**.	Dans ce roman, il y a beaucoup de mots. Je ne comprends pas **leur** sens.	Dans ce roman, il y a beaucoup de mots **desquels** je ne comprends pas le sens.	Dans ce roman, il y a beaucoup de mots **dont** je ne comprends pas le sens.
Paris a une chapelle. Les vitraux **de cette chapelle** sont magnifiques.	Paris a une chapelle. **Ses** vitraux sont magnifiques.	Paris a une chapelle **de laquelle** les vitraux sont magnifiques.	Paris a une chapelle **dont** les vitraux sont magnifiques.

Remarquez: Quand **dont** indique la possession, l'article possessif change en article défini.

J'ai lu le livre. **Son** titre me fascinait. ⟶ J'ai lu le livre dont **le** titre me fascinait.

Exercice d'entraînement

Joignez les deux phrases en employant le pronom relatif qui convient. La première phrase doit devenir la proposition principale:

1. Les livres ne sont pas encore arrivés à la librairie. Nous avons besoin de ces livres.
2. Pierre vient de recevoir un cadeau. Son frère a envie de ce cadeau.
3. Après toute la discussion, le père de Nicolas accepte le choix de maman. Ils sont très contents de ce choix.
4. Ce livre célèbre a été écrit par un Algérien. Nous avons entendu parler de ce livre.
5. Maman a trouvé deux casseroles. Une des casseroles avait un grand trou.
6. La mère de Nicolas a tricoté un pull-over. Son père avait besoin de ce pull-over.
7. Jacques ne s'intéresse pas à la musique. Son père est un musicien célèbre.
8. Cette fille porte toujours de jolies robes. Leurs couleurs sont vives.
9. Nous avons vu plusieurs beaux châteaux. Nous en avons pris des photos.
10. Ma grand-mère adore parler de notre voyage en Europe. Je m'en souviens.

C. Où

Où s'emploie pour remplacer une indication de lieu ou de temps (**sur lequel, dans laquelle, sous lesquelles, derrière lesquelles,** etc.) quand la précision absolue du lieu ou du temps n'est pas nécessaire.

> La mer (dans laquelle) **où** il n'y a pas de poissons est la Méditerranée.
> Le bureau (sur lequel) **où** il y a un tas de papiers et de livres n'est pas assez grand pour lui.
> Nicolas ne veut pas aller dans un endroit **où** il n'y a ni galets ni poissons.
> Le village **où** il est né se trouve à 15 kilomètres à l'ouest de Paris.
> Au moment **où** il est arrivé, nous n'étions pas là.

Exercice d'entraînement

Joignez les deux phrases en employant le pronom relatif qui convient. La première phrase doit devenir la proposition principale:

1. L'usine se trouve à 50 kilomètres de chez lui. Ce jeune homme travaille dans cette usine.
2. La France est le pays. Roland Dupont a passé toute sa jeunesse en France.
3. L'endroit a été inondé pendant le dernier orage. Le chien avait enfoui un os à cet endroit.
4. Nicolas préfère passer les vacances d'été au bord de la mer. Il y a toujours beaucoup de jeunes au bord de la mer.
5. Nous avons visité l'école. Mon père est professeur à cette école.
6. Le Louvre est le musée. La Joconde se trouve dans le musée.
7. Pourquoi veux-tu aller dans la maison hantée? Un spectre a fait peur à Nicolas dans cette maison.
8. On dit que le restaurant est le meilleur du quartier. Nous avons mangé dans le restaurant.

II. Le Subjonctif: première partie

Le subjonctif exprime une action imaginée et subordonnée à un point de vue personnel. Il s'emploie toujours dans une proposition subordonnée.

Formation:

A. Pour former le présent du subjonctif, on prend la troisième personne du pluriel de l'indicatif présent. On supprime la terminaison–**ent** et on ajoute les terminaisons suivantes:

donner: ils donn-ent

que je	donn **e**		
que tu	donn **es**		
qu'il qu'elle	} donn **e**	qu'ils qu'elles }	} donn **ent**

finir: ils finiss-ent

que je	finiss **e**		
que tu	finiss **es**		
qu'il qu'elle	} finiss **e**	qu'ils qu'elles }	} finiss **ent**

vendre: ils vend-ent

que je	vend **e**		
que tu	vend **es**		
qu'il qu'elle	} vend **e**	qu'ils qu'elles }	} vend **ent**

venir: ils vienn-ent

que je	vienn **e**		
que tu	vienn **es**		
qu'il qu'elle	} vienn **e**	qu'ils qu'elles }	} vienn **ent**

B. La première et la deuxième personnes du pluriel correspondent aux formes de l'imparfait de l'indicatif:

donner

que nous donnions
que vous donniez

finir

que nous finissions
que vous finissiez

vendre

que nous vendions
que vous vendiez

venir

que nous venions
que vous veniez

Remarquez: La formation de presque tous les verbes normalement irréguliers est régulière au subjonctif.

Infinitif	3ᵉ personne du présent	1ᵉʳᵉ personne singulier du subjonctif	1ᵉʳᵉ personne pluriel du subjonctif
boire	ils boiv-ent	que je boive	que nous buvions
conduire	ils conduis-ent	que je conduise	que nous conduisions
courir	ils cour-ent	que je coure	que nous courions
craindre	ils craign-ent	que je craigne	que nous craignions
croire	ils croi-ent	que je croie	que nous croyions
dire	ils dis-ent	que je dise	que nous disions
dormir	ils dorm-ent	que je dorme	que nous dormions
devoir	ils doiv-ent	que je doive	que nous devions
écrire	ils écriv-ent	que j'écrive	que nous écrivions
envoyer	ils envoi-ent	que j'envoie	que nous envoyions
mettre	ils mett-ent	que je mette	que nous mettions
mourir	ils meur-ent	que je meure	que nous mourions
naître	ils naiss-ent	que je naisse	que nous naissions
partir	ils part-ent	que je parte	que nous partions
prendre	ils prenn-ent	que je prenne	que nous prenions
recevoir	ils reçoiv-ent	que je reçoive	que nous recevions
rire	ils ri-ent	que je rie	que nous riions
suivre	ils suiv-ent	que je suive	que nous suivions
vivre	ils viv-ent	que je vive	que nous vivions
voir	ils voi-ent	que je voie	que nous voyions

C. Les verbes **vouloir** et **aller** sont irréguliers seulement à la première, deuxième, et troisième personnes du singulier et à la troisième personne du pluriel.

vouloir

que je	veuille	que nous	voulions
que tu	veuilles	que vous	vouliez
qu'il qu'elle	veuille	qu'ils qu'elles	veuillent

aller

que j'	aille	que nous	allions
que tu	ailles	que vous	alliez
qu'il qu'elle	aille	qu'ils qu'elles	aillent

D. Les verbes irréguliers au subjonctif sont **avoir, être, faire, pouvoir, savoir, falloir** et **valoir.**

avoir

que j'	aie	que nous	ayons
que tu	aies	que vous	ayez
qu'il qu'elle	ait	qu'ils qu'elles	aient

être

que je	sois	que nous	soyons
que tu	sois	que vous	soyez
qu'il qu'elle	soit	qu'ils qu'elles	soient

faire

que je	fasse	que nous	fassions
que tu	fasses	que vous	fassiez
qu'il qu'elle	fasse	qu'ils qu'elles	fassent

pouvoir

que je	puisse	que nous	puissions
que tu	puisses	que vous	puissiez
qu'il qu'elle	puisse	qu'ils qu'elles	puissent

savoir

que je	sache	que nous	sachions
que tu	saches	que vous	sachiez
qu'il qu'elle	sache	qu'ils qu'elles	sachent

valoir

que je	vaille	que nous	valions
que tu	vailles	que vous	valiez
qu'il qu'elle	vaille	qu'ils qu'elles	vaillent

falloir

qu'il faille

Exercice d'entraînement

Mettez les verbes suivants au subjonctif:

1. elle peut
2. tu vas
3. nous buvons
4. Nicolas apprend
5. vous portez
6. nous rions
7. vous souffrez
8. je suis
9. tu descends
10. vous dites
11. Jean tricote
12. je sais
13. nous pouvons
14. elle veut
15. tu viens
16. Jacques vit
17. nous sommes
18. je connais
19. elles savent
20. tu choisis

Emploi:

Le subjonctif exprime une opinion, une possibilité ou une interprétation incertaine. Il s'emploie dans une proposition subordonnée d'une proposition principale. Chaque proposition doit avoir un sujet différent.

Le subjonctif s'emploie après les expressions qui expriment:

A. La Nécessité ou la possibilité

Il faut que Nicolas fasse attention à ce que lui disent ses parents.
Il est nécessaire que vous étudiiez pour obtenir une bonne note.
Il est possible que Nicolas et sa famille aillent dans le Midi.
Il n'est pas probable (est improbable, est peu probable) qu'Agnan soit puni.
Il est impossible que nous suivions quinze cours l'année prochaine.
Il se peut que nous venions vous voir dans deux semaines.

Remarquez: On n'emploie pas le subjonctif après **il est probable**.
Il est probable que la famille de Nicolas passera les vacances en Bretagne.

B. La Volonté, le désir

La maîtresse
{
veut
désire
souhaite
préfère
voudrait
aimerait bien
}
que les élèves soient sages.

L'agent de police
{
exige
ordonne
demande
}
que le conducteur se remette en route.

Le surveillant
{
défend
interdit
empêche
ne permet pas
}
que les enfants aillent en ville.

Remarquez: On n'emploie pas le subjonctif après **espérer** à l'affirmatif. Après **espérer** au présent, on emploie généralement le futur.

Tu espères que nous passerons les vacances au bord de la mer.

C. Le Doute ou l'incertitude

Je doute que vous puissiez terminer le travail avant midi.

Croyez
Pensez
} -vous que Jacques ait raison? Moi, je crois qu'il a tort.

Etes-vous
{
sûr
certain
}
que notre ami reçoive cette lettre demain matin?
Je crois que le facteur ne passera pas par ici ce soir.

Je
{
ne crois pas
ne pense pas
}
que tu comprennes la situation.

Nicole
{
n'est pas certaine
n'est pas sûre
}
qu'Alceste vienne la voir.

Remarquez: On emploie l'indicatif après **penser, croire, être certain, être sûr** à l'affirmatif.

$$\text{Je} \begin{Bmatrix} \text{crois} \\ \text{pense} \end{Bmatrix} \text{que Jacques a raison.}$$

$$\text{Nous} \begin{Bmatrix} \text{sommes certains} \\ \text{sommes sûrs} \end{Bmatrix} \text{qu'Alceste viendra nous voir.}$$

Exercice d'entraînement

Mettez les verbes entre parenthèses aux temps qui conviennent:

1. Il faut que Papa (décider) _____ où la famille ira en vacances.
2. Il est possible que la famille (ne pas aller) _____ où veut Papa.
3. Il se peut que nous (partir) _____ en voyage dans un mois.
4. Il est peu probable que Nicolas et son Papa (faire) _____ de la pêche sous-marine dans la Méditerranée.
5. Il est impossible qu'il y (avoir) _____ des poissons dans la mer Méditerranée parce qu'il y a trop de pêcheurs.
6. Maman préfère que la famille (descendre) _____ dans un hôtel sur la côte Atlantique.
7. Nous voulons que vous (s'entraîner) _____ pour battre des records et devenir champion de nage libre.
8. J'exige que tu (ne pas me contredire) _____ à ce sujet.
9. Nicolas aimerait bien que nous (faire) _____ des ricochets sur l'eau.
10. Tu désires que tout le monde (apprendre) _____ à faire des ricochets avec des galets.
11. Maman n'aime pas que vous (passer) _____ les vacances dans les Alpes parce qu'il fait trop froid.
12. Vous exigez que les enfants (être) _____ sages quand ils rendent visite à leurs grands-parents.
13. Crois-tu que Nicolas (tenir) _____ un galet à la main?
14. Nous ne sommes pas certains que tu (venir) _____ passer une semaine avec nous au bord de la mer.
15. Maman doute que Papa et Nicolas (pouvoir) _____ trouver des poissons dans la mer Méditerranée.
16. Il est probable que vous (aller) _____ à Biarritz l'été prochain.
17. Nous doutons que tu (vouloir) _____ passer tout l'après-midi à la plage.
18. Mon amie espère que je l'(accompagner) _____ au bal samedi soir.
19. Le ministre ne croit pas que le président (savoir) _____ quelles seront les conséquences de son discours.
20. Vous souhaitez que je (suivre) _____ plusieurs cours de langue quand je serai à l'université.
21. Il faut que j'(écrire) _____ une lettre pour expliquer mon absence.
22. Il faut que tu (travailler) _____ beaucoup parce que nous voulons que tu (obtenir) _____ de bonnes notes.
23. Le gouvernement exige que nous (ne pas boire) _____ trop d'alcool avant de conduire une voiture.
24. Il faut que Nicolas (mettre) _____ un timbre sur l'enveloppe.
25. Henri désire que tu (dormir) _____ en plein air.

Exercices de vérification

1 *Joignez les deux phrases en employant le pronom relatif qui convient. La première phrase doit devenir la proposition principale:*

1. Les casseroles ont coûté extrêmement cher. Les Blédurt ont dû les acheter.
2. Il y avait beaucoup de circulation dans le petit village. Pierre est passé par ce village avant-hier.
3. Jean nous écrit une lettre. Nous devons répondre à cette lettre le plus tôt possible.
4. Le jeune homme a beaucoup travaillé pour acheter la propriété. Il avait toujours eu envie de cette propriété.
5. Alceste adore manger du pain et de la pâtisserie. Son père est pâtissier.
6. Nous cherchons l'argent. Nicolas a caché cet argent.
7. Nicolas adore sa bicyclette. Sa couleur est rouge et noire.
8. La mère de Nicolas n'aime pas les casseroles de la petite villa. Elle doit préparer les repas avec ces casseroles.
9. Mon ami Jacques joue très bien au tennis. Je peux toujours gagner au double avec lui.
10. Hier soir, nous avons vu le film. Vous nous aviez parlé de ce film il y a un mois.
11. Mes amis et moi, nous ne sommes pas allés à la conférence. Il fallait assister à cette conférence pour comprendre cette théorie.
12. Je connais bien la boutique. Tu as acheté ton joli tricot bleu dans cette boutique.
13. Les billes sont un jeu. Tous les enfants aiment jouer à ce jeu.
14. Jean-Thomas a perdu la clef. J'avais besoin de cette clef pour ouvrir la porte de la cabane.
15. La famille de Nicolas va passer les vacances dans un hôtel. Cet hôtel donne sur la plage à Bains-les-Mers.
16. Hubert s'est sauvé quand il a vu cette jeune fille. La jeune fille se dirigeait vers lui.
17. Jacqueline nous raconte une histoire. Je ne me souviens pas de cette histoire.
18. La jolie rousse est mannequin chez Chanel. Son mari ne s'intéresse pas à la mode.
19. L'opéra est un genre de musique. Jean ne s'intéresse pas à ce genre de musique.
20. Le président de cette société internationale a trois enfants. Il est fier de ses trois enfants.
21. Ionesco a écrit beaucoup de pièces. Les sujets de ces pièces sont souvent ridicules.
22. La grosse dame porte un chapeau énorme. Malheureusement je suis assis derrière cette dame.
23. Nicolas va apprendre le crawl. Son père est un ancien champion de nage libre.
24. L'eau est très froide. Nicolas et son père nagent dans cette eau.
25. Le tricot doit être pour Papa. Maman fait ce tricot depuis deux semaines.
26. Le photographe aime bien prendre des photographies des enfants. Nicole s'occupe de ces enfants.

2 *Mettez les verbes entre parenthèses aux temps qui conviennent:*

1. Pensez-vous que la famille de Nicolas (aller) _____ où veut le père?
2. Tout le monde espère que cette fois le père (pouvoir) _____ choisir l'endroit des vacances.
3. S'il y avait des poissons dans la mer Méditerranée, la famille (passer) _____ des vacances sur la Côte d'Azur.
4. Tous les ans, Maman et Papa (se disputer) _____ beaucoup quand ils (devoir) _____ choisir où aller pour les vacances.
5. L'année dernière, Maman (déclarer) _____ qu'elle (ne pas vouloir) _____ passer les vacances à faire du ski alpin mais qu'elle (préférer) _____ se bronzer sur la plage de Biarritz.
6. Hier soir pendant que Maman (tricoter) _____, Papa me (raconter) _____ ses victoires dans le championnat interrégional de natation.
7. Papa veut que je (faire) _____ bien la planche avant de m'apprendre à nager sous l'eau.
8. Il se peut que vous (se bronzer) _____ quand vous serez à la plage.

9. Quand je suis malade, ma mère exige que je (prendre) _____ des médicaments.
10. Les professeurs veulent que les élèves (être) _____ à l'heure aux cours.
11. Même si Maman ne croit pas que la villa à louer (contenir) _____ tout ce qu'il faut, il est possible qu'elle (ne pas être) _____ obligée d'acheter des casseroles.
12. Papa doute que la mère de Nicolas (vouloir) _____ passer beaucoup de temps à faire la cuisine pendant les vacances.
13. Est-il certain qu'il y (avoir) _____ de la neige dans le Vermont à la fin d'octobre?
14. Si nous avions eu assez d'argent, nous (pouvoir) _____ acheter beaucoup de souvenirs.
15. Les professeurs espèrent toujours que les élèves (lire) _____ les textes.
16. La mère de Nicolas veut qu'il (mettre) _____ un pull-over quand il fait frais.
17. Je lui (envoyer) _____ un cadeau la semaine dernière; il est probable qu'il le (recevoir) _____ dans quelques jours.
18. Le papa de Nicolas pense qu'il (pouvoir) _____ encore être champion interrégional de nage libre—même vingt ans plus tard!
19. Je ne suis pas sûr que cette boutique (avoir) _____ la marque que votre tante préfère.
20. Quand il s'agit de se mettre à table, Alceste (être) _____ toujours le premier.
21. Jacques désire que tu lui (dire) _____ quand tu arriveras.
22. Pour nous sentir bien, il faut que nous (dormir) _____ huit heures par jour.
23. Si tu (courir) _____ plus rapidement, tu (pouvoir) _____ remporter la victoire, mais tu préfères toujours être le dernier.
24. Que (faire) _____-vous samedi après-midi si vous aviez le temps?
25. Je ne veux pas que tu (partir) _____ avant d'avoir pris un pot avec nous.
26. Est-il possible que Françoise (être) _____ malade après avoir mangé des framboises?
27. Il ne faut pas que nous (rire) _____ quand nos amis font des fautes.
28. Je doute que tout le monde (comprendre) _____ la réponse à votre question.

Révision

1 Répondez aux questions suivantes par des phrases complètes en employant le vocabulaire et les structures de cette leçon:

1. Quand riez-vous?
2. Quelle sorte de voiture conduisez-vous?
3. Qu'est-ce que vous portez quand vous allez a la plage?
4. Que faites-vous à la plage d'habitude?
5. Comment vous protégez-vous du soleil sur la plage?
6. Que voyez-vous sur la plage?
7. Qu'est-ce que vous attrapez le premier jour sur la plage?
8. Avec quoi le chasseur tire-t-il sur le gibier?
9. Qu'est-ce que le chasseur doit faire avant de tirer?
10. Où préférez-vous aller à la pêche?
11. Où se jette un ruisseau?
12. Quelle est la différence entre une rivière et un fleuve?
13. Comment porte-t-on des provisions quand on fait du camping?
14. Dans quoi se couche-t-on quand on fait du camping?
15. Quelle sorte de ski préférez-vous?
16. Comment arrivez-vous au sommet de la montagne?
17. Complétez la phrase suivante: J'ai beaucoup souffert quand...
18. Complétez la phrase suivante: J'ai l'intention de poursuivre une carrière en...
19. Complétez la phrase suivante: Je souhaite que...
20. Complétez la phrase suivante: Nous espérons que...
21. Complétez la phrase suivante: Etes-vous certain que...

Discussion et création

En employant le vocabulaire et les structures de cette leçon, répondez aux questions suivantes:

1. Où préférez-vous passer les vacances et pourquoi?
2. Dites comment votre famille décide où passer les vacances.
3. Si vous pouviez faire le tour du monde, où iriez-vous?
4. Pourquoi les gens pensent-ils qu'il faut partir pour les vacances?
5. Pourquoi les parents envoient-ils leurs enfants en colonie de vacances? (Employez autant de subjonctifs que possible.)
6. En classe, décrivez une scène de vacances et faites interpréter cette scène par les autres élèves de la classe.
7. Imaginez un voyage de colonie de vacances où rien ne se passe comme prévu.

Neuvième Leçon

Nicolas apprend que son ami Louisette s'y connaît en° football. Il se décide, par conséquent, à se marier avec elle.

*s'y connaître en (p. 253)　　　　　　　　être expert en

**jouer à　　　　　　　　participer à un jeu, à un sport: *Louisette joue au football.*

la poupée

*grave　　　　　　　　important, sérieux, tragique

exprès　　　　　　　　délibérément, intentionnellement, volontairement

dehors　　　　　　　　≠ dedans; à l'extérieur

*bien élevé　　　　　　　　poli, qui a appris de bonnes manières

*avoir l'air de　　　　　　　　sembler, présenter l'aspect de

faire des yeux　　　　　　　　*ici:* regarder d'un air sérieux

rigoler (*fam.*)　　　　　　　　= rire

*prier　　　　　　　　implorer, demander

sinon　　　　　　　　si la condition exprimée ne se fait pas; *si + non*

avoir affaire à　　　　　　　　être menacé par

se donner les doigts　　　　　　　　se serrer la main très légèrement: *Nicolas et Louisette se donnent les doigts.*

*du monde　　　　　　　　des gens

*le goûter　　　　　　　　un petit repas que les enfants prennent l'après-midi après l'école

*il vaut mieux (+ *infinitif*)　　　　　　　　= il est préférable de

*un singe

Louisette

Je n'étais pas content quand maman m'a dit qu'une de ses amies viendrait prendre le thé avec sa petite fille. Moi, je n'aime pas les filles. C'est bête, ça ne sait pas jouer à° autre chose qu'à la poupée° et à la marchande et ça pleure tout le temps. Bien sûr, moi aussi je pleure quelquefois, mais c'est pour des choses graves,° comme la fois où le vase
5 du salon s'est cassé et papa m'a grondé et ce n'était pas juste parce que je ne l'avais pas fait exprès° et puis ce vase il était très laid et je sais bien que papa n'aime pas que je joue à la balle dans la maison, mais dehors° il pleuvait.

«Tu seras bien gentil avec Louisette, m'a dit maman, c'est une charmante petite fille et je veux que tu lui montres que tu es bien élevé.°»
10 Quand maman veut montrer que je suis bien élevé, elle m'habille avec le costume bleu et la chemise blanche et j'ai l'air d'°un guignol. Moi j'ai dit à maman que j'aimerais mieux aller avec les copains au cinéma voir un film de cow-boys, mais maman elle m'a fait des yeux° comme quand elle n'a pas envie de rigoler.°

«Et je te prie° de ne pas être brutal avec cette petite fille, sinon,° tu auras affaire à°
15 moi, a dit maman, compris?» A quatre heures, l'amie de maman est venue avec sa petite fille. L'amie de maman m'a embrassé, elle m'a dit, comme tout le monde, que j'étais un grand garçon, elle m'a dit aussi: «Voilà Louisette.» Louisette et moi, on s'est regardés. Elle avait des cheveux jaunes, avec des nattes, des yeux bleus, un nez et une robe rouges. On s'est donné les doigts° très vite. Maman a servi le thé, et ça c'était très bien, parce que,
20 quand il y a du monde° pour le thé, il y a des gâteaux au chocolat et on peut en reprendre deux fois. Pendant le goûter,° Louisette et moi on n'a rien dit. On a mangé et on ne s'est pas regardés. Quand on a eu fini, maman a dit: «Maintenant, les enfants, allez vous amuser. Nicolas, emmène Louisette dans ta chambre et montre-lui tes beaux jouets.» Maman elle a dit ça avec un grand sourire, mais en même temps elle m'a fait des yeux,
25 ceux avec lesquels il vaut mieux° ne pas rigoler. Louisette et moi on est allés dans ma chambre, et là, je ne savais pas quoi lui dire. C'est Louisette qui a dit, elle a dit: «Tu as l'air d'un singe.°» Ça ne m'a pas plu, ça, alors je lui ai répondu: «Et toi, tu n'es qu'une

*une gifle

Louisette donne une gifle à Nicolas.

se retenir

se contrôler

un ours en peluche

*raser

Nicolas rase son ours en peluche.

à moitié

$= \frac{1}{2}$

tenir le coup

résister

*se mettre à (+ *infinitif*)

= commencer à (+ *infinitif*)

bouger les paupières

battre des yeux pour sembler innocent

un poussin

l'enfant de la poule, *mais ici:* une expression d'affection

le placard

un enfoncement dans le mur fermé par une porte dans lequel on pend généralement les vêtements

rigolo (*fam.*)

amusant

s'écarter

se mettre de côté, se détourner

*l'invité(e)

une personne qu'on invite à la maison

*avoir le droit de (+ *infinitif*)

avoir l'autorisation de (+ *infinitif*), avoir la permission de (+ *infinitif*)

*être d'accord

avoir la même opinion, avoir la même intention

**de crainte que (+ *subjonctif*)

= de peur que (+ *subjonctif*)

l'hélice (*f.*)

lâcher

laisser tomber

bêta (*fam.*)

une personne bête, stupide, idiote

fille!» et elle m'a donné une gifle.° J'avais bien envie de me mettre à pleurer, mais je me suis retenu,° parce que maman voulait que je sois bien élevé, alors j'ai tiré une des nattes de Louisette et elle m'a donné un coup de pied à la cheville. Là, il a fallu quand même que je fasse «ouille, ouille» parce que ça faisait mal. J'allais lui donner une gifle, quand

5 Louisette a changé de conversation, elle m'a dit: «Alors, ces jouets, tu me les montres?» J'allais lui dire que c'était des jouets de garçon, quand elle a vu mon ours en peluche,° celui que j'avais rasé° à moitié° une fois avec le rasoir de papa. Je l'avais rasé à moitié seulement, parce que le rasoir de papa n'avait pas tenu le coup.° «Tu joues à la poupée?» elle m'a demandé Louisette, et puis elle s'est mise à° rire. J'allais lui tirer une natte et

10 Louisette levait la main pour me la mettre sur la figure, quand la porte s'est ouverte et nos deux mamans sont entrées. «Alors, les enfants, a dit maman, vous vous amusez bien? — Oh, oui madame!» a dit Louisette avec des yeux tout ouverts et puis elle a fait bouger ses paupières° très vite et maman l'a embrassée en disant: «Adorable, elle est adorable! C'est un vrai petit poussin!°» et Louisette travaillait dur avec les paupières. «Montre tes

15 beaux livres d'images à Louisette», m'a dit ma maman et l'autre maman a dit que nous étions deux petits poussins et elles sont parties.

Moi, j'ai sorti mes livres du placard° et je les ai donnés à Louisette, mais elle ne les a pas regardés et elle les a jetés par terre, même celui où il y a des tas d'Indiens et qui est terrible: «Ça ne m'intéresse pas tes livres, elle m'a dit, Louisette, t'as pas quelque chose

20 de plus rigolo?» et puis elle a regardé dans le placard et elle a vu mon avion, le chouette, celui qui a un élastique, qui est rouge et qui vole. «Laisse ça, j'ai dit, c'est pas pour les filles, c'est mon avion!» et j'ai essayé de le reprendre, mais Louisette s'est écartée.° «Je suis l'invitée,° elle a dit, j'ai le droit de° jouer avec tous les jouets, et si tu n'es pas d'accord,° j'appelle ma maman et on verra qui a raison!» Moi, je ne savais pas

25 quoi faire, je ne voulais pas qu'elle le casse, mon avion, mais je n'avais pas envie qu'elle appelle sa maman, de crainte qu'°elle nous fasse des histoires. Pendant que j'étais là, à penser, Louisette a fait tourner l'hélice° pour remonter l'élastique et puis elle a lâché° l'avion. Elle l'a lâché par la fenêtre de ma chambre qui était ouverte, et l'avion est parti. «Regarde ce que tu as fait, j'ai crié, Mon avion est perdu!» et je me suis mis à pleurer. «Il

30 n'est pas perdu, ton avion, bêta,° m'a dit Louisette, regarde, il est tombé dans le jardin, on n'a qu'à aller le chercher.»

drôlement	*ici:* bien
un truc	une ruse, un stratagème
se moquer de	ne pas s'intéresser du tout
minable (*fam.*)	abominable
*oser	risquer, avoir le courage
*donner sur	avoir une vue sur
sauf	à l'exception de
embêté	agacé, ennuyé, embarrassé
se mettre	se placer
prendre de l'élan	s'éloigner, se reculer, pour avoir plus de force

la vitre

au lieu de (+ *infinitif*)	à la place de
**bien que (+ *subjonctif*)	même si
priver de	enlever, prendre, éliminer, ne pas donner

Nous sommes descendus dans le salon et j'ai demandé à maman si on pouvait sortir jouer dans le jardin et maman a dit qu'il faisait trop froid, mais Louisette a fait le coup des paupières et elle a dit qu'elle voulait voir les jolies fleurs. Alors, ma maman a dit qu'elle était un adorable poussin et elle a dit de bien nous couvrir pour sortir. Il faudra
5 que j'apprenne, pour les paupières, ça a l'air de marcher drôlement,° ce truc!°

Dans le jardin, j'ai ramassé l'avion, qui n'avait rien, heureusement, et Louisette m'a dit: «Qu'est-ce qu'on fait?—Je ne sais pas, moi, je lui ai dit, tu voulais voir les fleurs, regarde-les, il y en a des tas par là.» Mais Louisette m'a dit qu'elle s'en moquait de° mes fleurs et qu'elles étaient minables.° J'avais bien envie de lui taper sur le nez, à Louisette,
10 mais je n'ai pas osé,° parce que la fenêtre du salon donne sur° le jardin, et dans le salon il y avait les mamans. «Je n'ai pas de jouets, ici, sauf° le ballon de football, dans le garage.» Louisette m'a dit que ça, c'était une bonne idée. On est allés chercher le ballon et moi j'étais très embêté,° j'avais peur que les copains me voient jouer avec une fille. «Tu te mets° entre les arbres, m'a dit Louisette, et tu essaies d'arrêter le ballon.»
15 Là, elle m'a fait rire, Louisette, et puis, elle a pris de l'élan° et, boum! un shoot terrible! La balle, je n'ai pas pu l'arrêter, elle a cassé la vitre° de la fenêtre du garage.

Les mamans sont sorties de la maison en courant. Ma maman a vu la fenêtre du garage et elle a compris tout de suite. «Nicolas! elle m'a dit, au lieu de° jouer à des jeux brutaux, tu ferais mieux de t'occuper de tes invités, surtout quand ils sont aussi gentils
20 que Louisette!» Moi, j'ai regardé Louisette, elle était plus loin, dans le jardin, en train de sentir les bégonias.

Le soir bien que° maman m'ait privé° de dessert, cela m'était égal. Elle est chouette, Louisette, et quand on sera grands, on se mariera.

Elle a un shoot terrible.

QUESTIONNAIRE

Répondez oralement aux questions suivantes en faisant des phrases complètes.

1. Pourquoi Nicolas n'était-il pas content?
2. Pourquoi Nicolas n'aime-t-il pas les filles?
3. Pour quelles raisons pleure-t-il?
4. Qu'est-ce que Nicolas considère comme une «chose grave»?
5. Comment était le vase d'après Nicolas?
6. Qu'est-ce que Papa n'aime pas que Nicolas fasse dans la maison?
7. Qu'est-ce que la mère de Nicolas veut qu'il fasse?
8. Comment la mère de Nicolas montre-t-elle que son fils est bien élevé?
9. Qu'est-ce que Nicolas aimerait mieux faire?
10. Qu'est-ce que sa mère lui a fait?
11. Qu'est-ce que sa mère le prie de faire?
12. A quelle heure Louisette et sa mère sont-elles arrivées?
13. Qu'est-ce que la mère de Louisette a fait à Nicolas en arrivant?
14. Faites le portrait de Louisette.
15. Comment Nicolas et Louisette se sont-ils salués?
16. Qu'est-ce que la mère de Nicolas a servi pour le thé?
17. Qu'est-ce que la mère de Nicolas a suggéré après le goûter?
18. Quels gestes la mère de Nicolas a-t-elle faits en suggérant des activités?
19. Qu'est-ce que Louisette a déclaré en arrivant dans la chambre de Nicolas?
20. Comment Nicolas a-t-il répondu?
21. Comment Louisette a-t-elle répondu à cette déclaration?
22. Pourquoi Nicolas n'a-t-il pas pleuré?
23. Pourquoi Nicolas a-t-il crié «ouille, ouille»?
24. Qu'est-ce que Louisette a demandé?
25. Qu'est-ce qu'elle a découvert comme jouets?
26. Qu'est-ce que Nicolas avait fait à son ours en peluche?
27. Quelle a été la réaction de Louisette?
28. Pourquoi a-t-elle ri?
29. Pourquoi Nicolas et Louisette ne se sont-ils pas battus?
30. Comment Louisette a-t-elle convaincu la mère de Nicolas que tout allait bien?
31. Comment est Louisette, d'après la mère de Nicolas?
32. Qu'est-ce que Nicolas devait montrer à Louisette?
33. Qu'est-ce que Louisette pensait des livres de Nicolas?
34. Qu'est-ce qu'elle a trouvé dans le placard?
35. Comment est l'avion?
36. Pourquoi Louisette croyait-elle avoir le droit de jouer avec l'avion?
37. Pourquoi Nicolas ne voulait-il pas qu'elle joue avec l'avion?
38. Pourquoi Nicolas ne voulait-il pas qu'elle appelle sa mère?
39. Qu'est-ce que Louisette a fait avec l'avion?
40. Qu'est-ce qui est arrivé à l'avion?
41. Pourquoi Louisette a-t-elle fait le coup des paupières?
42. Pourquoi faudra-t-il que Nicolas apprenne à faire le truc des paupières?
43. Qu'est-ce que Louisette pensait des fleurs de Nicolas?
44. Pourquoi Nicolas n'a-t-il pas tapé Louisette?
45. Qu'est-ce qu'il y avait à faire dans le jardin?
46. Pourquoi Nicolas était-il embêté?
47. Quel était le rôle de Nicolas dans la partie de football?
48. Qu'est-ce qui montre que Louisette joue bien au football?
49. Qu'est-ce que le ballon a fait?
50. Qu'est-ce que Louisette faisait pendant que la mère de Nicolas le grondait?
51. Qu'est-ce que Nicolas a reçu comme punition?
52. Pourquoi Nicolas se mariera-t-il avec Louisette?

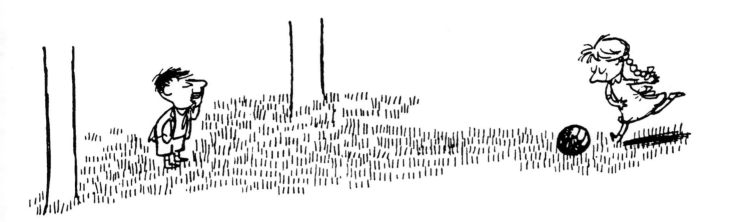

On fait du football.

faire du sport

On fait du canoë.
    du cheval.
    du patin.
    du ski (nautique).
    du vélo.

    de la gymnastique.
    de la natation.
    de la planche à voile.
    de la voile.

    de l'athlétisme.
    de l'aviron.
    de l'escrime.

On joue au football.

jouer à un jeu

On joue aux cartes.
    aux échecs.
    à saute-mouton.

Certains sports sont aussi considérés comme des jeux:

On *fait du* tennis.   On *joue au* tennis.
On *fait du* football.   On *joue au* football.
On *fait du* basket.   On *joue au* basket.
On *fait du* hockey.   On *joue au* hockey.
On *fait du* rugby.   On *joue au* rugby.

L'Arbre généalogique

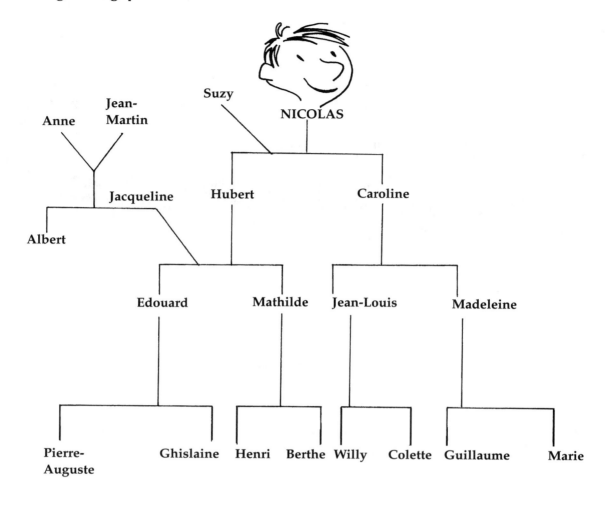

Nicolas est

- le *fils* d'Hubert et de Caroline
- le *neveu* de Jacqueline
- le *cousin* d'Anne et de Jean-Martin
- le *petit-fils* d'Edouard et de Mathilde et aussi de Jean-Louis et de Madeleine
- l'*arrière-petit-fils* de Pierre-Auguste et de Ghislaine
  d'Henri et de Berthe
  de Willy et de Colette
  et de Guillaume et de Marie

Edouard et Jean-Louis sont les *grands-pères* de Nicolas. ⎰ Ils sont tous les *grands-parents*
Mathilde et Madeleine sont les *grand-mères* de Nicolas. ⎱ de Nicolas.
Edouard est le *beau-père* de Caroline et Mathilde est la *belle-mère* de Caroline.
Jean-Louis est le *beau-père* d'Hubert et Madeleine est la *belle-mère* d'Hubert.
Jacqueline est la *belle-sœur* de Caroline et Albert est le *beau-frère* de Caroline et d'Hubert.

Jean-Louis, le mari de Madeleine, est mort; elle est *veuve*.

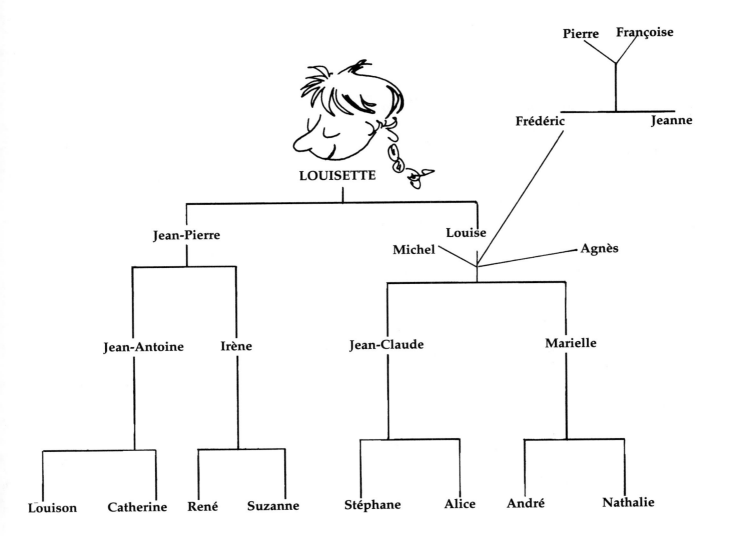

Louisette est

- la *fille* (unique) de Jean-Pierre et de Louise
- la *nièce* de Frédéric et de Jeanne et aussi de Michel et aussi d'Agnès
- la *cousine* de Pierre et de Françoise
- la *petite-fille* de Jean-Antoine et d'Irène de Jean-Claude et de Marielle
- l'*arrière-petite-fille* de Louison et de Catherine,
  de René et de Suzanne,
  de Stéphane et d'Alice
  et d'André et de Nathalie

Jean-Pierre est le *père* de Louisette et le *mari* de Louise.
Louise est la *mère* de Louisette et la *femme* de Jean-Pierre.
Agnès et Jeanne sont les *tantes* de Louisette.
Michel et Frédéric sont les *oncles* de Louisette.

Françoise est la plus jeune des enfants de sa famille; elle est la *cadette*.
Pierre est le plus âgé des enfants de sa famille; il est l'*aîné*.

Agnès ne s'est jamais mariée; elle est *célibataire* et Michel, lui non plus, ne s'est jamais marié;
il est *célibataire* aussi.

Deux faire-part de mariage

Monsieur André Boyer,
Croix de Guerre 1914-1918,
Madame Raymond Le Quesne,
Monsieur Dominique Boyer, Chevalier de
la Légion d'Honneur et Madame Dominique
Boyer ont l'honneur de vous faire part
du mariage de Monsieur Martin Boyer,
leur petit-fils et fils, avec Mademoiselle
Névine Sabet.

Et vous prient d'assister ou de vous unir
d'intention à la Messe de Mariage qui sera célébrée le
Samedi 13 Décembre 1995 à 15 h. 30, en l'Église Saint
Julien le Pauvre, 1, rue Saint Julien le Pauvre, Paris 5e.
La Bénédiction Nuptiale sera donnée
par Monseigneur Nasrallah, Exarque d'Antioche.

62, Rue des Fontenelles, 92310 Sèvres
29, Résidence Élysée 1, 78170 La Celle Saint Cloud
17, Hameau des Bouvreuils, 78170 La Celle Saint Cloud

Madame Antoine Ackaouy,
Madame Maurice Sabet
ont l'honneur de vous faire part du
mariage de Mademoiselle Névine Sabet,
leur petite-fille et fille, avec Monsieur
Martin Boyer.

Et vous prient d'assister ou de vous unir
d'intention à la Messe de Mariage qui sera célébrée le
Samedi 13 Décembre 1995 à 15 h. 30, en l'Église Saint
Julien le Pauvre, 1, rue Saint Julien le Pauvre, Paris 5e.
La Bénédiction Nuptiale sera donnée
par Monseigneur Nasrallah, Exarque d'Antioche.

22, Rue Souria, Alexandrie
44, Avenue d'Iéna, 75116 Paris

Exercices de vérification

1 *En consultant le premier arbre généalogique, indiquez le rapport de ces personnes avec Nicolas:*

1. Jacqueline
2. Hubert
3. Jean-Martin
4. Mathilde
5. Colette
6. Jean-Louis
7. Anne
8. Suzy
9. Albert
10. Marie

2 *En consultant le second arbre généalogique, indiquez le rapport de ces personnes avec Louisette:*

1. Jean-Claude
2. Jean-Antoine
3. Catherine
4. Jean-Pierre
5. Françoise
6. Marielle
7. Louise
8. Pierre
9. René
10. Stéphane

Répondez aux question suivantes en employant des phrases complètes:

1. Pour Jean-Pierre, qui est Michel?
2. Pour Louise, qui est Irène?
3. Pour Hubert, qui est Jacqueline?
4. Anne est plus jeune que Jean-Martin; qu'est-ce qu'elle est donc? et lui, qu'est-ce qu'il est?
5. Agnès ne s'est pas mariée; qu'est-ce qu'elle est?
6. Catherine, la femme de Louison, est morte; qu'est-ce qu'il est?
7. Pour Caroline, qui est Jacqueline?
8. Pour Nicolas, qui est Anne?

4 *Regardez le faire-part de mariage et répondez aux questions suivantes:*

1. Qui est Monsieur André Boyer?
2. Qui est Monsieur Dominique Boyer?
3. Qui est Madame Antoine Ackaouy?
4. Qui est Monsieur Martin Boyer?
5. Qui est Mademoiselle Névine Sabet?
6. Qui est Madame Maurice Sabet?

PRONONCIATION

Le e muet

En général, le *e* est muet quand il est précédé d'une seule consonne prononcée dans la même syllabe:

samedi	=	sam$\not{e}$di
un peu de vin	=	un peu d$\not{e}$ vin
trop de lait	=	trop d$\not{e}$ lait
mademoiselle	=	mad$\not{e}$moiselle

Pour éviter la prononciation de 3 consonnes ensemble, si le *e* est précédé ou suivi de deux consonnes prononcées dans la même syllabe, le *e* se prononce:

un bol de vin	=	un bol de vin (1 2 3)
appartement	=	appartement (12 3)
quatre livres	=	quatre livres (1 2 3)
vendredi	=	vendredi (1 2 3)
probablement	=	probablement (1 2 3)
par ce train	=	par ce train (1 2 3)
elle le blâme	=	elle le blâme (1 2 3)

Le Rythme

Toutes les syllabes de la chaîne parlée reçoivent la même valeur rythmique—généralement on n'insiste sur aucune syllabe dans un mot ou dans une série de mots. Le français n'a pas d'alternance de syllabes longues et courtes comme l'anglais.

Prononcez les mots suivants en donnant la même valeur à chaque syllabe:

1   2 3
mercredi

1 2 3
vendredi

1   2 3
bouquiniste

1 2 3
bourdonner

1 2 3
caraïbe

1 2 3
caravelle

1 2 3
naturel

1 2 3
carbonique

1 2 3
téléphone

1 2 3
fatigué

1 2 3
j'ai parlé

1 2 3
répondez

1 2 3 4
intéressant

1 2 3 4
appartement

1 2 3 4
probablement

1 2 3 4
intelligent

1 2 3 4 5
félicitations

1 2   3 4 5
électricité

1 2 3 4 5
international

1 2 3 4 5 6
responsabilité

1 2 3 4
département

1 2 3 4
photographié

1 2 3 4
situation

1 2 3 4
invitation

1 2 3 4   5
téléphonez-moi

1 2 3 4 5
hospitalité

1 2 3 4 5
très intéressant

1 2 3 4 5 6
impossibilité

Pas de diphtongues

En français, chaque voyelle sonne d'une façon pure et coupée. Il ne faut jamais prolonger un son de voyelle pour créer une diphtongue (comme en anglais *go* [gou], *day* [dei], *fate* [feit]).

Prononcez et comparez ces mots anglais et français:

anglais   français

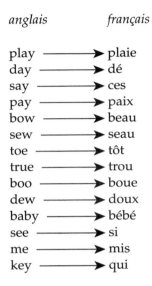

play ———→ plaie
day ———→ dé
say ———→ ces
pay ———→ paix
bow ———→ beau
sew ———→ seau
toe ———→ tôt
true ———→ trou
boo ———→ boue
dew ———→ doux
baby ———→ bébé
see ———→ si
me ———→ mis
key ———→ qui

Quelques verbes irréguliers

battre (combattre)

je	bats	nous	battons
tu	bats	vous	battez
il elle	bat	ils elles	battent

futur: je battrai
passé composé: j'ai battu
imparfait: je battais
subjonctif présent: que je batte

mentir (sentir, partir, sortir)

je	mens	nous	mentons
tu	mens	vous	mentez
il elle	ment	ils elles	mentent

futur: je mentirai
passé composé: j'ai menti
imparfait: je mentais
subjonctif présent: que je mente

valoir

je	vaux	nous	valons
tu	vaux	vous	valez
il elle	vaut	ils elles	valent

futur: je vaudrai
passé composé: j'ai valu
imparfait: je valais
subjonctif présent: que je vaille

falloir

il faut

futur: il faudra
passé composé: il a fallu
imparfait: il fallait
subjonctif présent: qu'il faille

Exercice d'entraînement

Mettez les verbes entre parenthèses à la forme qui convient:

1. Eudes (battre) _____ toujours ses camarades.
2. Ce diamant (valoir) _____ très cher.
3. Quand nous étions jeunes, notre mère nous disait qu'il (ne pas falloir) _____ mentir.
4. Tu (se sentir) _____ mieux dans une semaine.
5. Il ne faut pas que tu (battre) _____ ton petit frère.
6. Dans deux mois, vous (partir) _____ en vacances.
7. Nous (sortir) _____ toujours le samedi soir.
8. Dans sa jeunesse, le père de Nicolas (battre) _____ le record en devenant champion interrégional de nage libre.
9. Il y a un mois, vous (partir) _____ de Rome pour aller à Moscou.
10. Il ne faut pas que vous (mentir) _____ chaque fois que vous faites une faute.

STRUCTURES

I. Le Subjonctif: deuxième partie

Dans la huitième leçon vous avez appris que le subjonctif s'emploie après les expressions de nécessité ou de possibilité, de volonté ou de désir, et de doute ou d'incertitude.

Le subjonctif s'emploie aussi:

A. après les expressions d'émotion (la joie, la tristesse, la colère, l'étonnement, la peur, le regret, etc.).

Nicolas est { ravi / content / heureux / enchanté } que Louisette sache jouer au football.

Je suis { désolé / fâché / furieux / malheureux } que tu ne fasses pas de ton mieux.

Louisette { est étonnée / est surprise / est choquée / s'étonne / est stupéfaite } que Nicolas ait un ours en peluche.

B. après certaines conjonctions.

bien que	pour que
quoique	afin que
de crainte que	jusqu'à ce que
de peur que	en attendant que
sans que	avant que

Bien qu' (Quoiqu') il y ait de très jolies fleurs dans le jardin, Louisette préfère jouer au football.

Pour que (Afin que) Nicolas et Louisette puissent sortir dans le jardin, Louisette fait le coup des paupières.

Nicolas ne veut pas jouer au football de peur que (de crainte que) les copains le voient jouer avec une fille.

En attendant que (Jusqu'à ce que) les deux mères finissent leur thé, Nicolas et Louisette s'amusent.

Nicolas et Louisette se battent sans que leurs mères le sachent.

Avant que le petit avion puisse voler, il faut tourner l'hélice pour remonter l'élastique.

Exercice d'entraînement

Mettez les verbes entre parenthèses aux temps qui conviennent:

1. Nous sommes étonnés que la mère de Nicolas (ne pas gronder) _____ Louisette quand elle casse la vitre.
2. Il faut que vous (faire) _____ vos devoirs tous les soirs.
3. Tu espères qu'il y (avoir) _____ assez de vent pour faire du bateau à voile.
4. Ma sœur s'étonne que tu (ne pas craindre) _____ les serpents.
5. Le bijoutier est désolé que ce bracelet (ne rien valoir) _____.
6. Le scout aide la vieille dame à traverser la rue de crainte qu'elle ne (tomber) _____.
7. La mère de Nicolas est enchantée que Louisette (vouloir) _____ regarder les fleurs dans le jardin.
8. Avant que Nicolas (pouvoir) _____ prendre le goûter, il doit dire bonjour à Louisette.
9. Je suis furieux que tu (dire) _____ toujours le contraire de ce que je dis.
10. Nicolas est malheureux que Louisette (venir) _____ le voir.
11. Bien que Jacques (vivre) _____ tout seul, nous ne l'avons jamais vu malheureux.
12. Pendant que les mères (prendre) _____ le thé, les deux enfants jouaient dans le jardin.
13. En attendant que nous le (suivre) _____, le guide raconte l'histoire du château.
14. Le professeur m'a expliqué de nouveau le subjonctif pour que je (savoir) _____ la différence entre le subjonctif et l'indicatif.
15. Ton père est content que tu (apprendre) _____ à jouer au rugby.
16. Il est parti très tôt parce que sa femme (ne pas se sentir) _____ bien.
17. Ta grand-mère restera chez moi jusqu'à ce que tu (venir) _____ la chercher.
18. Tante Georgette n'est pas certaine que vous (avoir) _____ assez d'argent pour payer le voyage.
19. Il est probable que nous (pouvoir) _____ vous accompagner au cinéma samedi après-midi.
20. Nicolas se comporte bien sans que sa mère lui (dire) _____ d'être sage.
21. Le jockey frappe le cheval pour qu'il (courir) _____ plus vite.
22. Il se peut que Pierre (se sentir) _____ mieux à la fin de la semaine.

II. Le Passé du subjonctif

Formation:

Le passé du subjonctif se forme avec le présent du subjonctif d'**avoir** ou d'**être** auquel il faut ajouter le participe passé du verb conjugué.

donner

que j'aie	donné		que nous ayons	donné
que tu aies	donné		que vous ayez	donné
qu'il qu'elle }	ait donné		qu'ils qu'elles }	aient donné

venir

que je sois	venu(e)	que nous soyons	venu(e)s
que tu sois	venu(e)	que vous soyez	venu(e)(s)
qu'il soit	venu	qu'ils soient	venus
qu'elle soit	venue	qu'elles soient	venues

Exercice d'entraînement

Mettez les verbes suivants au passé du subjonctif:

1. vous portez
2. je bois
3. tu sais
4. nous faisons
5. ils partent
6. vous êtes
7. elle vit
8. nous pouvons
9. il devient
10. Jean écrit
11. je lis
12. elles dorment
13. tu descends
14. nous conduisons
15. vous naissez

Emploi:

La chronologie des actions détermine le temps du subjonctif.

Si l'action de la proposition subordonnée a lieu (chronologiquement) à un moment *antérieur* à l'action de la proposition principale, on emploie le passé du subjonctif.

> La mère de Nicolas ne croit pas que Louisette ait cassé la vitre.
> Nicolas est furieux que Louisette n'ait pas avoué qu'elle avait cassé la vitre.
> Ma grand-mère est fâchée que je sois rentré à cinq heures du matin.
> Le père de Nicolas s'étonnera que Nicolas ait accepté la punition de sa mère.
> Nicolas regrettera-t-il un jour que Louisette soit venue chez lui la semaine dernière?

Remarquez: Si l'action de la proposition subordonnée a lieu (chronologiquement) *au même moment*, ou *dans le futur* par rapport à l'action de la proposition principale, on emploie le présent du subjontif.

> La mère de Nicolas préférait que les deux enfants restent à l'intérieur pour ne pas attraper froid.
> Bien qu'il pleuve, nous ferons de la voile.
> Les parents de la jeune fille ne voulaient pas qu'elle sorte avec Christophe ce week-end-là.
> Jean-Pierre est ravi que nous puissions l'accompagner au bord de la mer.

Comparez:
Je ne crois pas qu'il ait réussi à l'interrogation hier.
Hier, je ne croyais pas qu'il réussisse à l'interrogation aujourd'hui.

Exercice d'entraînement

Mettez les verbes entre parenthèses aux temps qui conviennent:

1. Nous sommes heureux que la semaine dernière notre équipe (remporter) _____ la victoire contre nos adversaires.
2. De crainte que l'enfant (perdre) _____ ses gants, sa mère les a attachés à son blouson.
3. Quand elle voulait jouer, Nicolas avait peur que Louisette (casser) _____ son avion.
4. Il faut que vous (terminer) _____ les devoirs avant le cours de quatorze heures.
5. Pensez-vous que Louise (lire) _____ le roman hier soir? Elle n'a pu répondre à aucune question.
6. J'avais peur que ton frère (venir) _____ te voir aujourd'hui.
7. Je suis désolé que tu (ne pas vouloir) _____ venir au cinéma ce soir.
8. Le jeune couple a acheté un nouveau réfrigérateur de peur que leur vieux réfrigérateur (se casser) _____.
9. Il est impossible que vous (partir) _____ avant moi parce que je suis arrivé avant vous.
10. Nous voulions que Jacques (rester) _____ avec nous trois jours de plus.

III. Les Pronoms interrogatifs

A. Les Pronoms interrogatifs simples

	Sujet	Objet direct	Complément de préposition
personnes	qui (qui est-ce qui)	qui (qui est-ce que)	qui
choses	qu'est-ce qui	que (qu'est-ce que)	quoi

(Pour les pronoms interrogatifs **qui, qu'est-ce qui** et **que**, consultez la deuxième leçon, p. 50.)

B. Les Compléments de préposition: *qui, quoi*

qui = le pronom interrogatif complément de préposition pour une *personne*.
quoi = le pronom interrogatif complément de préposition pour une *chose*.

Avec qui sortirez-vous ce soir?   Je sortirai avec Christophe.
A qui pense Nicole?   Elle pense à Nathalie.
A côté de qui s'assied-il?   Il s'assied à côté de Michel.
De quoi cette table ancienne est-elle couverte?   Elle est couverte de poussière.
A qui sa tante s'intéresse-t-elle?   Elle s'intéresse à son neveu.
A quoi pensez-vous?   Je pense à mon examen d'histoire.
Avec quoi avez-vous peint les murs du salon?   Je les ai peints avec un pinceau.
De quoi avez-vous besoin?   J'ai besoin d'argent

Remarquez: On utilise parfois **Quoi?** dans la langue parlée quand on n'a pas compris ce que quelqu'un vient de dire. Cette expression n'est pas très élégante et il vaut mieux dire **Pardon?** ou **Comment?**

C. Les Interrogations exceptionnelles

1. *Lequel*

Le pronom interrogatif **lequel** sous-entend une idée de choix ou permet d'éviter une ambiguïté. Ce pronom s'accorde en genre et en nombre avec le nom auquel il correspond. Il faut également noter que ce pronom peut être sujet, objet direct, ou complément de préposition.

Lequel de ces livres préfères-tu?	Je préfère le livre de Camus.
Avec laquelle de ces jeunes filles est-il sorti?	Il est sorti avec Nathalie.
Voici plusieurs livres. Desquels avez-vous besoin?	J'ai besoin de ces deux livres-là.
Nous avons vu plusieurs pièces cette année. Lesquelles vous ont plu?	Les comédies m'ont surtout plu.

Remarquez: N'oubliez pas les formes composées de **lequel** avec les prépositions **à** et **de** (voir page 241).

2. *Qu'est-ce que c'est que...*

Cette interrogation s'emploie pour poser une question qui exige une explication détaillée ou une définition comme réponse.

Qu'est-ce que c'est que + *un nom*
Qu'est-ce que + *un nom* (C'est une expression moins forte.)

Qu'est-ce que c'est qu'une retenue?	C'est une punition donnée par un professeur à un mauvais élève. Cette punition oblige un élève à rester à l'école en dehors des heures de cours.
Qu'est-ce que c'est qu'un moustique?	Un moustique est une espèce d'insecte dont la piqûre est douloureuse.
Qu'est-ce qu'un taille-crayon?	C'est une machine qui taille les crayons.

Remarquez: Il ne faut pas confondre **Qu'est-ce que c'est que**, qui exige une définition, avec l'adjectif **quel** (voir page 51) qui s'emploie comme complément du verbe **être** pour poser une question précise.

Comparez:

Quel est le sens de «cancre»?	Un cancre est un élève paresseux.
Quelle est votre adresse?	C'est le 39, rue de Vaugirard.
Qu'est-ce que c'est qu'une adresse?	Une adresse est l'indication du domicile d'une personne.
Qu'est-ce que c'est qu'une langue?	C'est un système d'expression et de communication...

3. **Qu'est-ce que c'est...** On emploie **qu'est-ce que c'est** pour demander le nom d'un objet inconnu.

Qu'est-ce que c'est?   C'est un stylo.

Qu'est-ce que c'est?   C'est une punaise.

Exercices d'entraînement

1 *Complétez les phrases suivantes avec* **qui, quoi, quel, qu'est-ce que c'est que, qu'est-ce que,** *ou la forme correcte de* **lequel:**

1. Avec _____ avez-vous réparé le téléphone? Avec un tournevis.
2. Chez _____ ira-t-elle la semaine prochaine?
3. Dans _____ Hélène a-t-elle mis ses bijoux?
4. Avec _____ de ces outils avez-vous réparé le téléphone? Avec un tournevis.
5. A _____ de ses amis a-t-il téléphoné?
6. _____ de ses jouets Nicolas préfère-t-il?
7. _____ de ces lionnes ont attaqué l'antilope?
8. Près de _____ de ses amis s'est-il installé?
9. De _____ avez-vous besoin?
10. _____ trouvez-vous le plus intéressant?
11. Dans _____ de ces cartons as-tu mis mes livres?
12. De _____ s'agit-il dans cette histoire de Louisette?
13. Derrière _____ se tient Marguerite?
14. _____ le socialisme?
15. _____ est le numéro de téléphone de Louisette?
16. _____ est le titre de son nouveau roman?
17. A _____ sert un couteau?
18. _____ une lampe?
19. _____ de toutes ces robes va-t-elle acheter? Elle en achète généralement six ou sept.
20. _____ l'énergie nucléaire?

2 *Posez la question qui correspond à la réponse donnée (en employant* **quel + être, quoi, qui, qu'est-ce que c'est que, qu'est-ce que, qu'est-ce que c'est,** *ou la forme correcte de* **lequel**):

1. J'ai réparé la voiture avec *de nouveaux outils.*
2. Jean-Pierre préfère les histoires *québécoises.*
3. *Ce livre* est le mien.
4. Louisette casse la vitre avec *le ballon.*
5. La date est *le 25 avril.*
6. L'existentialisme *est une philosophie qui a dominé la pensée française pendant la Deuxième Guerre mondiale.*
7. Jean a mis les clefs *dans le grand tiroir.*
8. Le travail pour ce soir est *de lire soixante pages des* Frères Karamazov.
9. Louisette s'est moquée *des jouets de Nicolas.*
10. Jean-Claude préfère le vin *de Bordeaux.*
11. C'est *un livre de chimie.*
12. En imaginant son avenir, Nicolas pense à *Louisette.*

13. Une mouche *est un insecte dont il y a de nombreuses espèces.*
14. On ne peut pas vivre sans *oxygène.*
15. Charles X était le roi après *Louis XVIII.*

Exercices de vérification

1 *Mettez les verbes suivants aux temps qui conviennent:*

1. L'autre jour, Nicolas (ne pas être) _____ du tout heureux quand sa mère lui (annoncer) _____ qu'une jeune fille viendrait avec sa mère pour prendre le thé. C'est parce qu'en général il (préférer) _____ jouer aux cow-boys avec ses copains.
2. Nicolas ne voulait pas que cette fille (venir) _____ chez lui.
3. Sa mère désire que Nicolas (être) _____ gentil avec Louisette.
4. Nicolas espère que ses copains (ne pas le voir) _____ dans le jardin avec Louisette.
5. Avant, Nicolas (penser) _____ que les filles (jouer) _____ à la poupée et à la marchande. Mais ce jour-là il (apprendre) _____ que les filles (pouvoir) _____ jouer admirablement bien au football.
6. Pensez-vous que Louisette (rendre) _____ encore visite à Nicolas?
7. Avant l'arrivée de Louisette, Nicolas (avoir) _____ l'impression que les filles (ne pas s'intéresser) _____ aux divertissements des garçons, mais quand elle (choisir) _____ de jouer avec son avion et de jouer au football, il (vite changer) _____ d'opinion.
8. La mère de Nicolas lui (faire) _____ des yeux et (exiger) _____ qu'il (divertir) _____ Louisette.
9. Il était malheureux que nous (ne pas l'aimer) _____.
10. Quand Louisette (gifler) _____ Nicolas, il (ne rien faire) _____ de crainte que sa mère le (punir) _____.
11. Quand Louisette lui (donner) _____ un coup de pied, Nicolas (crier) _____ «ouille, ouille», parce que sa cheville lui (faire) _____ mal.
12. Avant que les deux mères (pouvoir) _____ découvrir que c'(être) _____ Louisette qui (casser) _____ la vitre, elle (aller) _____ dans le jardin et (faire) _____ semblant de sentir les fleurs.
13. Bien que Nicolas (vouloir) _____ convaincre Louisette de jouer avec son ours et ses livres d'images, elle refuse. Nicolas s'étonne que Louisette (croire) _____ que jouer avec l'avion (être) _____ plus amusant. Il est surpris que Louisette (savoir) _____ faire voler l'avion.
14. Nicolas n'était pas tout à fait malheureux que sa mère le (priver) _____ de dessert parce qu'il (admirer) _____ tellement le shoot de Louisette.
15. Bien qu'il (ne pas être) _____ instruit, les études ont une grande importance pour lui.
16. Chaque fois que Nicolas fait une bêtise, sa mère le (punir) _____.
17. Louisette doit montrer à Nicolas comment bouger les paupières pour qu'il (apprendre) _____ à vraiment manipuler sa mère.
18. Nicolas préfère que son chien (dormir) _____ dans sa chambre.

2 *Posez autant de questions possibles correspondant aux réponses données:*

1. Tante Georgette a acheté un chapeau noir.
2. Ce livre n'est pas à lui; c'est le mien.
3. Nicolas a offert un bouquet de fleurs à sa mère.
4. Nous avons besoin d'une nouvelle voiture parce que notre voiture est en panne.
5. Il fait très beau aujourd'hui.
6. Un taille-crayon sert à tailler les crayons.

7. Le communisme est une philosophie selon laquelle la propriété privée n'existe pas.
8. Jean joue au tennis depuis l'âge de dix ans.
9. Hélène a quinze ans.
10. Nous préférons la robe bleue.
11. C'est une table de chevet.
12. Vous avez parlé à Ghislaine de vos projets.
13. Françoise retourne à Paris.
14. Paola vient de Florence.
15. Il fait du vent.
16. De très jolies fleurs poussent dans le jardin de M. Dupont.
17. J'ai caché le cadeau dans l'armoire.
18. Nous irons en France dans trois mois.
19. Mme Duquenoy a peur de sortir le soir parce qu'il y a beaucoup de voyous dans les rues de cette grande ville.
20. Je vais très bien, merci.
21. Elle va à l'aéroport pour prendre l'avion pour Nice.
22. Un téléphone est un moyen de communication.
23. Un dictionnaire sert à définir les mots.
24. Jean-Claude ne se sent pas bien aujourd'hui.
25. Nous nous intéressons aux meubles du style Louis XVI.
26. Picasso a peint trente mille tableaux.
27. Ce tapis coûte 15.000 francs.
28. Le monsieur qui porte des lunettes veut vous parler.
29. Je ne comprends pas votre idée.
30. Tu as enlevé la vis avec un tournevis.

Révision

Répondez aux questions suivantes par des phrases complètes en employant le vocabulaire et les structures de cette leçon:

1. Quels sports faites-vous?
2. A quels jeux jouez-vous quand il pleut?
3. Quels sports faites-vous en hiver, en été?
4. Combien de vos grands-parents sont encore vivants? Avez-vous des arrière-grands-parents encore en vie?
5. Qui est l'aîné(e) de votre famille? Qui est le (la) cadet(te) de votre famille?
6. Combien de petits-fils et de petites-filles ont vos grands-parents?
7. On joue aux cartes à l'intérieur; où est-ce qu'on joue au football?
8. Quand est-ce qu'on prend le goûter?
9. A quelle heure vous mettez-vous au travail d'habitude?
10. Faites une phrase pour exprimer une émotion.
11. Faites une phrase avec chacune des conjonctions suivantes: **bien que, de crainte que, pour que, avant que, parce que, pendant que.**
12. Imaginez la question que les gens se posent dans les dessins suivants.

Discussion et création

En employant le vocabulaire et les structures de cette leçon, répondez aux questions suivantes:

1. Faites le portrait réel ou imaginé d'un de vos ancêtres. Indiquez sa situation de famille, son rapport avec vous, sa profession, ses habitudes, etc.
2. Faites un arbre généalogique de votre famille.
3. Créez le faire-part du mariage de Nicolas et Louisette.
4. Si vous étiez responsable d'une colonie de vacances, quelles activités offririez-vous aux enfants?
5. Racontez un incident gênant qui est arrivé quand vous étiez avec un(e) ami(e).
6. Imaginez un objet. Les autres élèves de la classe doivent poser des questions pour l'identifier.
7. Ecrivez une lettre au journal de l'école au sujet des règles de l'école. Employez le subjonctif dans un minimum de dix phrases.
8. Imaginez et décrivez la réception au mariage de Nicolas et de Louisette.

Dixième Leçon

Dans La Rue Cases-Nègres, *José raconte l'histoire de son enfance et de sa formation° à la Martinique.° Les personnages les plus importants de sa vie sont sa mère et sa grand-mère, m'man Tine, qui l'ont élevé;° Médouze, le griot, ami de sa grand-mère; et ses professeurs. Ces passages traitent de sa*

5 *dernière année de collège° et de ses études au lycée pour préparer le baccalauréat.° Nous espérons que vous aurez l'occasion de voir le film* La Rue Cases-Nègres *avant de lire ces extraits de l'histoire.*

Dans le premier passage de cette leçon, nous trouvons José au moment où sont annoncés les résultats des examens de fin d'année.

*la formation (p. 277)	l'éducation scolaire
la Martinique (p. 277)	île francophone aux Antilles (voir p. 296)
*élever (p. 277)	s'occuper de l'éducation non-scolaire de quelqu'un
*le collège (p. 277)	l'équivalent de «Junior High School»
*le baccalauréat (p. 277)	l'examen national à la fin du lycée
s'écouler	se passer
l'évanouissement (m.)	la disparition
*la crainte	la peur
*l'espoir (m.)	espérer = avoir de l'espoir
un compte rendu	un rapport; ce qu'on dit à propos de quelque chose
*un brouillon	une première copie; ici: copies brutes des problèmes d'examen rappelés par les élèves
*une rédaction	un devoir écrit sur un thème précis, une dissertation
même	un adverbe qui marque un supplément surprenant
*une manie	une obsession
*lier	mettre ensemble, attacher
*une foule	un groupe de personnes
emplir	remplir: La cour est emplie d'élèves
épeler	dire comment s'écrit un mot, une lettre après l'autre
énoncer	dire
*éprouver	avoir l'expérience de; sentir
*ne... guère	ne... presque pas
se soulager de	enlever, se libérer de; soulager = se sentir mieux
les bottines (f.)	les petites bottes
se traduire	ici: se manifester
*un bavardage	une conversation
*un brouhaha	du bruit
*un bond	bondir = faire un bond: Un lapin bondit.
encadrer	On peut encadrer une belle photo et la mettre au mur.
*aussitôt	immédiatement

La Rue Cases-Nègres

1. L'Examen

La journée s'est écoulée° avec l'évanouissement° de toutes nos craintes,° une exaltation de nos espoirs.°

Notre maître d'école était satisfait dans l'ensemble des comptes rendus° de notre dictée, des brouillons° de nos problèmes et de notre rédaction.° Il avait même° repris
5   confiance en Germé,[1] celle qui était incurablement obsédée par la manie° de mettre un *s* à la fin de chaque mot.

C'était le soir, et dans l'obscurité de la cour du collège de Saint-Esprit nous attendions la proclamation des résultats.

Nous restions littéralement liés° ensemble dans la foule° d'élèves et de parents qui
10   emplissait° la cour.

Seul, M. Roc[2] nous quittait et revenait. On n'en finissait pas d'entendre épeler° tel mot de la dictée, ou énoncer° les résultats des problèmes.

Nous n'éprouvions° guère° de fatigue à rester debout depuis si longtemps, mais certains, comme moi, en avaient mal aux pieds. Profitant de l'obscurité, j'étais des
15   premiers à me soulager de° mes bottines.° Je les avais attachées ensemble par les lacets, et les tenais bien fort pour ne pas les perdre.

Plus le temps passait, plus une nervosité mal contenue nous gagnait, se traduisant° chez certains par un bavardage° continu en plongeant d'autres dans le silence.

Soudain, il y a eu un brouhaha,° un bond° de la foule en avant, un silence: une
20   fenêtre du premier étage s'était ouverte, et son rectangle de clarté encadrait° deux bustes d'hommes. L'un d'eux a commencé aussitôt° à prononcer des noms d'élèves.

---

[1]Une élève de la classe.

[2]M. Roc est le maître d'école.

*au fur et à mesure	successivement
un frisson	un tremblement d'anxiété
un élan	un mouvement ardent et impulsif
*bouger	faire un mouvement
les entrailles (f.)	les organes intérieurs du corps; les intestins
broyer	pulvériser, écraser
*demeurer	rester
fixe	immobile et attentif
*une pluie	la *pluie* tombe = il pleut
**échapper	sortir
solennel(le)	grave, sérieux
autant de	la même quantité de (voir p. 317)
*sauter	bondir
entraîner	emmener
des yeux étincelants	des yeux qui brillent et expriment de l'émotion
la lueur	la lumière
un réverbère	une lampe dans la rue

une clameur	un bruit
s'entasser	mettre dans un tas, les uns sur les autres
*à peine	très peu, presque pas; *ici*: presque au même moment, à l'instant
*une pierre	un petit rocher
un lampion	une lanterne
**joindre	mettre ensemble
*la rentrée	le premier jour d'école en septembre après les grandes vacances

Au fur et à mesure,° des frissons,° des élans,° des exclamations agitaient la foule. Je ne bougeais° pas. Mon sang, mes entrailles° avaient été broyées° ensemble par l'apparition de ces deux hommes, et je demeurais° fixe° et suspendu à la voix qui, de la fenêtre magique, libérait des noms qui descendaient sur les élèves comme une pluie° d'étoiles.

5   Je ne voyais que la fenêtre et n'entendais que la seule voix de l'homme qui lisait les résultats... Hassam José!

C'était le mien! Ce nom, échappé° de la bouche de l'homme, m'a frappé en pleine poitrine, avec violence.

10   Jamais je ne m'étais entendu appeler de ce ton solennel.° Jamais je n'avais senti avec autant d'°intensité tout ce qui liait mon être à ces quatre syllabes.

Mes camarades s'embrassaient, m'embrassaient.

— Nous avons tous réussi! Tous les dix! criaient-ils.

Je ne sautais pas, je ne criais pas, je me laissais entrainer,° souriant, sans trouver rien

15   à dire. M. Roc était très excité et presque submergé par les manifestations des élèves. Il ne faisait que répéter dans un sourire qui ressemblait plutôt à une grimace: «C'est bien, c'est bien», et nous regardait avec des yeux étincelants° derrière ses

20   lunettes, et se tournait sans cesse, commençant une phrase, s'interrompant, se retournant, nous criant: «Il est tard, mes enfants, dépêchons.»

Sous la lueur° des réverbères,° toutes les rues de Saint-Esprit étaient inondées d'élèves et de

25   clameurs.°

M. Roc nous a amenés chez un garagiste et a loué un taxi dans lequel on s'est entassé° tous les dix avec lui.

M'man Tine, comme tous les gens de la Cour

30   Fusil,[1] était déjà couchée quand je suis arrivé à Petit-Bourg. Elle ne dormait pas; à peine° avais-je touché la porte qui, comme à l'ordinaire, était fermée par une pierre° placée derrière sur le plancher, qu'elle avait allumé son lampion,° et me demandait:

— José, qu'as-tu fait, mon petit?

J'ai lancé mes bras en l'air et j'ai dansé.

35   — Ah! merci! a dit m'man Tine en joignant ses mains sur son cœur.

C'était tout. Elle s'est recouchée, m'a dit que mon dîner était dans un plat couvert sur la table. A la rentrée°... j'irais à une école de Fort-de-France,[2] au lycée.

[1]C'est le quartier de Petit-Bourg où habite José.   [2]La capitale de la Martinique.

QUESTIONNAIRE

Répondez oralement aux questions suivantes en faisant des phrases complètes:

1. Quels sont les personnages les plus importants de la vie de José?
2. Qu'est-ce que c'est qu'un griot?
3. Dans quelle classe est José? Quel âge a-t-il donc?
4. Cet extrait se passe à quel moment de l'année scolaire?
5. Quelles étaient les trois épreuves de l'examen?
6. Qu'est-ce que Germé avait l'habitude de faire?
7. Où est-ce qu'on attendait les résultats?
8. Combien de personnes y avait-il?
9. Qui servait de liaison entre les examinateurs et la foule?
10. Est-ce que les élèves étaient fatigués?
11. Où est-ce que José avait mal?
12. Qu'avait-il fait pour se sentir mieux?
13. Comment se traduisait la nervosité des élèves?
14. Qu'est-ce qui a causé un brouhaha?
15. Qu'est-ce qui agitait la foule?
16. Quelle était la réaction de José à l'apparition des deux hommes?
17. Tout d'un coup, quel nom a-t-il entendu?
18. Combien de ses camarades ont réussi?
19. Que faisaient-ils?
20. Et que faisait José?
21. Quelle était la réaction de M. Roc?
22. Comment est-ce que les rues étaient éclairées à ce moment-là?
23. Combien de rues de Saint-Esprit étaient inondées d'élèves et de clameurs?
24. Comment est-ce qu'ils sont tous partis?
25. Où est-ce que José est enfin retourné?
26. Comment étaient tous les gens de la Cour Fusil quand il est arrivé?
27. Où était m'man Tine?
28. Qu'est-ce qu'elle a demandé à José?
29. Comment lui a-t-il répondu?
30. En donnant la réplique, quel geste a fait m'man Tine?
31. Où est-ce que José ira à l'école l'année suivante?

Expressions supplémentaires

Le Système d'enseignement

Age de l'élève			
Les Etats-Unis		*La France*	
	1 an		
	2–3 ans		
	3–4 ans	Ecole maternelle	
Nursery School	4–5 ans		
Kindergarten	5–6 ans		
Elementary School	1st grade 6–7 ans	11ᵉ (cours préparatoire)	Ecole primaire
	2nd grade 7–8 ans	10ᵉ (cours élémentaire 1)	
	3rd grade 8–9 ans	9ᵉ (cours élémentaire 2)	
	4th grade 9–10 ans	8ᵉ (cours moyen 1)	
	5th grade 10–11 ans	7ᵉ (cours moyen 2)	
Junior High School	6th grade 11–12 ans	6ᵉ	Collège = 1ᵉʳ cycle
	7th grade 12–13 ans	5ᵉ	
	8th grade 13–14 ans	4ᵉ	
	9th grade 14–15 ans	3ᵉ	
High School	10th grade 15–16 ans	2ᵉ	Lycée = 2ᵉ cycle
	11th grade 16–17 ans	1ᵉʳᵉ	
	12th grade 17–18 ans	terminale	
College		Université	

Ecole secondaire spans the Collège and Lycée rows.

Les Cours, les matières

l'histoire-géographie
les mathématiques
le français
les langues vivantes
    l'anglais   le chinois
    l'espagnol   le japonais
    l'italien   le russe
    le portugais   l'allemand
les langues classiques
    le latin
    le grec

les sciences physiques
    la physique
    la chimie
les sciences naturelles
    la biologie
les sciences économiques
le dessin
la musique
la philosophie
l'éducation physique

Vocabulaire scolaire

le proviseur   le directeur d'un lycée

le proviseur-adjoint,   le responsable des détails administratifs
le censeur   de l'école et de la discipline

le pion   un fonctionnaire qui ne fait que
                                                    surveiller les élèves

la salle de classe

le réfectoire
la cantine
la cafétéria

la bibliothèque

le dortoir

la cour de récréation

un interne   = un pensionnaire
                                                    un élève qui habite à l'école

un externe   ≠ un interne

un demi-pensionnaire   un externe qui prend le déjeuner à
                                                    l'école

un tablier   *La petite fille porte un tablier.*

Un Emploi du temps

EMPLOI DU TEMPS

LUNDI	MATIN		Anglais	Ed. Physique	Salle d'etude
	SOIR	Mathématiques				Deseuner
MARDI	MATIN		Dessin	Français	'J	||
	SOIR	Histoire et Géographie				
MERCREDI	MATIN	Physique			||	||
	SOIR	Histoire et Géographie	Plein Air		Anglais	
JEUDI	MATIN	Français	Français	Mathém. Algèbre	Histoire Geographie Par	
	SOIR					
VENDREDI	MATIN	Chimie	Physique	Français	||	/|
	SOIR	Ed. Physique	Mathém. Geometrie		Anglais	
SAMEDI	MATIN	Travaux pratiques	jusqu'à 10:00			|/
	SOIR					

Adjectifs temporels

quotidien, quotidienne	ce qui arrive une fois par jour.
hebdomadaire	ce qui arrive une fois par semaine.
mensuel, mensuelle	ce qui arrive une fois par mois.
annuel, annuelle	ce qui arrive une fois par an.

Expressions adverbiales temporelles

Tous les et **toutes les** expriment *la totalité ou la pluralité.*
Tout le et **toute la** expriment *la durée.*

la totalité ou la pluralité	*la durée*
tous les jours (chaque jour)	toute la journée (une journée entière)
tous les matins (chaque matin)	toute la matinée (une matinée entière)
tous les soirs (chaque soir)	toute la soirée (une soirée entière)
toutes les semaines (chaque semaine)	toute la semaine (une semaine entière)
tous les mois (chaque mois)	tout le mois (un mois entier)
tous les ans (chaque année)	toute l'année (une année entière)

L'Evasion

échapper à	éviter (au sens figuré): *En mangeant bien, on échappe à la maladie.*
s'échapper de	se sauver, s'enfuir: *Le détenu s'est échappé de la prison.*

Exercice de vérification

Répondez aux questions suivantes en faisant des phrases complètes:

1. Où prend-on les repas à l'école?
2. Où va-t-on chercher les livres à l'école?
3. Que fait le proviseur?
4. Qui est le censeur de votre école?
5. Qu'est-ce que c'est que l'école maternelle?
6. Où est-ce qu'un interne passe la nuit?
7. Qu'est-ce que les jeunes enfants portent à l'école pour protéger leurs vêtements?
8. Quand vous brossez-vous les dents?
9. Pendant combien de temps parlez-vous français en classe?
10. Combien d'élèves se sont entassés dans le taxi avec M. Roc?
11. Combien de fois reçoit-on un journal quotidien?
12. Combien de fois reçoit-on un magazine mensuel?
13. Nommez les Antilles francophones.
14. Quelles sont les capitales de la Martinique et de la Guadeloupe?
15. Que fait le jeune homme ci-dessous?

PRONONCIATION

I. Révision du rythme (voir page 266)

Répétez les groupes suivants en gardant un rythme constant et en insistant également sur chaque syllabe:

1-2-3	J'ai un rat
1-2-3-4	J'ai un rat gris
1-2-3-4-5	J'ai un gros rat gris
1-2-3-4-5-6	J'ai un très gros rat gris

1-2-3-4	Avec une queue
1-2-3-4-5	Avec une queue grise
1-2-3-4-5-6	Avec une grosse queue grise
1-2-3-4-5-6-7	Avec une très grosse queue grise

J'ai un rat avec une queue
J'ai un rat gris avec une queue grise
J'ai un gros rat gris avec une grosse queue grise
J'ai un très gros rat gris avec une très grosse queue grise

Mon rat est merveilleux  Mon rat est admirable
Mon rat est vigoureux Mon rat est raisonnable
Mon rat est généreux Mon rat est très capable
Mon rat est paresseux Mon rat est formidable

Il nous parle simplement
Il nous parle sincèrement
Il nous parle rapidement
Il nous parle en marchant
Il nous parle en lisant
Il nous parle couramment

II. L'Intonation des phrases affirmatives

1. La phrase française se divise en groupes selon:
   (1) le groupe sujet, (2) le groupe verbal, et (3) les diverses propositions subordonnées.

   Notre maître d'école (1) / était satisfait dans l'ensemble (2) / des comptes rendus de notre dictée (3) /

   des brouillons de nos problèmes (3) / et de notre rédaction (3).

2. Au contraire de l'anglais, la voix *monte* à la fin de chaque groupe de mots et descend à la fin de la phrase. Le rythme ne change pas; c'est *l'insistance* qui change.

   Le personnage le plus important de sa vie est sa mère.

   Les personnages les plus importants de sa vie sont sa mère et sa grand-mère.

Les personnages les plus importants de sa vie sont sa mère et sa grand-mère, m'man Tine.

Les personnages les plus importants de sa vie sont sa mère et sa grand-mère, m'man Tine,

qui l'ont élevé.

Les personnages les plus importants de sa vie sont sa mère et sa grand-mère, m'man Tine,

qui l'ont élevé... et ses professeurs.

Remarquez: Dans les phrases ci-dessus, les groupes ne sont pas divisés complètement. La voix qui *monte* indique que la phrase continue et permet ainsi aux groupes de s'enchaîner.

3. En tenant compte des indications, lisez encore une fois la première phrase:

Notre maître d'école était satisfait dans l'ensemble des comptes rendus

de notre dictée, des brouillons de nos problèmes et de notre rédaction.

Lisez maintenant les trois phrases suivantes de la première page du texte:

C'était le soir...
Nous n'éprouvions guère...
Plus le temps passait...

Quelques verbes irréguliers

craindre		**peindre (éteindre, atteindre)**		**joindre**	
je crains	nous craignons	je peins	nous peignons	je joins	nous joignons
tu crains	vous craignez	tu peins	vous peignez	tu joins	vous joignez
il / elle } craint	ils / elles } craignent	il / elle } peint	ils / elles } peignent	il / elle } joint	ils / elles } joignent

futur:	je craindrai	*futur:*	je peindrai	*futur:*	je joindrai
passé composé:	j'ai craint	*passé composé:*	j'ai peint	*passé composé:*	j'ai joint
imparfait:	je craignais	*imparfait:*	je peignais	*imparfait:*	je joignais
subjonctif présent:	que je craigne	*subjonctif présent:*	que je peigne	*subjonctif présent:*	que je joigne

Exercice d'entraînement

Mettez le verbe qui convient dans chacune des phrases suivantes.

1. En ce moment, nous _____ notre maison.
2. Jean _____ le monstre.
3. Chaque fois qu'on quitte la salle, on _____ les lumières.
4. Quand je _____ deux petits morceaux de bois, j'emploie de la colle et des clous.
5. Enfin, vous _____ votre but: être avocat.
6. En cours d'art, je _____ une nature morte.
7. On _____ l'infection quand on se blesse.

STRUCTURES

I. Les Pronoms possessifs
(pour les adjectifs possessifs voir page 81)

Un Possesseur (singulier)		Plusieurs Possesseurs (pluriel)	
un objet	*plusieurs objets*	*un objet*	*plusieurs objets*
1ère personne le mien *(m.)* la mienne *(f.)*	les miens *(m.)* les miennes *(f.)*	le nôtre la nôtre	les nôtres les nôtres
2e personne le tien *(m.)* la tienne *(f.)*	les tiens *(m.)* les tiennes *(f.)*	le vôtre la vôtre	les vôtres les vôtres
3e personne le sien *(m.)* la sienne *(f.)*	les siens *(m.)* les siennes *(f.)*	le leur la leur	les leurs les leurs

Le pronom possessif, comme l'adjectif possessif, fait allusion au possesseur mais s'accorde en genre et en nombre avec l'objet possédé.

Le Possesseur	L'Objet possédé	Le Pronom possessif
José (troisième personne du singulier)	les bottines (féminin pluriel)	les siennes
m'man Tine (troisième personne du singulier)	le lampion (masculin singulier)	le sien
Moi (première personne du singulier)	le nom (masculin singulier)	le mien
Nous (première personne du pluriel)	les amis (masculin pluriel)	les nôtres
Les élèves et les parents (troisième personne du pluriel)	la joie (masculin singulier)	la leur

Remarquez: L'article défini est une partie du pronom possessif. Après les prépositions **à** et **de**, les articles **le** et **les** sont contractés:

à son professeur (au professeur de José)   ⟶ au sien

à ses camarades (aux camarades de José)   ⟶ aux siens

de son professeur (du professeur de José)   ⟶ du sien

de ses camarades (des camarades de José)   ⟶ des siens

Le schéma suivant résume l'emploi des adjectifs et des pronoms possessifs à la troisième personne:

Le père de Nicolas Le père de Suzy	son père son père	le sien le sien	au sien au sien	du sien du sien
La mère de Nicolas La mère de Suzy	sa mère sa mère	la sienne la sienne	à la sienne à la sienne	de la sienne de la sienne
Les parents de Nicolas Les parents de Suzy	ses parents ses parents	les siens les siens	aux siens aux siens	des siens des siens
Le père de Nicolas et de Suzy La mère de Nicolas et de Suzy Les parents de Nicolas et de Suzy	leur père leur mère leurs parents	le leur la leur les leurs	au leur à la leur aux leurs	du leur de la leur des leurs

Exercice d'entraînement

*Remplacez les mots en italique par les **pronoms possessifs** qui conviennent:*

1. La robe de Suzy a coûté plus cher que *ma robe*.
2. Mes crayons sont sur le bureau. Où as-tu mis *tes crayons?*
3. Je ne peux pas lire cette écriture. *Son écriture* est plus facile à lire.
4. La voiture de M. Roc roule bien moins vite que *notre voiture*.
5. Le père de Nicolas est plus grand que *mon père*.
6. J'ai déjà écrit à mes parents. Ne veux-tu pas écrire *à tes parents?*
7. *La classe de José et de ses amis* semble moins intéressante que *notre classe*.
8. José était content de ses bonnes notes tandis que je n'étais pas très content *de mes notes*.
9. Ce n'est pas ma grand-mère. *Ma grand-mère* habite loin d'ici. C'est la grand-mère de José.
10. C'était mon nom qu'il a lu, c'était *mon nom*.

II. Les Pronoms démonstratifs
(pour les adjectifs démonstratifs, voir page 82)

A.

	masculin	*féminin*
singulier	celui	celle
pluriel	ceux	celles

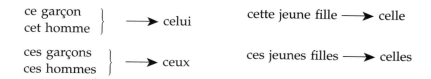

ce garçon ⎫
cet homme ⎬ ⟶ celui   cette jeune fille ⟶ celle

ces garçons ⎫
ces hommes ⎬ ⟶ ceux   ces jeunes filles ⟶ celles

Le pronom démonstratif (**celui, celle, ceux, celles**) remplace un nom modifié par un adjectif démonstratif et il s'accorde en genre et en nombre avec le nom remplacé. Il ne s'emploie jamais tout seul et est toujours modifié par un des trois éléments suivants:

1. les adverbes **-ci** ou **-là** qui indiquent si l'objet ou la personne est proche ou éloignée

    Quel gâteau voulez-vous? Celui-**ci** ou celui-**là**?
    Ces livres-**ci** sont bien plus intéressants que ceux-**là**.
    De toutes ces jupes, c'est celle-**ci** que je préfère.

    Remarquez: Dans une phrase où on veut distinguer entre deux antécédents, on peut attacher **-ci** au pronom démonstratif qui rappelle le deuxième et **-là** à celui qui rappelle le premier.

    Le Sénégal et Haïti sont deux pays francophones; celui-ci est aux Antilles mais celui-là est en Afrique.

2. un complément introduit par une préposition. Dans ce cas, on n'emploie pas **-ci** ou **-là**.

    De tous les examens, celui **de José** est le meilleur.
    Regardez ces deux voitures. Celle-ci est certainement plus élégante que celle **de Georgette**.
    Je préfère ces bonbons-ci. Ceux **de la boîte** ont mauvais goût.

3. une proposition relative (voir les pronoms relatifs, pages 52, 241)

    Lequel de ces élèves s'appelle José?
      C'est celui **qui travaille avec application**.
      C'est celui **que vous voyez là-bas assis dans le coin**.
      C'est celui **avec qui nous voulons travailler**.
      C'est celui **dont j'admire le travail**.

    Quelle chambre est la plus jolie?
      Je crois que celle **qui est ornée de tapisseries** produit l'effet le plus agréable, mais celle **dont les murs sont tapissés de papier peint** a un air plus élégant.

B. *Le Pronom démonstratif ce*. On emploie le pronom démonstratif **ce** comme antécédent d'un pronom relatif quand un *autre* antécédent n'est pas mentionné. On l'emploie seulement pour une chose ou une idée.

    Faites **ce que vous voudrez**.
    Je n'ai pas **ce dont vous avez besoin**.
    Savez-vous **ce qui m'intéresse?**

Pour mieux distinguer l'emploi de **ce** + une proposition relative, remarquez la différence entre ces phrases:

    1. Voilà **le roman que** je veux lire.
    2. De tous ces romans, voilà **celui que** je veux lire.
    3. Je ne sais pas **ce que** je veux lire. Un roman, une pièce ou peut-être un magazine?

C. *Les Pronoms démonstratifs neutres* **ceci** *et* **cela** *(ça)*. Ces pronoms s'emploient pour rem-placer une phrase, une idée entière ou une chose dont on ne sait pas le genre. **Cela** s'emploie au lieu de **ceci** sauf pour insister sur la proximité de la chose.

Regardez **ceci.** Je ne sais pas ce que c'est.
Portez **ceci** au bureau.
Cela lui fait plaisir.
Qu'est-ce que **ça** veut dire?
Ça veut dire: «Il travaille bien, même très bien.»
Ça me fait du bien.
Ça, ce n'est pas une critique.

Exercice d'entraînement

Complétez les phrases avec les pronoms démonstratifs qui conviennent:

1. Qui est Germé? C'est _____ qui est incurablement obsédée par la manie de mettre un *s* à la fin de chaque mot.
2. Lequel de ces romans est le plus intéressant? _____ de Camus ou _____ de Flaubert?
3. Lesquels de ces romans préférez-vous? _____ de Sartre ou _____ de Balzac?
4. De toutes ses pièces, je crois que c'est _____ qu'il a écrite l'année dernière qui me plaît le plus.
5. Les tartes aux framboises sont _____ que je trouve les plus délicieuses.
6. Laquelle de ces chambres est la plus spacieuse? _____ ou _____ ?
7. *E.T.* et *La Rue Cases-Nègres* sont deux films excellents. _____ est français et _____ est américain.
8. Des deux robes, je trouve _____ plus jolie que _____ .
9. Faites _____ que vous voulez.
10. Je ne sais pas _____ que je veux faire ensuite.
11. Mon père est toujours en retard _____ qui est regrettable.
12. _____ qui m'embête c'est sa façon de critiquer les autres.
13. Je n'aime pas _____ .
14. _____ me fait plaisir.
15. Qu'est-ce que c'est que _____ ?
16. Donnez-lui _____ au lieu de _____ .
17. Les résultats de José étaient meilleurs que _____ de son ami.
18. _____ qu'il fait de son temps ne m'intéresse pas.
19. Je ne connais pas cette fille-là, _____ qui porte une jolie jupe rouge.
20. Voilà deux gâteaux. Veux-tu _____ ou _____ ?
21. De tous les exercices, _____ est le plus facile.

III. *C'est* ou *il est?*

Il ou **elle** s'emploie normalement comme sujet du verbe **être** avant un adjectif et avant les nationalités, les professions et les religions—toujours sans article.

Ce s'emploie normalement comme sujet du verbe **être** avant un nom, un nom propre, un pronom ou un adjectif qui exprime une idée. Le nom est toujours modifié par un article.

Comparez:

Je veux voir ce film.	Il est extraordinaire.	C'est un film extraordinaire.
Qui était Sarah Bernhardt?	Elle était actrice.	C'était une actrice célèbre.
Mon beau-père nous rend visite.	Il est suédois.	C'est un prince suédois.
Connais-tu cette école?	Elle est excellente.	C'est une école excellente.

On a gagné le match.		C'est sensationnel.
Il a plu pendant tout le week-end.		C'est dommage.

Nous allons à la plage.	Elle est formidable. (La plage est formidable.)	C'est formidable. (L'idée d'aller à la plage est formidable.)
Tristan aime Iseut.	Il est beau. (Tristan est beau.)	C'est beau. (L'histoire est belle.)
Ma sœur a été reçue à l'université.	Elle est intelligente. (Ma sœur est intelligente.)	C'est formidable. (Le fait qu'elle a été reçue est formidable.)
Ce livre ne lui plaît pas.	Il est ennuyeux. (Le livre est ennuyeux.)	C'est bizarre. (Le fait qu'il n'aime pas le livre est bizarre.)

Exercice d'entraînement

*Complétez les phrases avec les pronoms qui conviennent (**il, elle, ils, elles, ce,** ou **c'**):*

1. _____ est avocate.
2. Nous avons perdu le match. _____ est regrettable.
3. Nous venons de faire la connaissance des Pinoteau. _____ est français. _____ est iranienne. _____ est un ménage sympathique. _____ ont maintenant deux grands enfants et un bébé. _____ est le plus adorable des bébés.
4. Même si d'habitude _____ est une femme ponctuelle, aujourd'hui _____ est en retard.
5. _____ est un garçon intelligent mais _____ ne travaille pas.
6. Aimez-vous cette musique? Oui _____ me plaît. _____ est très jolie.
7. _____ sont mes camarades de classe. _____ sont chouettes.
8. La statuette de ma tante s'est cassée. _____ est dommage parce que je crois qu'_____ était belle.
9. Voilà Robert. _____ est mon meilleur ami. _____ est un peu plus âgé que moi mais _____ n'est pas plus grand.
10. Qui a reçu les meilleurs résultats? _____ est lui, monsieur, _____ est José.

Exercices de vérification

1 *Complétez les phrases suivantes avec les pronoms possessifs qui conviennent. Dans chaque phrase, le possesseur est en italique:*

1. Sa montre coûte plus cher que _____ mais *je* ne l'aime pas autant.
2. Après avoir parlé à mon père, *tu* devrais parler à _____.
3. J'ai acheté ma voiture l'année dernière. *Ils* ont acheté _____ il y a longtemps.
4. Aujourd'hui, *Louisette* a apporté son joli cartable neuf. *Je* trouve _____ plus chouette que _____.
5. Ses amis habitent près d'ici mais *nous* n'avons pas vu _____ depuis plusieurs mois.
6. Robert a acheté ses bottes aux Galeries Lafayette. Où *Jacques* a-t-il acheté _____? *Je* les trouve plus solides que _____. *Marie et Joseph* nous disent que _____ leur ont coûté une fortune.
7. Nous n'avons pas tous les billets. *Vous* avez _____ et lui, *il* a _____ mais moi *je* n'ai pas encore reçu _____ .
8. Combien de cousins avez-*vous*? *Je* crois que _____ sont un peu plus nombreux que _____ . Je n'en ai que deux.
9. J'ai écrit une lettre à ma tante mais *ils* n'en ont pas écrit à _____.
10. Je déteste les devoirs. *Jean-Paul* fait toujours _____ plus rapidement que *je* fais _____ .

2 *Complétez les phrases avec les pronoms démonstratifs qui conviennent:*

1. Quel dessert préférez-vous? _____ ou _____?
2. Qu'est-ce que c'est qu'une dactylo? C'est _____ qui écrit à la machine.
3. Savez-vous _____ qu'il y a dans cette boîte?
4. Qu'est-ce que _____ veut dire?
5. Le baseball et le football sont mes deux sports préférés. _____ se joue en automne et _____ se joue au printemps.
6. Lequel des garçons a reçu les meilleurs résultats? C'est _____ qui sourit.
7. Il est difficile de trouver du fromage en ce moment mais _____ de la crémerie en ville sont nettement supérieurs à _____ du supermarché.
8. J'adore les gâteaux. _____ que font ma tante et ma mère sont excellents.
9. Le concierge, c'est _____ qui s'occupe de l'entretien de notre immeuble.
10. En général, _____ ne se dit pas.

3 *Complétez les phrases avec les pronoms qui conviennent (**il, elle, ils, elles, ce** ou **c'**):*

1. _____ est française. _____ est toujours mon amie bien qu' _____ habite très loin d'ici.
2. Avez-vous vu ce film? _____ est fantastique!
3. Connais-tu sa mère? _____ est une dame que je connais depuis longtemps.
4. Tu voyages en France cet été? Mais _____ est formidable!
5. _____ n'est pas étonnant qu'ils trouvent ce quartier dangereux.
6. _____ sont des actrices célèbres. _____ ont joué dans plusieurs pièces bien connues.

7. _____ est une idée intéressante. _____ a du mérite.
8. _____ est directeur. _____ est l'homme le plus puissant de la Société Renault.
9. J'adore cette émission à la télé. _____ me plaît énormément. _____ est toujours intéressante.
10. _____ est dommage. Nous avons perdu le match.

Révision

Répondez aux questions suivantes par des phrases complètes en employant le vocabulaire et les structures de cette leçon:

1. Si vous restez debout pendant longtemps, qu'est-ce que vous éprouvez?
2. Qui est le proviseur de votre école?
3. Quand vous quittez l'école, à quoi échappez-vous?
4. Quels cours suivez-vous?
5. Complétez cette phrase: «De tous mes cours, celui que j'aime le mieux c'est... parce que...»
6. Quelles sont les différences entre un externe et un interne?
7. Où est-ce qu'on prend les repas à l'école?
8. Avez-vous des manies? Lesquelles?
9. Qui était Germé?
10. Que fait un griot?
11. Faites une phrase avec *au fur et à mesure*.
12. Faites une phrase avec *à peine*.
13. Quelles sortes de journaux sont le *New York Times* et *Le Monde*?
14. Quelles sortes de magazines sont *Cosmopolitan* et *Elle*?
15. Quelles sortes de magazines sont *Time* et *L'Express*?

Discussion et création

En employant le vocabulaire et les structures de cette leçon, répondez aux questions suivantes:

1. Imaginez l'éducation idéale (les moyens, les buts, la raison d'être, les cours, etc.).
2. Décrivez quelques différences entre les systèmes d'enseignement aux Etats-Unis et en France.
3. Quelle a été votre réaction quand vos parents vous ont amené(e) à l'école pour la première fois?
4. Faites le tour de votre classe de français et attribuez une caractéristique à chaque personne: «Marie c'est celle qui... Richard c'est celui qui...», etc.
5. Faites le portrait d'un élève qui attend l'arrivée du courrier dans lequel il trouvera son bulletin trimestriel. Employez au moins deux pronoms possessifs, deux pronoms démonstratifs et cinq des expressions suivantes: *demeurer, éprouver, soulager, aussitôt, bouger, crainte, même, espérer.*

LES ANTILLES FRANCOPHONE

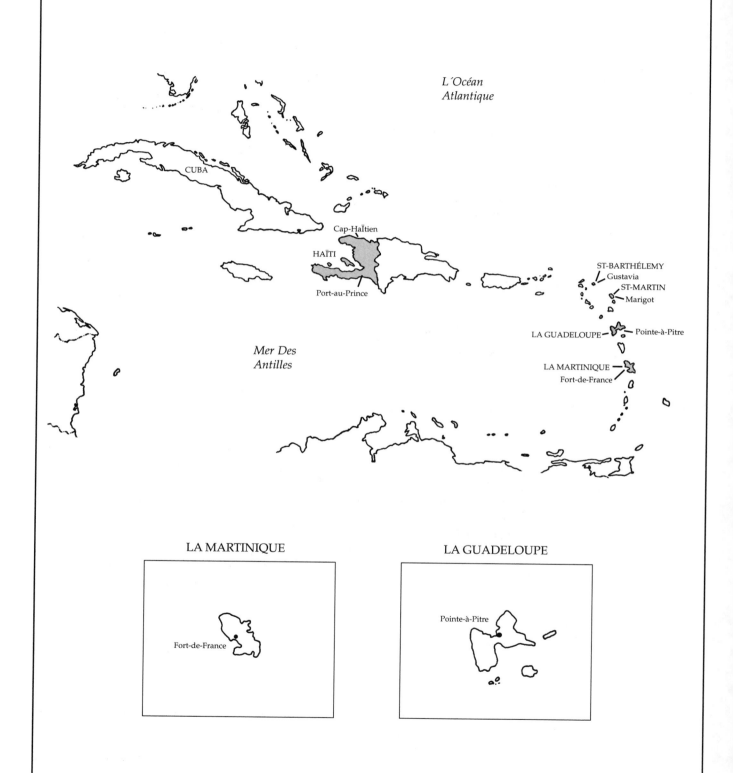

L'Océan
Atlantique

CUBA

Cap-Haïtien

HAÏTI

Port-au-Prince

ST-BARTHÉLEMY
Gustavia
ST-MARTIN
Marigot

LA GUADELOUPE — Pointe-à-Pitre

Mer Des
Antilles

LA MARTINIQUE
Fort-de-France

LA MARTINIQUE

Fort-de-France

LA GUADELOUPE

Pointe-à-Pitre

Onzième Leçon

José se sent mal à l'aise dans son nouveau lycée et son premier bulletin laisse à désirer.

fourmillant	agité, comme si les élèves étaient des fourmis, un petit insecte travailleur
charpenté de	construit, soutenu par
emmuré(e)	entouré(e) de murs
*jusqu'à	*La classe dure jusqu'à midi.*
les grands	les élèves les plus âgés, ceux qui étaient en terminale
*oser	avoir le courage de
Première Communion	rite catholique où l'on devient membre de l'église à environ 7 ans. Pour la cérémonie, on porte un nouveau costume ou une nouvelle robe.
l'absolution	le pardon (rite chrétien)
*peu à peu	= petit à petit, lentement
communal(e)	du village
une semelle	le dessous d'une chaussure
*vêtu(e)	habillé(e)
témoignant de	qui montrent la valeur de
un trousseau	tous les vêtements qu'on possède; une garde-robe
soigné(e)	maintenu correctement, avec soin
*frais, fraîche	*ici:* innocent
*en tout cas	dans toutes les situations, de toute façon
un garçonnet	un petit garçon innocent
une culotte	un pantalon court
le velours	un tissu doux et luxueux
marron	brun
*lisse	plat, sans boucles
une raie	quand un garçon se peigne, il sépare ses cheveux avec une raie

La Rue Cases-Nègres

2. Le Premier Bulletin

Je trouve ce lycée très grand, fourmillant° d'élèves, charpenté de° professeurs.

Ce qui me change le plus de mon école de Petit-Bourg, c'est d'être encagé pendant les classes dans des salles dont les fenêtres ne voient point d'arbres, et d'être captif, aux heures de récréation, dans une cour emmurée,° dans laquelle, vu le nombre des élèves, il
5 n'est même pas possible de jouer.

Et puis dans cette foule d'élèves (des tout petits de la Maternelle jusqu'aux° grands° que j'avais pris pour des professeurs) je me trouve seul comme je n'ai jamais été. Personne que je connaisse, personne qui m'ait adressé la parole; personne à qui j'oserais° parler en confiance.
10 Le premier jour, j'étais habillé de mon costume de Première Communion,° avec mes bottines noires; la semaine suivante du costume blanc avec lequel j'avais reçu l'absolution;° et peu à peu,° j'en suis venu à mes vieux costumes de l'école communale° et à une paire de chaussures à semelles° de caoutchouc.

Quelle différence en comparaison avec tous les autres élèves vêtus° de costumes
15 témoignant de° trousseaux° soignés,° et équipés de cartables de cuir, de stylos d'or, de montres!

A côté de moi s'assied, dans la salle d'étude, un garçon qui porte un bracelet d'identité, gravé à son petit nom: «Serge.» Un nom d'enfant propre et frais,° d'enfant à peau claire. En tout cas,° pas un nom de petit garçon noir et mal mis. Un nom de gentil
20 garçonnet° à culotte° de velours° et blouson de soie, à chaussures basses de couleur marron,° aux cheveux lisses° et parfumés, séparés par une raie,° et qui porte une montre en or à son poignet.

*d'ailleurs	en plus (terme qui introduit une nouvelle nuance)
repoussant(e)	≠ attirant; dégoûtant
*quant à	à cause de, en ce qui concerne
la tenue	les vêtements
la gaîté	la joie, ce qui est *gai*
aisé(e)	facile, sans effort
manier	manipuler, utiliser
la bêche	un outil au jardin
le coutelas	le grand couteau qui coupe les cannes à sucre
*rompre avec	terminer, éliminer, abandonner; *rompre* = briser
*l'un et l'autre	les deux
*le savoir	l'instruction
**un avocat	celui qui représente un client au tribunal
**un ingénieur	une personne avec une formation scientifique et technique qui dirige les travaux et les recherches
*rédiger	écrire
insinuer	suggérer, recommander
*ne... que	seulement
le tableau d'honneur	la liste des élèves avec des résultats remarquables

Son père le dépose et revient le chercher en voiture à la porte du lycée. Et lorsqu'il pleut, le concierge qui me regarde avec de si gros yeux, aimablement lui apporte un imperméable pour qu'il traverse la cour.

Ils sont beaucoup de ce modèle-là, ceux de ma classe de sixième et ceux que je vois
5   s'assembler ou jouer ensemble.

Personne ne me ressemble. Personne n'a d'ailleurs° jamais fait attention à moi. J'étais moins favorisé que les autres.

Serais-je repoussant° à ce point, quant à° ma tenue?°

Je crois plutôt que c'est mon absence de gaîté,° contrastant avec leur comportement
10   aisé,° leur joie d'être entre eux, qui m'isole. Certainement, s'il y en avait un qui a été né à une rue Cases-Nègres, un dont les parents maniaient° la bêche° ou le coutelas,° je l'aurais reconnu et approché. Mais je suis le seul de mon espèce.

Pendant tout le premier trimestre, mes rapports avec mes camarades de la sixième n'ont guère évolué.

15   Je ne bavarde pas en classe. Je ne m'amuse pas pendant les récréations. Impossible, jusqu'à présent, de rompre avec° mes complexes et mes regrets. Je regrette aussi Petit-Bourg, et mon ancienne école, et tout ce qui compose l'un et l'autre.° Je regrette de ne pas être au Cours Supérieur de Saint-Esprit où j'aurais gardé la plupart de mes camarades.

Qu'est-ce que je fais dans ce lycée?

20   On a dit à ma mère que je pourrais en sortir avec assez de savoir° pour aller en France et devenir médecin, avocat,° ingénieur.° En rédigeant° ma candidature aux examens, M. Roc me l'avait insinué;° mais ça ne m'intéressait pas. Les autres, les Serge, ceux qui sont plus riches que moi, oui! Mais moi...

C'est à cause de cet abandon sans doute que mon premier trimestre a été pauvre en
25   résultats. Je n'ai eu que° le tableau d'honneur° du premier mois.

*la veille	≠ le lendemain; le jour avant
**le bulletin	le résumé des résultats scolaires; les notes des élèves sont envoyées aux parents dans un *bulletin* à la fin de chaque trimestre
le chagrin	la tristesse
*parmi	au milieu de
*une appréciation	un commentaire du professeur
s'épuiser	se fatiguer
*frotter	battre, frapper; *ici*: nettoyer

*le linge	les vêtements sales
se dessécher	*ici*: maigrir
*repasser	

*puisque	parce que
*y compris	l'inclusion de, même avec
*empêcher	≠ permettre
écorché(e)	blessé(e); dépouillé(e) de sa peau
le fer à repasser	

souffrants	qui ont mal (souffrir)
s'effondrer en sanglots	pleurer abondamment
*décevoir	tromper, désappointer
peiner	causer de la peine, rendre triste
*s'essuyer les yeux	

Lorsque, à la veille° de Noël, ma mère a reçu mon bulletin° trimestriel, c'était pour elle un sujet de gros chagrin:° toutes mes notes étaient médiocres. Et parmi° les appréciations° défavorables, celles du professeur de mathématiques: «Elève peu intéressant.» Moi qui, avec M. Roc, réussissais.

5 —José, me dit ma mère, tu vois donc pas combien je m'épuise° à frotter° des piles de linge° et combien je me dessèche° à repasser° de jour comme de nuit? Tu sais pas que c'est pour payer les quatre-vingt-sept francs cinquante de tes études et que tu dois travailler en classe pour que cet argent ne soit pas perdu; pour que je me tue pas inutilement! Voilà que tu viens de jeter là quatre-vingt-sept francs cinquante, puisque° t'as 10 pas une seule bonne note dans le trimestre. Oui, c'est comme si tu avais jeté à la mer tout l'argent de ta maman, y compris° les cinq francs que m'man Tine t'avait donnés...

Ma mère ne m'a pas réprimandé avec plus de colère que normale; mais elle aurait pu me battre jusqu'au point où j'aurais détesté le lycée, les professeurs et tous les élèves: c'étaient eux les uns et les autres, qui m'avaient empêché° de travailler.

15 Personne ne s'occupe de moi, on ne m'interroge pas. A Petit-Bourg, les maîtres vous obligent à apprendre vos leçons et à faire vos devoirs, sinon vous êtes punis. Mais dans ce lycée, on en fait aussi peu qu'on veut.

Ma mère n'avait même pas élevé la voix et, en l'écoutant, j'ai eu l'impression qu'elle pleurait. Comme si ses mains écorchées° par le frottement des gros linges saignaient, que 20 ses bras, épuisés par le fer à repasser,° lui faisaient mal, ou que c'était moi qui l'avais frappée, à ses mains écorchées, à ses bras souffrants,° elle, ma maman!

Alors je me suis effondré en sanglots.°

Je pleurais pour ma mère qui avait eu envie de me voir être un meilleur élève que celui qui l'avait déçue° et peinée.°

25 Mais lorsque je me suis essuyé les yeux,° j'aurais voulu retourner immédiatement au lycée. J'étais décidé à travailler.

QUESTIONNAIRE

Répondez oralement aux questions suivantes en faisant des phrases complètes:

1. Comment José trouve-t-il le lycée?
2. Comment sont les salles de classe?
3. Comment se sent-il dans la cour?
4. Combien d'élèves y a-t-il au lycée?
5. Combien de ces élèves connaît-il?
6. Comment était-il habillé le premier jour?
7. Quel détail symbolise une évolution dans sa façon de s'habiller?
8. Comment est-ce que les autres élèves étaient vêtus?
9. Qui est Serge?
10. Faites son portrait.
11. Comment arrive-t-il au lycée tous les jours?
12. Que fait le concierge pour lui quand il pleut?
13. Est-ce que beaucoup d'élèves sont comme José?
14. Qu'est-ce qui le différenciait des autres?
15. Qui est-ce qu'il aurait reconnu?
16. Décrivez le comportement de José pendant le premier trimestre.
17. Qu'est-ce qu'il regrette?
18. Qu'est-ce qu'on a dit qu'il pourrait faire avec une formation au lycée?
19. Qui est-ce que cela intéressait?
20. Combien de mois est-ce que José a eu le tableau d'honneur?
21. Comment était son premier bulletin?
22. Quand sa mère l'a-t-elle reçu?
23. Quelle était l'appréciation du professeur de mathématiques?
24. Que fait la mère de José pour payer ses études?
25. Pourquoi est-ce que José doit travailler?
26. A quoi la mère de José compare-t-elle son manque de travail à l'école?
27. Est-ce que sa mère s'est fâchée plus que d'habitude?
28. Comment José se défend-il? Comment justifie-t-il ses résultats?
29. Comment est-ce que l'Ecole de Petit-Bourg était supérieure à celle-ci?
30. De quoi est-ce que José se sentait coupable?
31. Alors, qu'est-ce que José a fait?
32. Quelle est la conclusion?

Un Bulletin trimestriel

COLLÈGE
RUE ANTOINE-CHATEL
B.P. 10
35131 CHARTRES-DE-BRETAGNE
TÉL. (99) 00.25.61

NOM _____
PRÉNOM _____
CLASSE _____ 5 L _____ NÉ(E) LE 25-11-82
CLASSES REDOUBLÉES _____ NOMBRE D'ÉLÈVES 26
☐ EXTERNE ☒ 1/2 PENSIONNAIRE

3ᵉ TRIMESTRE 1995 1996

DISCIPLINES	TYPES D'EXER-CICES	MOYEN. DE LA CLASSE S/20	NOTE DE L'ÉLÈVE S/20	PORTRAIT SCOLAIRE DE L'ÉLÈVE (POSSIBILITÉS, TRAVAIL, COMPORTEMENT)
FRANÇAIS M. Boisson	orth.Gr.	11,5	16	De bons résultats, des facilités d'expression mais l'attention en cours n'est pas toujours de première qualité.
	CF	11	13,5	
	Dict.appl	13	14,5	
LATIN ou GREC M.				
MATHÉMATIQUES M. Blanchet		11,8	15	Bon travail.
LANGUE VIVANTE I M. Chollet		12,2	17,5	Très bien.
LANGUE VIVANTE II M.				
SCIENCES HUMAINES M. Cade		14,2	16.	Bien. De la curiosité.
SCIENCES NATURELLES M. Nadiveu		15	7,5	Décevant ce trimestre
SCIENCES PHYSIQUES M. Razakarivony				
ÉDUCATION MANUELLE ET TECHN. E M. Rousseau		15	15	Bon travail dans l'ensemble
DESSIN M. Le Bris		13,3	16	a bien ensemble, veut faire mieux faire.
ÉDUCATION MUSICALE M.				
OPTION TECHNOLOGIQUE				
ÉDUCATION PHYSIQUE ET SPORTIVE M. Lehebel		.		Bonne participation

ADMIS EN : 4ème
AUTORISÉ A REDOUBLER
EN _____
ORIENTATION PROPOSÉE

APPRÉCIATIONS ET RECOMMANDATIONS DU PROFESSEUR PRINCIPAL :
Bon trimestre - quelques négligences cependant (Sciences , dessin).

AVIS DU CHEF D'ÉTABLISSEMENT

Le système de notation traditionnel
en France s'étend de 0 à 20. 20 n'est
réservé qu'à la perfection et au
bon Dieu. La moyenne est 10.

Expressions supplémentaires

Les Métiers, les professions (voir pages 99–101)

Le proviseur

Le proviseur-adjoint
(Le censeur)

Le professeur

L'instituteur

L'institutrice

} sont dans l'enseignement.

Le médecin

L'infirmière
L'infirmier

Le chirurgien

Le psychiatre

} sont dans la médecine.

L'avocat
L'avocate

Le magistrat

Le juge

Le notaire

} font du droit.

Le président
La présidente

Le premier ministre

Le ministre   } travaillent pour l'Etat.
                      Ils sont dans la politique.
Le député   (Ils font de la politique.)

Le maire

Le P.D.G.
  (président directeur général)

Le directeur
La directrice

Le sous-directeur   } travaillent dans une société.
La sous-directrice

Le fonctionnaire

L'ouvrier
L'ouvrière

Le marin   est dans la marine

Le militaire   est dans l'armée.

L'industriel   est dans l'industrie.

Le commerçant et   sont dans le commerce.
la commerçante

L'homme et la femme d'affaires sont dans les affaires.

Il/Elle est comptable.   Il/Elle est journaliste.

Il/Elle est banquier.   Il/Elle est pompier.

Il est prêtre.

Il est facteur.
Elle est factrice.

Il / Elle est concierge.

Il / Elle est agent de voyages.

Il / Elle est agent de police.

Il est imprimeur.

Il est routier.
Elle est femme-routier.

Il est aviateur.
Elle est aviatrice.

Il / Elle est garagiste.

Il / Elle est ingénieur.

Il / Elle est athlète professionnel(le).

Il est agriculteur.
Elle est agricultrice.

Il / Elle est photographe.

Il est cuisinier.
Elle est cuisinière.

Il / Elle est dentiste.

Elle est religieuse.

Il / Elle est représentant(e).

Il est mineur.

Il / Elle est dactylo.

Il / Elle est agent d'assurances.

Il / Elle est agent immobilier.

Il / Elle est écrivain.

Il / Elle est pompiste.

Il / Elle est scientifique.

Il / Elle est assistant(e) social(e).

Il / Elle est cinéaste.

Elle est ménagère, femme au foyer.
Il est homme au foyer.

Elle est femme de ménage.
Il est ouvrier d'entretien.

Il / Elle est poète.

Il / Elle est bibliothécaire.

Exercice de vérification

Répondez aux questions suivantes en faisant des phrases complètes:

1. Qui est dans la médecine?
2. Qui est dans l'enseignement?
3. Qui est dans l'armée?
4. Identifiez la profession de chaque personne ci-dessous:

PRONONCIATION

L'Intonation de la phrase interrogative

L'intonation de la phrase interrogative se divise en deux sortes: (1) l'intonation d'une question qui exige **oui** ou **non** en réponse et (2) l'intonation d'une question introduite par un pronom ou un adverbe interrogatifs.

1. La voix *monte* à la fin d'une phrase interrogative qui exige **oui** ou **non** en réponse.

Prononcez bien les questions suivantes en faisant attention à l'intonation:

José est triste?

Est-ce que José est triste?

José est-il triste?

José connaissait-il des gens?

José connaissait-il des gens au lycée?

José connaissait-il des gens au lycée qu'il fréquentait?

José connaissait-il des gens au lycée qu'il fréquentait depuis le mois de septembre?

José connaissait-il des gens au lycée qu'il fréquentait depuis le mois de septembre et qu'il n'aimait pas beaucoup?

2. La voix *descend* à la fin d'une phrase interrogative introduite par un pronom ou un adverbe interrogatifs.

Prononcez bien les questions suivantes en faisant attention à l'intonation:

Comment allez-vous?

Pourquoi sa mère est-elle triste?

Qu'est-ce qu'elle lui a dit?

Qui s'est effondré en sanglots?

Où avez-vous l'intention de passer les grandes vacances?

Qu'a fait la mère de José?

Qu'a fait la mère de José la veille de Noël?

Qu'a fait la mère de José la veille de Noël quand elle a lu le bulletin?

Qu'a fait la mère de José la veille de Noël quand elle a lu le bulletin devant lui?

Quelques verbes irréguliers

décevoir (recevoir)

je	déçois	nous	décevons
tu	déçois	vous	décevez
il elle	déçoit	ils elles	déçoivent

futur: je décevrai
passé composé: j'ai déçu
imparfait: je décevais
subjonctif: que je déçoive

plaire

je	plais	nous	plaisons
tu	plais	vous	plaisez
il elle	plaît	ils elles	plaisent

futur: il plaira
passé composé: il a plu
imparfait: il plaisait
subjonctif: qu'il plaise

pleuvoir

il pleut

futur: il pleuvra
passé composé: il a plu
imparfait: il pleuvait
subjonctif: qu'il pleuve

Remarquez l'emploi particulier du verbe **plaire à**.
Comparez ces phrases synonymes:

Ma mère aime le chat.	→ Ma mère trouve le chat agréable.	→ Le chat plaît à ma mère.
Elle aime le chat.	→ Elle trouve le chat agréable.	→ Le chat lui plaît.
Il aime les chats.	→ Il trouve les chats agréables.	→ Les chats lui plaisent.
J'aime le chat.	→ Je trouve le chat agréable.	→ Le chat me plaît.
Je l'aime.	→ Je le trouve agréable.	→ Il me plaît.
Nous l'aimons.	→ Nous le trouvons agréable.	→ Il nous plaît.
Vous l'aimez.	→ Vous le trouvez agréable.	→ Il vous plaît.
Ils l'aiment.	→ Ils le trouvent agréable.	→ Il leur plaît.
Il aime cela.	→ Il trouve cela agréable.	→ Cela lui plaît.
J'aime ça.	→ Je trouve ça agréable.	→ Ça me plaît.
J'ai aimé ça.	→ J'ai trouvé ça agréable.	→ Ça m'a plu.

Exercices d'entraînement

1 *Mettez les verbes entre parenthèses à la forme qui convient:*

1. Hier soir il (pleuvoir) _____ mais aujourd'hui il fait beau.
2. José (décevoir) _____ sa mère quand il (recevoir) _____ des notes médiocres.
3. Nous (décevoir) _____ toujours nos parents quand nous ne répondons pas à leurs lettres.
4. Demain, je (recevoir) _____ une contravention si je roule trop vite.
5. Voilà un livre qui vous (plaire) _____.
6. José (recevoir) _____ une punition de sa mère quand m'man Tine les a interrompus.
7. Ce sont des émissions qui me (plaire) _____ beaucoup.
8. J'espère qu'il (ne pas pleuvoir) _____ demain.
9. Le soleil ne brille pas lorsqu'il (pleuvoir) _____.
10. Je regrette que ce repas ne vous (plaire) _____ pas.

2 *Répondez aux questions suivantes à la forme affirmative et à la forme négative en employant l'expression* **plaire à**:

1. Comment trouvez-vous ce livre?
2. Comment trouvez-vous cette histoire?
3. Comment trouve-t-il la pièce?
4. Comment trouvent-ils cela?
5. Comment a-t-il trouvé la tarte?
6. Comment José trouve-t-il le bulletin?
7. Comment sa mère trouve-t-elle le bulletin?
8. Comment sa mère et sa grand-mère trouvent-elles le bulletin?
9. Comment José trouvait-il le lycée?
10. Comment avez-vous trouvé l'histoire du bulletin?

STRUCTURES

I. Les Adjectifs

Un adjectif modifie un nom et s'accorde *en genre* et *en nombre* avec ce nom.

Formation: Le Féminin des adjectifs

A. Pour former le féminin d'un adjectif on ajoute généralement un **e** à la forme masculine. Si l'adjectif au masculin se termine par un **e** on n'ajoute rien pour le féminin:

masculin	féminin	masculin	féminin
grand	grande	faible	faible
mauvais	mauvaise	jaune	jaune
petit	petite	lisse	lisse
noir	noire	fragile	fragile

Remarquez: Les participes passés et les participes présents peuvent être adjectifs:

masculin	féminin	masculin	féminin
surpris	surprise	charmant	charmante
assis	assise	souffrant	souffrante
déçu	déçue	décidé	décidée

B. D'autres adjectifs changent d'orthographe au féminin:

-er	➞ -ère		-eur, -eux	➞ -euse
dernier	dernière		travailleur	travailleuse
léger	légère		trompeur	trompeuse
cher	chère		heureux	heureuse
fier	fière		joyeux	joyeuse
			amoureux	amoureuse

-f	➞ -ve		-el, -il, -en, -et, -on, -as, -os, -sot	➞ *consonne doublée* + **e**
bref	brève		gros	grosse
vif	vive		cruel	cruelle
neuf	neuve		gentil	gentille
destructif	destructive		bon	bonne
			muet	muette
			sot	sotte
			parisien	parisienne
			gras	grasse

C. Pour d'autres adjectifs, les féminins sont exceptionnels:

masculin	féminin	masculin	féminin
blanc	blanche	fou	folle
sec	sèche	beau, bel	belle
frais	fraîche	nouveau, nouvel	nouvelle
franc	franche	vieux, vieil	vieille
faux	fausse	grec	grecque
roux	rousse	public	publique
doux	douce	long	longue

Exercice d'entraînement

Mettez les adjectifs suivants au féminin ou au masculin, selon le cas:

1. nerveux	6. idiot	11. prochain
2. aisé	7. grasse	12. naïf
3. précise	8. gris	13. premier
4. paysanne	9. mauvais	14. brésilien
5. net	10. rapide	15. heureux

Le Pluriel des adjectifs

A. Pour former le pluriel d'un adjectif, on ajoute généralement un **-s** à la forme singulière:

grand	grands	grande	grandes
parfait	parfaits	parfaite	parfaites
blanc	blancs	blanche	blanches
bleu	bleus	bleue	bleues
fragile	fragiles	fragile	fragiles

B. Si le singulier se termine en:

singulier	**pluriel**	**singulier**	**pluriel**
-s, -x →	*pas de changement*	-au, -al →	-aux
gros	gros	nouveau	nouveaux
mauvais	mauvais	beau	beaux
surpris	surpris	amical	amicaux
nerveux	nerveux	oral	oraux
paresseux	paresseux		

Exercice d'entraînement

Mettez les adjectifs suivants au pluriel:

1. sot	6. frais
2. joyeux	7. brutal
3. contente	8. dernière
4. loyal	9. bleu
5. jeune	10. faux

Place des adjectifs

A. En général, on place les adjectifs *après* les noms qu'ils modifient:

le bras gauche	un registre noir
un sourire nerveux	les mains écorchées
une pantomime remarquable	la pensée religieuse
un élève peu intéressant	un roman réaliste
les appréciations défavorables	un poème anglais

B. On place certains adjectifs courts et fréquents *avant* le nom:

bon   ≠ mauvais   gros
jeune ≠ vieux   vaste
grand ≠ petit   large
joli   = beau   long
                      haut

une grande expérience	une longue histoire
un jeune homme	une vaste plaine
une mauvaise action	un large couloir
un petit frisson	une haute montagne
les grosses gouttes	une belle fille

Exercice d'entraînement

Mettez les adjectifs entre parenthèses à la forme et à la place qui conviennent:

1. (mauvais) les garçons
2. (frais) de l'eau
3. (écrasé) la cigarette
4. (aimable) le concierge
5. (beau) la journée
6. (doux) la couverture
7. (long) une flèche
8. (vert) les haricots
9. (médiocre) un résultat
10. (blanc) la craie
11. (public) une conférence
12. (gros) une faute
13. (paresseux) les étudiantes
14. (large) la serviette
15. (lugubre) une histoire
16. (clair) la nuit
17. (vieux) un immeuble
18. (jaune) le tricot
19. (effrayant) le spectre
20. (rond) les joues
21. (fin) les jambes
22. (vibrant) la corde
23. (neuf) une voiture
24. (cruel) l'étranger
25. (beau) un hôtel
26. (haut) les collines
27. (attirant) un sourire
28. (roux) les filles
29. (vaste) un pays
30. (vieux) un monsieur

II. Les Adverbes

Un adverbe modifie un verbe, un adjectif, ou un autre adverbe; l'adverbe reste invariable.

Formation:

A. Les adverbes qui répondent à la question **Comment**?

1. En général, on forme un adverbe en ajoutant **-ment** au féminin singulier de l'adjectif:

masculin		féminin		adverbe
cruel	→	cruelle	→	cruellement
immédiat	→	immédiate	→	immédiatement
inutile	→	inutile	→	inutilement
faux	→	fausse	→	faussement

2. On forme d'autres adverbes de la façon suivante:

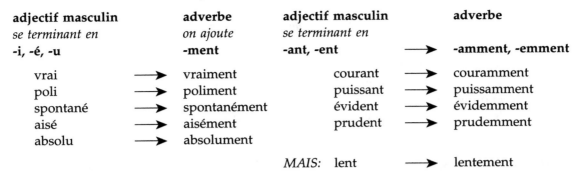

adjectif masculin se terminant en -i, -é, -u	adverbe on ajoute -ment		adjectif masculin se terminant en -ant, -ent	adverbe -amment, -emment
vrai	→ vraiment		courant	→ couramment
poli	→ poliment		puissant	→ puissamment
spontané	→ spontanément		évident	→ évidemment
aisé	→ aisément		prudent	→ prudemment
absolu	→ absolument			

MAIS: lent → lentement

3. D'autres adverbes sont entièrement irréguliers:

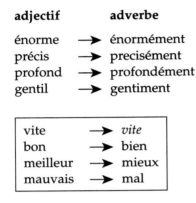

adjectif	adverbe
énorme	→ énormément
précis	→ precisément
profond	→ profondément
gentil	→ gentiment

vite	→ *vite*
bon	→ bien
meilleur	→ mieux
mauvais	→ mal

B. Les adverbes les plus communs qui répondent aux questions **Où?**, **Quand?** ou **Combien?**

Où?	Quand?	Combien?
ici	aujourd'hui	assez
là	demain	autant
dehors	hier	beaucoup
dedans	autrefois	un peu
loin	maintenant	plus
partout	toujours	tellement
ailleurs	d'abord	trop
	longtemps	moins
	souvent	
	bientôt	
	tôt	
	tard	

C. Les adverbes qui modifient des adjectifs ou d'autres adverbes:

aussi	fort
si	bien
très	

Exercice d'entraînement

Donnez les adverbes qui correspondent aux adjectifs suivants:

1. inutile	6. résolu	11. meilleur
2. franc	7. bon	12. vif
3. vite	8. gentil	13. élégant
4. énorme	9. doux	14. mauvais
5. lent	10. poli	15. heureux

Place des adverbes

A. En général, on place les adverbes *après* les verbes qu'ils modifient. Aux temps composés, on place les adverbes *après* le participe passé.

Je regrette **aussi** Petit-Bourg.
Elle ne veut pas se tuer **inutilement**.
Je réussissais **toujours** mes deux problèmes.
J'aurais voulu retourner **immédiatement**.

B. Aux temps composés, on place la plupart des adverbes *après* le participe passé.

Nous avons joué **ensemble**.
Elle s'est épuisée **inutilement**.

C. Par contre, on place certains adverbes très communs *entre* le verbe auxiliaire et le participe passé. Ces adverbes sont:

bien	vraiment
déjà	beaucoup
tant	toujours
trop	tellement
assez	bientôt
peu	souvent
encore	mal
vite	longtemps

José a **mal** compris la question du professeur.
Nous avons **beaucoup** aimé l'histoire du bulletin.
Robin a **vite** répondu à la question du professeur.
Nous avions **bien** entendu ses paroles, mais nous n'avons pas pu lui répondre.

Exercice d'entraînement

Placez correctement les adverbes entre parenthèses dans les phrases suivantes:

1. (mal) Vous avez préparé l'examen trimestriel.
2. (tôt) (extrêmement) Nous sommes partis parce que nous étions fatigués.
3. (vite) Sa mère a compris ce qui s'était passé au lycée.
4. (autrefois) Les jeunes filles avaient leurs propres écoles et les garçons avaient les leurs.
5. (inutilement) La mère de José a travaillé pour qu'il aille à l'école.
6. (beaucoup) L'enfant fatigué a dormi hier soir.
7. (tellement) Elle a travaillé qu'elle s'est écorché les mains.

8. (aussi) (très) Les résultats de José ne sont pas bons ce trimestre. Sa mère est déçue.

9. (ailleurs) Nous n'avons pas pu descendre à cet hôtel. Par conséquent, nous avons dû chercher une chambre.

10. (facilement) Le voleur a pu entrer dans la maison parce que nous n'avions pas fermé la porte à clef.

III. Les Comparatifs et les superlatifs

A. Le Comparatif

Pour comparer deux objets on emploie le comparatif. Un objet peut être égal (**aussi**), supérieur (**plus**), ou inférieur (**moins**) à l'autre objet.

La forme du comparatif:

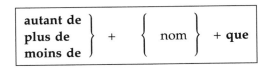

Ses résultats sont **plus mauvais que** ceux des autres élèves.
Ce bateau à voile va **moins vite que** celui-là.
Les filles sont **aussi douées que** les garçons.

Remarquez: Quand on compare deux quantités, on emploie les expressions **autant de** (pour une égalité), **plus de** (pour une supériorité) et **moins de** (pour une infériorité):

$$\left.\begin{array}{l}\textbf{autant de}\\\textbf{plus de}\\\textbf{moins de}\end{array}\right\} + \left\{\,\text{nom}\,\right\} + \textbf{que}$$

Jean-Jacques gagne **autant d'**argent que Pierre Simon.
Le jardin de Robert contient **plus de** fleurs que celui d'Anne.

Remarquez: Les formes irrégulières du comparatif de supériorité de **bon** et **bien**:

	positif		*comparatif de supériorité*
adjectif	bon	→	meilleur
adverbe	bien	→	mieux

Comparez:

Comparatif de supériorité

Jean est meilleur joueur que Jacques.
Vous parlez mieux le français que Robert.

Comparatif d'infériorité

Jacques est moins bon joueur que Jean.
Robert parle moins bien le français que vous.

Exercice d'entraînement

Faites des phrases au comparatif en employant les éléments suivants:

Exemple: (=) Les filles / être / doué / les garçons.
Les filles sont aussi douées que les garçons.

1. (=) José / pleurer / facilement / sa mère.
2. (+) Cette fille souriante / être / heureux / sa voisine.
3. (−) José / être / inquiet / sa mère.
4. (−) En octobre / on / voir / insectes / en juillet.
5. (+) Aujourd'hui Georgette / se sentir / mal / qu'Annick.
6. (+) Tu / passer / temps / à jouer / à travailler.
7. (=) Catherine / montrer / joie / Elisabeth.
8. (+) Ma mère / ne pas / me / réprimander / avec / colère / normale.
9. (+) Les autres / être / riche / moi.
10. (+) Les amis de Nicolas / jouer / bruyamment / ceux de Sidi.
11. (−) Passer la soirée au cinéma / sembler / ennuyeux / passer la soirée à une conférence.
12. (=) Après les vacances / je / se sentir / calme / un moine.
13. (+) Le roman / être / souvent / bon / le film.
14. (−) Jacques / nager / mal / son frère.
15. (=) Pensez-vous / que / cette histoire / être / intéressant / celle de Nicolas?
16. (+) Tu / dessiner / bien / Picasso.
17. (−) Cette tarte / être / bon / celles de la pâtisserie de la rue La Fayette.

B. Le Superlatif

Pour former le superlatif, on ajoute **le**, **la** ou **les** avant le comparatif d'infériorité ou de supériorité d'un adjectif ou d'un adverbe.

$$\left.\begin{array}{l}\textbf{le}\\\textbf{la}\\\textbf{les}\end{array}\right\} \ + \ \left\{\begin{array}{l}\textbf{plus}\\\textbf{moins}\end{array}\right\} \ + \text{adjectif (+ nom)} \ + \text{complément}$$

$$\textbf{le} \ \ + \ \left\{\begin{array}{l}\textbf{plus}\\\textbf{moins}\end{array}\right\} \ + \text{adverbe} \ + \text{complément}$$

Le plus mauvais élève de la classe a le moins bon bulletin.
José devient le meilleur ami de Serge.
C'est vous qui jouez le mieux de tous les membres du club.
Le TGV est le train le plus rapide de France.

Remarquez: a) L'emplacement des adjectifs au superlatif suit les mêmes règles que les adjectifs ordinaires.

Jean est **le plus jeune** garçon de notre classe.
Le TGV est le train **le plus rapide** de France.

b) Au superlatif on peut distinguer le groupe auquel le superlatif appartient en ajoutant **de** + l'article convenable:

C'est vous qui jouez le mieux **de** tous **les** membres du club.
Le TGV est le plus rapide **des** trains.

c) Au superlatif, il est possible de remplacer **le, la** ou **les** par un adjectif possessif.

Son plus grand espoir est devenir ingénieur.
Mon meilleur ami s'appelle José.

Positif	Comparatif	Superlatif
José sera bon élève.	José sera **meilleur** élève que Serge.	José sera **le meilleur** élève de la classe.
Pierre joue bien au tennis.	Jean joue **mieux** que Pierre.	C'est vous qui jouez **le mieux**.
Les Etats-Unis sont un grand pays.	La Chine est **plus grande** que les Etats-Unis.	La Russie est **le plus grand** pays du monde.
José n'est pas riche.	José est **moins riche** que Serge.	José est l'élève **le moins riche** de la classe.

Exercice d'entraînement

Faites des phrases au superlatif en employant les éléments suivants:

1. (+) La route / bon / passer / autour de la ville.
2. (+) L'émeraude / être / la pierre / précieux / le monde.
3. (+) L'équateur / être / l'endroit / chaud / le monde.
4. (+) Avec / votre effort / grand / vous / réussir.
5. (–) Le devoir de français / être / pénible / les devoirs.
6. (+) Hier soir / ce / être / la nuit / clair / l'été.
7. (+) Celui qui / rire / dernier / rire / bien.
8. (–) La Renault 4 / rouler / vite / les petites voitures.
9. (–) Jean / nager / bien / mes amis.
10. (+) Le Sahara / être / le désert / vaste / le monde.
11. (+) Avant-hier / être / la journée / beau / l'été.
12. (+) Je / rater / toujours / mon examen / difficile.
13. (–) Jacques / parler / clairement / les élèves de la classe.
14. (+) Paris / avoir / les hôtels / beau / le monde.
15. (–) Mes notes / favorable / être / en mathématiques.

Exercices de vérification

1 *Mettez les adjectifs suivants au féminin ou au masculin:*

1. joyeux	6. gentil	11. cher
2. sot	7. attirante	12. grasse
3. vive	8. sec	13. tranquille
4. petit	9. bleue	14. publique
5. première	10. fragile	15. douce

2 *Mettez les adjectifs suivants au pluriel:*

1. oral	6. fraîche
2. heureux	7. nouveau
3. blanche	8. premier
4. remarquable	9. faux
5. gras	10. fou

3 *Mettez les adjectifs entre parenthèses à la forme et à la place qui conviennent:*

1. (léger) une plume
2. (piquant) une saucisse
3. (travailleur) des garçons
4. (étroit) une rue
5. (vieux) un arbre
6. (prochain) la semaine
7. (court) la conférence
8. (prêt) les dames
9. (assis) les lapins
10. (mauvais) la note
11. (ancien) une peinture
12. (faux) une idée
13. (cher) les cerises
14. (sec) la voix
15. (nouveau) un archevêque
16. (vieux, fou) la dame
17. (grec) la nation
18. (jaune) la robe
19. (net) une chambre
20. (lugubre) une atmosphère

4 *Donnez les adverbes qui correspondent aux adjectifs suivants:*

1. précis
2. joyeux
3. sot
4. doux
5. résolu
6. profond
7. lent
8. bête
9. vite
10. mauvais
11. faux
12. bon
13. énorme
14. incroyable
15. prochain

5 *Placez correctement les adverbes entre parenthèses dans les phrases suivantes:*

1. (tellement) Jean a exagéré que nous étions sûrs qu'il ne disait pas la vérité.
2. (énormément) Nous apprécions ce que vous avez fait pour nos grands-parents.
3. (bien) Henri a reçu votre lettre la semaine dernière.
4. (ailleurs) Je n'ai pas pu trouver mes clefs dans la voiture; par conséquent, j'ai cherché.
5. (autrefois) Il n'y avait ni télévision ni machines à laver.
6. (gentiment) La petite fille a caressé le chat.
7. (sérieusement) Le mauvais élève n'a pas répondu à la question du surveillant.
8. (mal) Tout le monde a fait cet exercice! Il faut le refaire!
9. (bien) Le président a prononcé son discours.
10. (déjà) Le bébé avait fini son bol de céréales quand sa mère a fini de préparer le petit déjeuner pour le reste de la famille.

6 *Faites des phrases au comparatif ou au superlatif en employant les éléments suivants:*

1. (=) Cette jeune fille / être / poli / sa sœur aînée.
2. (+) Les appréciations / défavorable / être / celles du professeur de mathématiques.
3. (−) Cette recette / être / bon / celle de ma grand-mère.
4. (+) Les nuits d'hiver / être / long / les nuits d'été.
5. (=) Jean-Jacques / étudier / sérieusement / son camarade de chambre.
6. (−) Notre président actuel / avoir / ennemis / son prédécesseur.
7. (+) Pour la première fois / Pierre / jouer au tennis / bien / moi.
8. (=) L'autre jour, Nathalie / acheter / prunes / sa mère.
9. (+) Hier / Georges / montrer / qu'il / être / fort / de notre équipe de football.
10. (−) Ce garçon / être / bruyant / de ce groupe d'enfants.

Révision

Répondez aux questions suivantes par des phrases complètes en employant le vocabulaire et les structures de la leçon:

1. Quelle est la profession de votre père? de votre mère?
2. Que voulez-vous faire plus tard?
3. Quelle est la profession de Monsieur Roc?
4. Comment s'appellent ceux qui travaillent pour l'Etat?
5. Comment s'appelle celle qui tourne les films?
6. Comment s'appellent ceux qui font du droit?
7. Comment s'appelle celle qui écrit des lettres à la machine?
8. Comment s'appelle celle qui prend des photos?
9. Comment s'appelle celui qui apporte le courrier?
10. Comment s'appelle celui qui s'occupe de sa famille?
11. Que fait l'assistante sociale?
12. Que fait le cuisinier?
13. Que fait le routier?
14. Que fait la commerçante?
15. Que fait le voyageur de commerce?
16. Est-ce que les notes de Serge sont inférieures à celles de José?
17. Quel est le livre le plus intéressant que vous ayez jamais lu?
18. Faites une phrase avec *peu à peu*.
19. Qu'est-ce que vous n'osez pas faire?
20. Faites une phrase avec *l'un... l'autre*.
21. Faites une phrase avec *y compris*.
22. Complétez: Si José avait travaillé...
23. Complétez: Je n'ai que...
24. Dans l'échelle des notes françaises, laquelle représente la moyenne?
25. Mettez toutes ces phrases *au féminin*:
    Mon père est professeur. Je le trouve très gentil. Il est directeur d'un programme pour les étudiants parisiens. Lui, il travaille tout seul mais ses amis ont beaucoup de dactylos qui travaillent pour eux.

Discussion et création

En employant le vocabulaire et les structures de cette leçon, répondez aux questions suivantes:

1. Faites votre bulletin trimestriel ou celui d'un autre élève (anonyme?). Mettez les cours, les notes (à la française) et les appréciations.
2. Imaginez les appréciations qui se trouvent sur le bulletin d'un cancre, (mauvais élève), et écrivez-en deux ou trois.
3. Posez cinq questions qui exigent une profession comme réponse. Exemple: «Comment s'appelle celle qui prend des photographies?» En classe les autres élèves répondront à vos questions.
4. Comparez la vie qu'aura probablement José à celle qu'a eue sa mère.
5. Faites une description de chacun des personnages suivants:

Douzième Leçon

José entre en première et prépare le baccalauréat français, alors que son talent d'écrivain se découvre.

*étroit(e)	≠ large
**au-delà	plus loin et plus haut
constater	remarquer, affirmer
parfois	de temps en temps
*pareil à	semblable à
*une œuvre	une création littéraire ou artistique: *Il a lu toutes les œuvres de Molière.*
*partager	diviser et donner aux autres
*non plus	≠ aussi
éveiller	inspirer
le cœur sec	sans émotion
subir	accepter, suivre avec résignation
un clair-obscur	une incertitude
*un cancre	un mauvais élève
un piocheur	un élève qui travaille tout le temps
**pourtant	cependant, quand même
une valeur	une personne de mérite, digne d'estime
moyen	au milieu
tant de	une si grande quantité de, une telle
la foi	la bonne volonté
aigrelette	un peu aigre; ≠ doux
peu m'importe	ce n'est pas important pour moi
*la lecture	l'action de lire
une brochure	petits livres de poche contenant des lectures, des questions et des explications
Le Cid	une tragi-comédie par Corneille, 1636
Le Misanthrope	une comédie par Molière, 1666
Athalie	une tragédie par Racine, 1691. Ces trois écrivains classiques sont aussi connus en France que Shakespeare en Angleterre.
la réplique	la réponse dans une pièce de théâtre
anonné	dit de manière pénible et hésitante
bafouillé	mal articulé
*l'ennui (*m.*)	l'état d'être ennuyé

La Rue Cases-Nègres

3. Tout est bien qui finit bien

J'entre en première.

Le baccalauréat nous apparaît comme une porte étroite° au-delà° de laquelle existe l'immensité offerte.

Je constate° avec peine parfois° que je ne suis pas un élève pareil aux° autres.

5   Les théorèmes de géométrie, les lois de la physique, les œuvres° littéraires, rien de tout cela n'arrive à m'enflammer, à engendrer en moi cette ardeur intellectuelle avec laquelle mes camarades discutent sans fin de questions qui me paraissent futiles.

Je ne partage° pas non plus° l'émotion avec laquelle chacun calcule ses chances de succès.

10   Les disciplines enseignées au lycée n'éveillent° en moi aucun enthousiasme. Je travaille avec le cœur sec.° Je les subis.°

Je demeure dans un clair-obscur° d'où je regarde d'un même œil, les cancres,° les piocheurs.° Il y a toujours eu pourtant° dans chaque classe un ou deux élèves que je considère comme de réelles valeurs.°

15   Je ne suis d'aucune catégorie. Je passe pour être fort en anglais. Cependant, je n'y déploie pas d'efforts particuliers. Je suis plutôt moyen° que faible en mathématiques, parce que cela ne me coûte rien d'apprendre mes leçons, et que je le fais par sympathie pour le professeur qui, lui, enseigne avec tant de° foi.°

Notre professeur d'Histoire et de Géographie parle trop, et d'une petite voix 20   aigrelette° qui évoque une pluie fine et incessante. Alors, comme lorsqu'il pleut, pendant qu'il fait son cours, je rêve, les yeux dans le vide.

En français, je suis parmi les derniers, mais peu m'importe.°

Rien ne m'a jamais paru aussi bien conçu pour dégoûter de toute étude, de toute lecture° même, que ces petites brochures° intitulées: *Le Cid,*° *Le Misanthrope,*° *Athalie.*°

25   Un jour, le professeur dit:

—Nous allons étudier Corneille. Avez-vous vos Corneille?

Certains, oui; d'autres, non.

—*Le Cid*, acte I, scène II.

Tantôt il lit lui-même, tantôt il fait lire un élève à qui un autre donne la réplique.° Si 30   l'on peut dire. Car que ce soit le professeur ou les élèves qui lisent, c'est si platement, si confusément anonné,° bafouillé,° que nous voilà tous plongés dans un sinistre ennui.°

Horace	une tragédie par Corneille, 1640
L'Avare	une comédie par Molière, 1668
un manuel	un livre de classe: une anthologie qui donne des extraits, des résumés et des analyses littéraires
un corrigé	*ici:* un ancien devoir, bien fait, qui sert maintenant de modèle
**au bout de	à la fin de
l'esprit lent	≠ l'esprit vif
à l'instar de	à la manière de
assaisonner	améliorer, augmenter
*séduire	faire une séduction, plaire à
*éviter	≠ attirer; échapper à
*une citation	une réplique ou un commentaire répété et copié
une preuve	une démonstration
*tant pis	≠ tant mieux; dommage!
*sensible	capable de sentir
*le niveau	la hauteur: *ici:* les résultats, les connaissances
l'acquis (*m.*)	le savoir, le talent
émouvant(e)	touchant(e), qui fait naître de l'émotion
*à la bonne heure	très bien
*fouiller	chercher
*un bouquin	un livre
*rédiger	écrire
le polissage	l'action de polir
se livrer	se donner, se consacrer
ardemment	avec enthousiasme
*un(e) tel(le)	un(e) si grand(e)
*une copie	un devoir
au comble de	au maximum de

A la fin de la classe, M. Jean-Henri, le professeur, nous dicte un texte de devoir sur «le héros cornélien». A la classe suivante, *Horace*° ou *L'Avare*.° De la même façon.

Je ne sais pas si cela se passait exactement ainsi, mais telle est l'impression d'ensemble que m'a laissé cet enseignement. Il y a cependant des élèves qui obtiennent
5 de bonnes notes et qui se croient forts en français. Ils consultent, paraît-il, des analyses, des manuels° et des «corrigés°». Pour ma part, arrivé chez moi, j'essaie de relire *Le Cid*. Au bout d'°un moment, j'y trouve beaucoup plus d'intérêt qu'il ne m'avait semblé en classe. Je suis sur le point de m'écrier: «Que c'est beau!»; mais je n'ai pas le temps de m'adonner à ce plaisir: la prochaine fois nous passons à *Horace*. Non, je dois avoir l'esprit
10 trop lent.°

Parfois, j'ai des idées sur le sujet, mais comme je ne les ai trouvées dans aucun livre, à l'instar des° étoiles de la classe, je n'ose pas les révéler, de peur d'être stupide, et j'essaie en vain d'assaisonner° les notes que j'ai prises en classe pour séduire° le professeur, sinon éviter° la réprimande. Le professeur aime les citations:° preuve° que
15 l'élève a cherché, travaillé. Alors, tant pis;° je suis faible en français.

Seulement, je ne suis pas certain que beaucoup de ceux qui se placent en tête de la classe soient aussi sensibles° que moi à la littérature. A en juger à leurs discussions...

Mais dans l'ensemble, le niveau° de la classe est bas en français.

—Vous n'avez aucun acquis,° nous jette chaque jour le professeur.

20 Exaspéré par notre faiblesse, un jour il nous a proposé comme sujet: «Votre plus émouvant° souvenir d'enfance.»

—A la bonne heure!° ai-je pensé aussitôt. Cette fois, il n'y a pas à aller fouiller° dans les bouquins.°

Me reportant à Petit-Morne, je me suis souvenu de la mort de Médouze. Consumé
25 par l'inspiration, j'ai rédigé° ma dissertation. Puis je me suis adonné minutieusement au travail de correction, de polissage,° faisant appel à toutes les recommandations sur la composition et le style, passant le tout aux règles d'orthographe.

J'étais heureux de m'être si sincèrement livré° et d'avoir si ardemment° travaillé sur ce devoir.
30 Huit jours après, résultat de la correction:

—Encore un désastre! annonce M. Jean-Henri. Que vous êtes faibles! Pauvreté de vocabulaire, pas de syntaxe, aucune idée. J'ai rarement vu des élèves d'une telle° pauvreté intellectuelle.

Et de commencer à produire les meilleures copies:° deux ou trois. Puis en aucun
35 ordre les copies de tous les médiocres. Pas la mienne. Si! Tout au dernier, au moment où je suis au comble de° la déception et du désespoir.

déplier	sortir pour montrer
un bonhomme	un homme simple, un type
commode	facile, à propos, pratique
***la foudre**	

une bouffée	un souffle, une explosion
tinter	sonner
se fondre	se rendre liquide; *ici:* se rendre sans force
jaillir	sortir brusquement
rude	≠ poli
***balbutier**	parler avec hésitation
***à haute voix**	≠ voix basse
plagié	volé; le plagiat = le vol littéraire; dont les idées appartiennent à quelqu'un d'autre
***jurer**	dire sincèrement avec force; assurer de façon catégorique
***tendre**	donner
***le mépris**	le dégoût; ≠ le respect
****car**	parce que
***l'orgueil**	la fierté
la probité	la vertu, l'intégrité
***en fin de compte**	à la fin, enfin

—Hassam, dit-il d'un ton grave.

Je me lève. J'aurais rougi, si c'était possible.

—Hassam, reprend M. Jean-Henri, en dépliant° ma feuille, vous êtes le bonhomme°
le plus cynique que j'aie jamais rencontré! Quand il s'agit de dissertations littéraires, vous
5 n'avez jamais le courage de consulter les ouvrages qu'on vous recommande; mais pour
un devoir aussi subjectif, il vous a semblé plus commode° d'ouvrir un livre et d'en copier
des passages.

La foudre° ne m'aurait pas plus violemment frappé.

Une bouffée° de chaleur m'a brûlé le visage, mes oreilles ont tinté,° mon regard s'est
10 fondu.° Je croyais que du sang allait jaillir° de tous les orifices de ma tête. Ma gorge s'est
resserrée comme sous la pression d'une rude° corde.

—Je n'ai pas copié, monsieur, ai-je balbutié.°

Tenant ma feuille déployée entre les doigts, il s'adresse à toute la classe.

—Ecoutez...

15 Il lit à haute voix,° et d'un ton sarcastique, deux phrases, trois phrases.

—Et encore cela, poursuit-il... Et ça va me dire qu'il n'a pas copié? C'est plagié,° oui,
si ce n'est pas copié!

—Monsieur, je vous jure° que je n'ai pas...

—Taisez-vous! s'écrie-t-il en tapant sur la table.

20 Il me tend° mon devoir avec les lèvres en forme de mépris,° et ajoute:

—En tout cas, ne vous amusez plus à ce petit jeu, car° je n'aime pas qu'on se moque
de moi. Tenez.

Il était tellement indigné que la feuille s'est échappée de sa main.

Je suis allé la ramasser et, revenu à ma place, je l'ai mise dans un livre sans avoir eu
25 le courage de regarder les annotations dont elle était marquée.

Mais le soir, rentré dans ma chambre, je voulais voir ce que contenaient ces bouts
d'écriture à l'encre rouge. Les passages que le professeur m'accusait d'avoir «copiés dans
quelque livre» étaient précisément ceux qui m'étaient les plus personnels et qui m'étaient
venus les plus directement, presque inconsciemment.

30 J'ai senti alors l'orgueil° m'inciter à me mettre à travailler de façon à produire
toujours de bons devoirs, jusqu'au jour où le professeur serait forcé de reconnaître ma
probité.° Mais j'ai souri de son accusation. Non, je préférais consentir à passer pour un
cancre en français. Cela m'était égal....

Mais en fin de compte° j'ai été reçu à ma première partie de baccalauréat....

QUESTIONNAIRE

Répondez oralement aux questions suivantes en faisant des phrases complètes:

1. En quelle année est José au lycée?
2. Quel examen prépare-t-il?
3. Il constate qu'il est quelle sorte d'élève?
4. Aime-t-il les maths? les sciences? la littérature?
5. Comment travaille-t-il?
6. Comment est-il en anglais?
7. Pourquoi est-il plutôt moyen que faible en mathématiques?
8. Comment trouve-t-il le professeur d'histoire-géographie?
9. Que fait José pendant le cours?
10. Est-il fort en français?
11. Qu'est-ce qui est responsable de son dégoût pour la littérature?
12. Qui est Corneille?
13. Qui est-ce qui fait la lecture en classe?
14. Quelle est la réaction des élèves?
15. Que font les élèves qui se croient forts en français?
16. Quand José relit *Le Cid* à la maison, quelle est sa réaction?
17. Pourquoi ne parle-t-il pas souvent en classe?
18. Comment essaie-t-il d'impressionner le professeur?
19. Qu'est-ce que le professeur aime? Pourquoi?
20. Comment se croit-il en français?
21. En réalité, quel adjectif pourrait décrire sa véritable aptitude pour la littérature?
22. Quel sujet de devoir est-ce que le professeur exaspéré leur a donné un jour?
23. Pourquoi José a-t-il pensé «à la bonne heure!»?
24. Quel souvenir a-t-il choisi?
25. Comment était sa rédaction?
26. Combien de temps a-t-il fallu pour la correction?
27. Que pense le professeur des élèves?
28. Dans quel ordre distribue-t-il les copies?
29. A quelle place est celle de José?
30. De quoi est-ce que le professeur accuse José?
31. Pourquoi l'appelle-t-il cynique?
32. Décrivez la réaction de José à l'accusation du professeur?
33. Que fait le professeur pour «prouver» que José a plagié?
34. Comment lui rend-il la copie?
35. Comment savons-nous que le professeur n'a pas réussi à se contrôler?
36. Quand est-ce que José a le courage de regarder les annotations?
37. Pourquoi est-ce que José se sent fier?
38. Malgré ce plaisir, comment préfère-t-il rester?
39. En fin de compte, qu'est-ce qui s'est passé?

Quelques-uns des écrivains les plus connus de la littérature francophone				
Siècle	Poètes	Romanciers, Conteurs	Dramaturges	Philosophes
Moyen Age	Villon			
Renaissance	Du Bellay Ronsard	Rabelais		Montaigne
XVIIe siècle	La Fontaine	Mme de La Fayette	Corneille Molière Racine	Descartes Pascal La Rochefoucauld
XVIIIe siècle		Prévost	Beaumarchais	Diderot Montesquieu Rousseau Voltaire
XIXe siècle	Baudelaire Hugo Musset Rimbaud Verlaine Vigny	Balzac Flaubert Maupassant Sand Stendhal Zola		
XXe siècle	Apollinaire Césaire Dadié Hébert	Camera Laye Camus Colette Diop Duras Gide Proust Yourcenar Zobel	Anouilh Beckett Ionesco	Sartre

Le Cancre

Il dit non avec la tête
mais il dit oui avec le cœur
il dit oui à ce qu'il aime
il dit non au professeur
5   il est debout
on le questionne
et tous les problèmes sont posés
soudain le fou rire le prend
et il efface tout
10   les chiffres et les mots
les dates et les noms
les phrases et les pièges
et malgré les menaces du maître
sous les huées des enfants prodiges
15   avec des craies de toutes les couleurs
sur le tableau noir du malheur
il dessine le visage du bonheur.

Jacques Prévert, *Paroles*
Editions Gallimard

QUESTIONNAIRE

Répondez oralement aux questions suivantes en faisant des phrases complètes:
1. Que dit le cancre?
2. Que fait-il quand on lui pose un problème?
3. Qu'est-ce qu'il efface?
4. Quelle est la réaction des enfants prodiges?
5. Imaginez «le visage du bonheur». Comment l'est-il?

Tableau de locutions et de proverbes

Tout est bien qui finit bien.

L'argent ne fait pas le bonheur.
Les grands esprits se rencontrent.
L'habit ne fait pas le moine.
Jamais deux sans trois.
Il ne faut pas vendre la peau de l'ours avant de l'avoir tué.
Il n'y a pas de rose sans épines.
Aide-toi... le ciel t'aidera.
Rira bien qui rira le dernier.
Qui ne risque rien n'a rien.
Voir c'est croire.
Vouloir c'est pouvoir.
Qui vivra verra.
Les affaires sont les affaires.
Mieux vaut sagesse que richesse.
Mieux vaut tard que jamais.
Tel père tel fils.
Loin des yeux loin du cœur.
Pas de nouvelles, bonnes nouvelles.
Comme on fait son lit on se couche.
Honni soit qui mal y pense.
On ne fait pas d'omelette sans casser des œufs.
Manger pour vivre ou vivre pour manger.
Pierre qui roule n'amasse pas mousse.
Les petits ruisseaux font les grandes rivières.
Après la pluie, le beau temps.
Qui se ressemble s'assemble.

PRONONCIATION

L'intonation des commandements

Dans la phrase exclamative ou impérative la voix descend tout le long de la phrase.

Lisez à haute voix toutes les phrases suivantes en gardant un rythme constant et en faisant surtout attention à l'intonation:

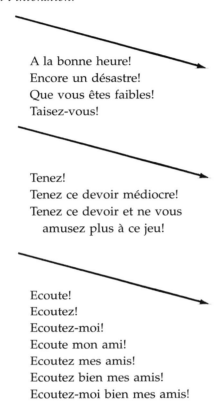

A la bonne heure!
Encore un désastre!
Que vous êtes faibles!
Taisez-vous!

Tenez!
Tenez ce devoir médiocre!
Tenez ce devoir et ne vous
   amusez plus à ce jeu!

Ecoute!
Ecoutez!
Ecoutez-moi!
Ecoute mon ami!
Ecoutez mes amis!
Ecoutez bien mes amis!
Ecoutez-moi bien mes amis!

STRUCTURES

I. Certaines Prépositions

A. Les principales prépositions de lieu (voir page 78):

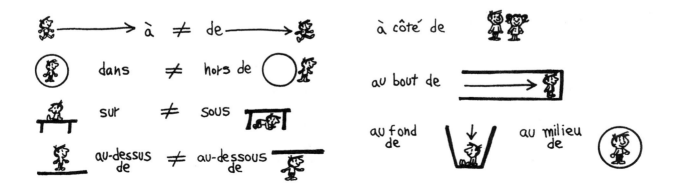

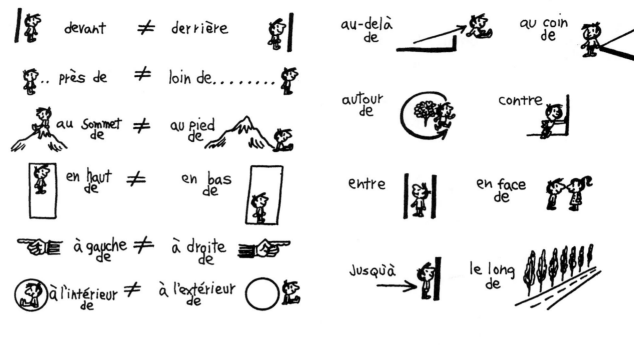

en	Il est allé en ville ce matin.
chez	= à la maison de
par	Il est entré par la fenêtre mais il est sorti par la port.
	En classe, les élèves mettent souvent leurs livres par terre.

B. Les principales prépositions de *temps*:

avant	≠ après	Jeudi vient après mercredi et avant vendredi.
au début de		
au commencement de	} ≠ à la fin de	
au moment de		au moment de son arrivée...
à l'heure de		à l'heure des élections...
à l'époque de		à l'époque des vacances...
dès	= à partir de	Dès demain, je cesserai de fumer.
vers		Je crois qui j'arriverai vers 10 heures du matin mais je ne sais pas exactement.
jusqu'à		Je resterai jusqu'à 10 heures, puis je partirai.
depuis		Nous habitons Paris depuis 1985.
pendant		D'habitude nous sommes en vacances pendant le mois d'août.
par		Elle m'écrit une fois par semaine.
en		en juin; en été; en automne; en hiver; en 1789
au		au printemps; au 18e siècle; au mois de juin

C. La préposition **à** ou **de** avant un infinitif dans les expressions impersonnelles:

On emploie **il est + de** quand l'infinitif a un complément. La phrase a alors un sens actif.

> Il est facile de faire les devoirs.
> Il est impossible de répondre à la question.
> Il est important de dire cela.

On emploie **c'est + à** quand l'infinitif n'a pas de complément. La phrase a alors un sens passif.

> C'est facile à faire.
> C'est important à dire.

D. Il est important de remarquer que contrairement à l'anglais, les prépositions se répètent généralement avant chaque complément.

> Charles songe à aller **à** Paris, **à** Rome et **à** Venise.
> La pancarte m'a conseillé **de** ralentir, **de** regarder et **d'**écouter.
> Ils nous ont accueillis **avec** enthousiasme, **avec** générosité et **avec** politesse.

Exercices d'entraînement

1 *Mettez les prépositions de temps ou de lieu qui conviennent:*

1. Nous avons habité Paris _____ cinq ans.
2. Nous sommes à Bordeaux _____ trois jours.
3. _____ de la cathédrale se dressent deux tours magnifiques.
4. _____ la rentrée, _____ les vacances, je menais une vie de paresseux, mais _____ ce moment je travaille comme une brute.
5. Noël est une fête importante _____ du mois de décembre.
6. Elle a laissé ses affaires _____ terre, _____ la chaise.
7. J'adore les arbres qu'on trouve _____ des routes en France.
8. _____ des examens de fin d'année je me sens toujours anxieux.
9. Pour trouver la mairie, allez _____, puis tournez _____ et vous la trouverez juste _____ vous.
10. Si j'arrivais _____ dix-sept heures, est-ce que tu serais encore là?
11. Le petit village que vous cherchez est _____ d'ici, _____ de cette colline en face, dans les montagnes.
12. Louis XIV était roi _____ dix-septième siècle.
13. _____ ma décision, je lui ai téléphoné.
14. Les alpinistes ont planté le drapeau _____ de la montagne.
15. Mon frère est né _____ 1985.
16. L'Île de la Cité se trouve _____ de la Seine _____ la rive gauche et la rive droite.
17. Nous sommes abonnés à un magazine qui paraît une fois _____ semaine.
18. _____ le week-end, nous irons _____ ville _____ nos cousins.
19. _____ St. Malo _____ Concarneau et _____ Carcassonne on peut voir des remparts _____ de la vieille ville.
20. Il ne faut pas rester longtemps _____ de la rue. C'est dangereux.

2 *Mettez, il, ce ou c' et à ou de ou d' aux endroits qui conviennent:*

1. _____ est intéressant _____ examiner ces vitraux-là avec attention.
2. Voilà les devoirs _____ faire avant la fin de la semaine.
3. _____ sont des livres qui sont faciles _____ lire mais difficiles _____ comprendre.
4. _____ est interdit _____ marcher sur la pelouse.
5. _____ est _____ voir, mais je crois qu' _____ sera prudent _____ prendre un imperméable.
6. _____ est impossible _____ répondre à cette question sans réfléchir.
7. Qu'est-ce qu'il joue bien! _____ est impressionnant _____ voir.
8. Son truc est excellent mais _____ n'est pas _____ imiter.
9. Ça, _____ est un voyage _____ faire!
10. _____ est important _____ prendre trois repas par jour.

II. Certaines Conjonctions

Les conjonctions de coordination (et adverbes qui servent de conjonctions) aident à faire la transition d'une idée à l'autre. Elles expriment:

1. *l'union*

   et
   ou
   ou bien

2. *l'opposition*

   mais, or

   pourtant
   cependant
   néanmoins
   toutefois

   par contre
   au contraire

3. *la position dans une série*

   d'abord
   premièrement

   puis
   ensuite

   de plus
   en outre

4. *le résultat*

   ainsi
   alors
   donc

   enfin
   finalement
   en somme

   par conséquent

D'abord / Premièrement } je me lèverai { puis / ensuite } je prendrai le petit déjeuner { pourtant / cependant / néanmoins / mais }

je n'aurai pas le temps de me laver les dents { ou / ou bien } de prendre une douche.

Je ne devrais voir personne; { par conséquent / donc / alors } je crois que je prendrai mon petit déjeuner plus tard.

Les conjonctions de subordination, déjà examinées dans les chapitres 3 et 9, introduisent une proposition subordonée. Il faut surtout remarquer celles qui exigent le subjonctif:

quand	dès que
lorsque	aussitôt que
avant que (*subj.*)	pendant que
après que	tandis que
bien que (*subj.*)	puisque
quoique (*subj.*)	parce que
	car

Remarquez que beaucoup des conjonctions de subordination sont des prépositions + **que:**

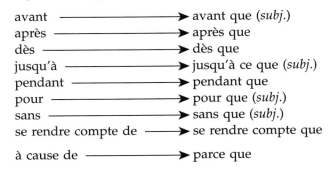

avant	→ avant que (*subj.*)
après	→ après que
dès	→ dès que
jusqu'à	→ jusqu'à ce que (*subj.*)
pendant	→ pendant que
pour	→ pour que (*subj.*)
sans	→ sans que (*subj.*)
se rendre compte de	→ se rendre compte que
à cause de	→ parce que

Exercices d'entraînement

1 *Complétez les phrases, en choisissant, dans la liste qui suit, la conjonction ou l'adverbe qui convient:* ***car, tandis que, d'abord, en somme, enfin, pourtant, bien que, ensuite, aussitôt que, d'ailleurs:***

1. _____ nous sommes allés au Louvre, _____ à Notre Dame et _____ à la Sainte-Chapelle.
2. Moi, j'aime faire de la voile _____ mon frère préfère jouer au tennis.
3. _____ je n'aie pas faim, je dinerai bientôt _____ je n'aurai pas le temps plus tard.
4. José est le meilleur élève de sa classe; _____ il est bien aimé de tous ses camarades.
5. Je lui ai dit que j'aimais bien sa robe. _____ ce n'est pas vrai.
6. _____ vous aurez fini, venez me voir.
7. _____, c'est un moment dont je garderai toujours un excellent souvenir.

2 *Mettez les conjonctions ou les adverbes qui conviennent:*

1. Les mathématiques vous déplaisent-elles? _____ c'est la matière que j'aime le plus.
2. Je ne vais pas souvent à la plage _____ j'attrape facilement des coups de soleil.
3. Je vous propose une promenade en ville _____ je fais le marché.
4. Cécile n'aime pas les fruits de mer. _____ elle ne nous rend jamais visite _____ nous sommes dans notre villa au bord de la mer.
5. Hier soir, j'ai travaillé _____ minuit ait sonné et _____ je me suis couché.
6. Tous les hommes sont mortels. Socrate est un homme. Socrate est _____ mortel.
7. _____ il fasse mauvais, je sortirai tout de même.
8. _____ je serai à Paris, je visiterai le Louvre.

III. Le Futur antérieur

Formation:

Pour former le futur antérieur, on prend le futur de l'auxiliaire **avoir** ou **être** et on ajoute le participe passé. Les formes négatives et interrogatives et les règles pour l'accord du participe passé sont les mêmes qu'aux autres temps composés (le passé composé, le plus-que-parfait et le conditionnel passé). Voir pages 116–118.

	téléphoner			partir	
J'aurai téléphoné	nous aurons téléphoné		je serai parti	nous serons parti(e)s	
tu auras téléphoné	vous aurez téléphoné		tu seras parti	vous serez parti(e)(s)	
il elle } aura téléphoné	ils elles } auront téléphoné		il } sera parti elle } sera partie	ils } seront partis elles } seront parties	

Emploi:

Le futur antérieur est un temps relatif et il existe seulement par rapport à un autre temps futur. Le futur antérieur indique qu'une action au futur sera réalisée avant une deuxième action au futur.

Les conjonctions **aussitôt que, dès que, après que** et **quand** exigent souvent le futur antérieur.

> Aussitôt que nous **aurons fini** le repas, nous pourrons partir.
> Dès que tu te **seras levé**, viens me voir.
> Je serai très heureuse quand tu **auras fini** tes devoirs.
> Après que j'**aurai fait** la vaisselle, nous prendrons du café.

Remarquez: Il est important de distinguer entre *une situation* au futur et *une action* au futur.

Comparez:

Aussitôt que je **serai** à Paris, je te téléphonerai.
Aussitôt que je **serai arrivé** à Paris, je te téléphonerai.

Quand je **serai** riche, je ferai le tour du monde.
Quand j'**aurai fait** fortune, je ferai le tour du monde.

Exercice d'entraînement

Mettez le verbe entre parenthèses à la forme qui convient:

1. Après que vous (faire) _____ les valises, nous partirons.
2. Quand j' (avoir) _____ mon permis de conduire, j'achèterai une voiture.
3. Quand vous (avoir) _____ dix-huit ans, vous serez majeur.
4. Dès qu'elle (pouvoir) _____ payer les billets, elle fera le voyage.
5. Aussitôt que vous (savoir) _____ la réponse, levez la main.
6. Aussitôt que vous (écrire) _____ la réponse, levez la main.
7. Lorsqu'il (faire) _____ froid, nous ne sortons jamais.
8. Quand je la (voir) _____, je lui donnerai une grosse bise.
9. Après que vous lui (parler) _____, nous discuterons vos idées.
10. Que feras-tu quand tu (finir) _____ tes études au lycée?

IV. Les Infinitifs

A. L'infinitif s'emploie le plus souvent comme complément d'un verbe principal. Il est introduit par **à**, **de** ou rien:

1. Les verbes suivants n'exigent aucune préposition avant l'infinitif:

vouloir	oser	croire	devoir
désirer	espérer	penser	falloir (il faut)
aimer	souhaiter	savoir	valoir mieux (il vaut mieux)
préférer	supposer	pouvoir	

Nous aimons faire des promenades en ville.
Il vaut mieux travailler que jouer.
Il sait parler français.
J'espère pouvoir te voir quand je serai à Paris.

2. Les verbes suivants exigent la préposition **à** avant l'infinitif:

apprendre à	s'amuser à	aider qqn à
arriver à	s'attendre à	encourager qqn à
commencer à	se consacrer à	forcer qqn à
continuer à	se décider à	intéresser qqn à
faire attention à	s'habituer à	inviter qqn à
hésiter à	s'intéresser à	obliger qqn à
renoncer à	se mettre à	
réussir à		apprendre à qqn à
servir à		enseigner à qqn à
songer à		

Elle va renoncer **à** prendre la petit déjeuner.
Pendant l'été, je me suis habitué **à** ne rien faire.
Elle lui a appris **à** nager.
Un marteau sert **à** enfoncer les clous.

3. Les verbes suivants exigent la préposition **de** avant l'infinitif:

arrêter de	s'arrêter de	conseiller à qqn de
cesser de	se dépêcher de	défendre à qqn de
choisir de	s'occuper de	demander à qqn de
craindre de	se plaindre de	dire à qqn de
décider de	se souvenir de	permettre à qqn de
essayer de		promettre à qqn de
éviter de	accuser qqn de	reprocher à qqn de
finir de	convaincre qqn de	
manquer de	empêcher qqn de	
oublier de	féliciter qqn de	
refuser de	persuader qqn de	
regretter de	prier qqn de	
risquer de	remercier qqn de	
tâcher de	supplier qqn de	

N'oublie pas **de** faire le lit.
Il a cessé **de** pleuvoir ce matin.
Elle m'a conseillé **de** me coucher avant minuit.
Le proviseur lui a défendu **de** participer au concours.

B. L'infinitif passé se forme avec l'infinitif du verbe auxiliaire et le participe passé. Il s'emploie le plus souvent après la préposition **après** pour éviter l'emploi de la conjonction **après que** quand les sujets sont tous les deux à la même personne.

> **Après avoir fini**, je me suis couchée.
> **Après m'être couchée**, je n'ai pas pu m'endormir.
> Par conséquent, **après m'être levée** demain matin, je serai fatiguée.

Comparez:

Après que **j'**étais partie, **il** a fait ses devoirs.
Après être partie, j'ai fait mes devoirs.

C. L'infinitif s'emploie après toute préposition sauf **en:**

> Réfléchissez **avant de** répondre.
> José a fini **par** s'intéresser à ses études pour de bon.
> **Après** être partie, elle ira voir ma tante.
> Il va **sans** dire que je réussirai.

Exercice d'entraînement

Complétez les phrases par la préposition qui convient, si c'est nécessaire:

1. Sait-il _____ lire et _____ écrire?
2. Nous avons décidé _____ nous lever un peu plus tôt que d'habitude.
3. As-tu oublié _____ laisser ton adresse au secrétariat?
4. Mon père a enfin renoncé _____ faire ses promenades quotidiennes.
5. Nous pourrons _____ causer tranquillement ici.
6. Quels cours as-tu décidé _____ suivre?
7. Il faudrait _____ mettre cette lettre à la poste tout de suite.
8. Sa mère l'empêche _____ sortir après huit heures du soir.
9. Je songe _____ aller en Chine un jour.
10. Je ne m'attendais pas _____ pouvoir parler au président.
11. Quel maudit temps! Quand est-ce qu'il cessera _____ pleuvoir?
12. Ce jeune homme-là a osé _____ me demander _____ sortir avec lui.
13. Qu'est-ce qu'on doit _____ faire pour réussir _____ comprendre?
14. Je vous prie, cher Monsieur, _____ agréer l'expression de mes sentiments les plus distingués.
15. Comme la vieille dame craignait _____ traverser la rue toute seule, l'agent de police a essayé _____ l'aider en lui donnant la main.
16. Un taille-crayon sert _____ tailler les crayons.
17. Je voudrais t'aider _____ terminer ce travail mais je n'aurai pas le temps.
18. Ce matin, je me suis mis _____ travailler tout de suite après le petit déjeuner.
19. Le professeur a essayé _____ apprendre aux élèves _____ parler français.
20. Nous espérons _____ faire le voyage en aussi peu de temps que possible.

V. Le Gérondif

Formation:

Pour former le gérondif, on met la préposition **en** avant le participe présent:

    en portant   **en finissant**   **en entendant**

Pour former le participe présent d'un verbe, on prend la première personne du pluriel du présent et l'on remplace **-ons** par **-ant:**

infinitif	1ère personne du pluriel du présent	participe présent	gérondif
porter ———▶	nous portons ———▶	portant ———▶	en portant
finir ———▶	nous finissons ———▶	finissant ———▶	en finissant
entendre ———▶	nous entendons ———▶	entendant ———▶	en entendant
nager ———▶	nous nageons ———▶	nageant ———▶	en nageant
commencer ———▶	nous commençons ———▶	commençant ———▶	en commençant
boire ———▶	nous buvons ———▶	buvant ———▶	en buvant

Tous les participes présents sont formés régulièrement sauf ceux de **savoir, avoir** et **être:**

    savoir ————————▶ sachant
    avoir ————————▶ ayant
    être ————————▶ étant

Emploi:

Le gérondif s'emploie comme un adverbe, c'est-à-dire qu'il répond à la question «comment?»

> Taisez-vous! s'écrit-il tout **en tapant** sur la table.
> Il m'a répondu **en grimaçant**.
> Nous sommes partis **en courant**.
> Il essayait de faire ses devoirs **en regardant** la télévision.

Souvent, pour insister sur la simultanéité de deux actions, on fait précéder le gérondif par **tout:**

> **Tout en souriant**, il lui a donné un cadeau.
> **Tout en espérant** que je ne m'endormirai pas, je finis le devoir.

Exercices d'entraînement

Mettez ces verbes au gérondif:

1. rendre
2. grossir
3. se promener
4. savoir
5. craindre
6. avoir
7. vouloir
8. boire
9. être
10. étudier

2 *Joignez les deux phrases suivantes en employant un gérondif: Attention, ce n'est pas toujours la deuxième phrase qui se met au gérondif!*

1. Nous marchons. Nous chantons.
2. Il a trouvé la solution. Il a réfléchi.
3. J'ai vu les lapins. Je me suis promené dans le jardin.
4. Je suis un régime. Je ne grossis pas.
5. Claude a fait les devoirs. Il a écouté sa chaîne stéréo.
6. On ne peut pas parler. On mange.
7. Nous nous sommes mis en retard. Nous avons suivi une déviation.
8. Je l'ai vue. Je lui ai dit «bonjour».
9. Il a réussi. Il travaillait dur.

Exercices de vérification

1 *Mettez la préposition ou la conjonction qui convient, si c'est nécessaire:*

1. Il a désiré _____ nous voir _____ notre départ.
2. Je me suis rendu compte _____ je ne savais pas la réponse _____ je n'avais pas étudié.
3. Marie voulait _____ visiter le village perché _____ la montagne.
4. Georges n'aime pas _____ chanter _____ ses parents l'ont persuadé _____ faire partie de la chorale.
5. _____ prenant cette route nous avons évité _____ nous perdre.
6. _____ la chaleur, j'ai grand soif.
7. Jean-Luc n'oublie jamais _____ dire «merci» à ses grands-parents.
8. As-tu fini _____ remplir les fiches?
9. Il s'amuse _____ réciter des proverbes _____ la conversation.
10. Allez tout de suite _____ ville _____ les magasins ferment.
11. _____ l'école a commencé je ne sors plus le soir.
12. _____ je me suis mis _____ balayer le plancher. _____ j'ai tâché _____ de le laver. _____ quelques heures de travail, j'ai _____ réussi le nettoyer convenablement.
13. _____ dix-huitième siècle, on s'est rendu compte _____ tous les hommes devaient être égaux.
14. Jacques a appuyé l'échelle _____ le mur _____ pouvoir monter _____ de la maison.
15. _____, nous irons _____ Fontainebleau. _____ s'il n'y a pas trop de circulation, nous descendrons _____ Lyon. _____ nous passerons une bonne semaine _____ la Côte d'Azur avant de rentrer.
16. Il y a un boulevard périphérique _____ Paris.
17. Ce monsieur s'intéresse _____ tout.
18. L'agent de police m'a répondu _____ souriant que cet hôtel n'existait plus.
19. Le professeur se tient debout _____ le tableau noir _____ faire son cours.

2 *Mettez les verbes entre parenthèses aux temps qui conviennent:*

1. Dans deux jours, nous (savoir) _____ les résultats de cet examen.
2. Quand tu (apprendre) _____ le nom de son amie, pourrais-tu me le dire?
3. Après que tu (rapporter) _____ des provisions, je (pouvoir) _____ préparer le dîner.

4. J'espère que nous (économiser) _____ assez d'argent avant la fin de l'année pour pouvoir acheter une chaîne stéréo.
5. Quand je (finir) _____ ce livre, je le rendrai à la bibliothèque.
6. Je (ne pas réussir) _____ à l'examen de physique la semaine dernière parce que je (ne pas étudier) _____.
7. (Avoir) _____ -vous le temps de venir me voir demain? J'espère que je (finir) _____ tous mes projets et que je (être) _____ libre.
8. Quand vous (trouver) _____ le trésor, vous (ne plus avoir) _____ de soucis matériels.
9. Quand nous (avoir) _____ le temps, nous verrons ce film-là mais cela (ne pas être) _____ pour demain.
10. Aussitôt qu'il (sortir) _____ par cette porte-ci, moi je (partir) _____ par cette porte-là.
11. Lorsque le professeur (expliquer) _____ la leçon, je (pouvoir) _____ répondre à ses questions.

3 Racontez une histoire au futur en employant au moins cinq verbes au futur antérieur.

4 Mettez la forme du verbe qui convient:

1. Yves ne cesse jamais de (parler) _____.
2. En lui (répondre) _____, (ne pas oublier) _____ de la (regarder) _____ dans les yeux.
3. En (voir) _____ Michel, elle a commencé à (sourire) _____.
4. De crainte de (se tromper) _____, nous avons continué notre chemin en (poser) _____ des questions à tous les passants.
5. Avant que vous (avoir) _____ soif, j'irai chercher quelque chose à boire.
6. Sans (savoir) _____ ce qu'il voulait que je (faire) _____, je suis sorti en (secouer) _____ la tête.
7. Après que ton père (finir) _____ son travail, nous l'accompagnerons au cinéma.
8. Marc n'aime pas (danser) _____ mais il (rester) _____ à la fête jusqu'à ce que l'orchestre (cesser) _____ de (jouer) _____.
9. Qu'avez-vous fait pour (mériter) _____ un tel cadeau?
10. Elle étudie en (réfléchir) _____ sérieusement pour que ses réponses (être) _____ très bonnes.

5 Faites une phrase en employant la préposition indiquée ou la conjonction correspondante. Faites les changements nécessaires:

1. les examens / nous partirons / *après*
2. il / finir les examens / nous partirons / *après*
3. nous / partir / elle restera / *jusqu'à*
4. notre départ / elle restera / *jusqu'à*
5. la fin / ils ne s'en iront pas / *avant*
6. je / finir / ils ne s'en iront pas / *avant*
7. il a préparé le déjeuner / je suis resté au lit / *pendant*
8. le déjeuner / je suis resté au lit / *pendant*

6 *Mettez les verbes entre parenthèses aux temps qui conviennent (tous les temps de verbe sont possibles):*

Je (avoir) _____ quinze ans quand je (partir) _____ pour

Conakry. Je (aller) _____ y suivre un enseignement technique à l'école

Georges Poiret. Je (quitter) _____ mes parents pour la deuxième fois. Je les

(quitter) _____ une première fois aussitôt après mon certificat d'études.

Cette fois je (prendre) _____ un congé beaucoup plus sérieux. «Qu'est-ce

que je (faire) _____ si je (ne pas aimer) _____ l'école? Qu'est-ce

que je (devenir) _____ ? Il faut que je (se mettre) _____ au

travail.»

Afin que tous nos amis (pouvoir) _____ me dire «au revoir», ma

famille (tenir) _____ un festin la veille de mon départ. La table (être)

_____ couverte de toutes sortes de plats délicieux. Nous (bien manger)

_____. Quand tout le monde (partir) _____, nous (se coucher)

_____. Si je (ne pas être) _____ fatigué, je (ne pas dormir)

_____ car je (être) _____ très triste.

Ma mère me (réveiller) _____ à l'aube pour que je (pouvoir) _____

faire les valises. Je (voir) _____ qu'elle (déjà mettre) _____ toutes

mes affaires ensemble sans que je le (savoir) _____. Tout d'un coup je (apercevoir)

une bouteille qu'elle (placer) _____ à côté de ma valise.

— Qu'y a-t-il dans cette bouteille?

— (Ne pas la casser) _____! a dit ma mère.

— Je (y faire) _____ attention.

— Je veux que tu (faire) _____ très attention! Chaque matin avant de (entrer)

_____ en classe, tu (prendre) _____ une petite gorgée de cette eau. Ce

(être) _____ l'eau de l'intelligence.

adapté de *L'Enfant noir* de Camara Laye
Librairie Plon

Révision

Répondez aux questions suivantes par des phrases complètes en employant le vocabulaire et les structures de cette leçon:

1. Que fait un piocheur?
2. Qu'est-ce qu'on peut rédiger?
3. Avec qui partagez-vous vos émotions?
4. Qui est Corneille?
5. Nommez deux œuvres de Molière.
6. Est-ce que Molière a écrit des tragédies?
7. Nommez deux philosophes du 18e siècle.

8. Quand voit-on de la foudre?
9. Faites une phrase avec *pourtant*.
10. Faites une phrase avec *à cause de*.
11. Complétez cette phrase: Dès que...
12. Complétez cette phrase: Après...
13. Complétez cette phrase: D'une part...
14. Complétez cette phrase: Au moment de son arrivée...
15. Complétez cette phrase: En courant à toute vitesse...
16. Complétez cette phrase: Tout en sachant la vérité...
17. Faites une phrase avec *d'ailleurs*.
18. Faites une phrase avec *à la fois*.
19. Faites une phrase avec *se rendre compte de/que*.
20. Faites une phrase avec *s'apercevoir de/que*.
21. Quand achèterez-vous une voiture?
22. Quand partirez-vous en vacances?

Discussion et création

En employant le vocabulaire et les structures de cette leçon, répondez aux questions suivantes:

1. Après avoir lu cet extrait de *La Rue Cases-Nègres* et *Le Cancre* de Jacques Prévert, faites le portrait d'un cancre (ses faiblesses, ses préoccupations, les façons de le faire travailler, etc.).
2. Comme José, décrivez votre plus émouvant souvenir d'enfance. Employez tous les temps de verbes étudiés cette année.
3. Choisissez un des écrivains mentionnés à la page 331 et, après avoir fait des recherches à la bibliothèque, préparez un compte-rendu sur son œuvre.
4. Choisissez un des proverbes à la page 332 et illustrez-le à l'aide d'une histoire.
5. Trouvez à quels proverbes correspondent les dessins ci-dessous et ceux de la page 332.

EXERCICES ORAUX: FORMULES PRATIQUES

Dans ces tables de substitution, répétez plusieurs fois la phrase modèle. Il faut la dire sans avoir à réfléchir et sans avoir à faire d'efforts. Ensuite, tout en conservant le reste de la phrase, remplacez l'élément de la troisième colonne par un autre élément de la même colonne. Puis, remplacez l'élément d'une autre colonne. Continuez de cette façon.

PREMIERE LEÇON

le présent

	I	II	III	IV
1.	*Je vais*	*souvent*	*à Paris*	*l'été.*
	Tu vas	rarement	à la plage	pour le week-end.
	Nous allons	quelquefois	en ville	le soir.
	Ils vont	de temps en temps	à la montagne	quand il pleut.
	Elle va	toujours	à la bibliothèque	quand il fait beau.
	Je travaille		au cinéma	en hiver.
			à la campagne	
	Vas-tu		au bord de la mer	

le présent

	I	II	III	IV	V
2.	*Depuis que*	*je suis*	*à Paris*	*mes amis*	*m'écrivent souvent.*
			à l'école		m'oublient.
			absent		me téléphonent.
			en France		m'envoient de longues lettres.
			à Andover		pensent à moi.
					attendent mon retour.

le portrait

	I	II	III	IV	V
3.	*J'ai*	*les cheveux*	*blonds*	*et les yeux*	*bruns.*
	Il a		châtains		bleus.
	Elle a		gris		verts.
	Vous avez		roux		gris.
			ébouriffés		noirs.
			en brosse		grands ouverts.
			longs		fermés.
			courts		
			bouclés		
			frisés		

le portrait

	I	II	III	IV	V	VI
4.	*Il*	*a*	*un*	*petit*	*nez*	*adorable.*
	Elle			grand		crochu.
				minuscule		droit.
				énorme		retroussé.
						proéminent.
						ridicule.
						pointu.

	I	II	III	IV
5.	*Il*	*a*	*la bouche*	*ouverte.*
	Elle			fermée.
				pleine.
				ronde.

	I	II	III	IV
6.	*Il*	*a*	*les jambes (f.)*	*court(e)s.*
			les mains (f).	long(ue)s.
	Elle		les bras (*m.*)	fin(e)s.
			les doigts (*m.*)	épais(ses).

DEUXIEME LEÇON

	I	II	III
1.	*Il se souvient*	*de*	*moi.*
	Il se soucie		toi.
	Il s'occupe		vous.
	Il s'inquiète		eux.
	Il se méfie		sa famille.
			ma famille.
	Il se moque		ses parents.
	Il se sépare		ses amis.
	Il se détache		tout le monde.
	Il s'éloigne		nous tous.
	Il se rapproche		ceux qui veulent l'aider.
	Il se plaint		ceux qui s'intéressent à lui.

	I	II	III
2.	*Je me trompe*	*de*	*livre.*
	Tu te trompes		chapeau.
	Il se trompe		manteau.
	Elle se trompe		adresse.
	Nous nous trompons		rue.
	vous vous trompez		maison.
	Ils se trompent		porte.
			salle.
			jour.
			heure.
			bus.
			train.

	I	II	III	IV
3.	*Il*	*le fait*	*tous les*	*matins.*
	Elle	le prend		soirs.
	Henri	le donne		jours.
	Claire	le prépare		deux jours.
	Qui	le lit		huit jours?
	Qui est-ce qui	l'apporte		quinze jours?
	Il me dit qu'il	le porte		jours sauf le dimanche.
	Il assure qu'il	l'achète		jeudis.
	Il sait qu'il	l'envoie		mois.
	Il voit qu'il	le reçoit		ans.
	Il se souvient qu'il	le rencontre		étés.
	Il oublie qu'il	le retrouve		hivers.

TROISIEME LEÇON

le futur

	I	II
1.	*Lundi,*	*je commencerai mon travail.*
	Lundi prochain,	je finirai ce travail.
	Mercredi en huit,	j'irai à Paris.
	Demain,	je partirai pour Paris.
	Après-demain,	je quitterai la maison.
	La semaine prochaine,	je reviendrai à la maison.
	Le mois prochain,	je quitterai la France.
	L'année prochaine,	je quitterai définitivement la France.
	Un de ces jours,	je m'occuperai sérieusement de cette affaire.
	Bientôt,	je ferai quelque chose de nouveau.

le futur

	I	II
2.	*Il achètera un appartement*	*lundi.*
	Il louera un appartement	lundi prochain.
	Il vendra son appartement	lundi en huit.
	Il me prêtera de l'argent	lundi en quinze.
	Il me donnera de l'argent	dans un mois.
	Je lui emprunterai de l'argent	le 15 juin.
	Je lui rendrai son argent	le 20 juillet.
	Ils doivent arriver.	le lundi 15 juin.
	Ils seront sûrement ici	en juin.
	Nous les attendons	au mois de juillet.
	Nous les verrons	

le futur

	I	II	III	IV
3.	*Je le*	*ferai*	*quand*	*j'aurai le temps.*
	Je la	nettoierai	dès que	j'aurai un moment.
		chercherai	aussitôt que	je serai là-bas.
		apprendrai	lorsque	je resterai ici.
		prendrai		je le pourrai.
		préparerai		je le voudrai.
		essaierai		je serai libre.
		mettrai		je ne serai plus occupé.
		regarderai		il sera arrivé.
		relirai		ils seront partis.
		enverrai		il sera de retour.

	I	II	III	IV	V	VI
4.	*Quand*	*je serai*	*vieux*	*j'aurai*	*une maison*	*à la campagne.*
	Dès que		plus vieux	j'achèterai	un chalet	au bord de la mer.
	Le jour où		très vieux	je louerai	une propriété	à la montagne.
			riche	j'essaierai d'avoir	quelque chose	au bord de la rivière.
			plus riche			dans la forêt.
			très riche			en ville.
			marié			dans une ville.
			de retour (ici)			dans une grande ville.
			dans mon pays			près de la ville.
			libre			loin de la ville.
			plus libre			loin du monde.
			en Angleterre			n'importe où.

	I	II	III
5.	*Quand il fera beau*	*j 'irai*	*à bicyclette jusqu'à Paris.*
	Quand j'aurai le temps		à vélo à Paris.
	Quand j'aurai des loisirs		à pied jusqu'à la forêt.
	Dimanche prochain		faire des promenades à pied.
	Dimanche en huit		faire une promenade à bicyclette.
	Dimanche en quinze		faire une promenade en moto.
	Après demain		faire une promenade en auto.
	Plus tard		me promener à pied.
	De temps en temps		me promener en auto.
	Cet été		me promener à bicyclette.
	L'été prochain		faire des excursions.
	La semaine prochaine		faire des voyages.

	I	II
6.	*Dès que je serai prêt*	*je partirai.*
	Dès que j'aurai un moment	je rentrerai.
	Dès que j'aurai une minute	j'irai à la maison.
	Dès qu'on me le demandera	j'irai chez mes amis.
	Dès que je le pourrai	j'irai rendre visite à Monsieur Martin.
	Dès qu'on me le dira	j'irai voir mes amis.
	Quand je serai libre	je visiterai la ville.
	Quand j'aurai un moment	je leur ferai une longue lettre.
	Quand j'aurai une minute	j'irai faire des achats.
	Quand on me le demandera	je préparerai cette conférence.
	Quand je le pourrai	je continuerai la lecture de ce roman.
	Quand on me le dira	j'irai voir ce film.

I	II	III
7. *J'irai les voir*	*dès que*	*ce sera possible.*
Tu iras les voir	aussitôt que	ce sera permis.
Jean ira les voir	quand	ils seront guéris.
Moi aussi j'irai les voir	lorsque	ils seront de retour.
J'irai aussi les voir		ils seront ici.
Vous irez sans doute les voir		ils seront à Paris.
Peut-être irai-je les voir		ils seront aux Etats-Unis.
Peut-être iras-tu les voir		tout sera réglé.
Peut-être Jean ira-t-il les voir		les affaires iront mieux.
Peut-être irons-nous les voir		il fera beau.
Peut-être irez-vous les voir		il fera plus chaud.
Peut-être iront-ils les voir		il fera moins froid.

I	II	III
8. *Je travaillerai*	*quand*	*je le pourrai.*
Je le lirai	aussitôt que	ce sera possible.
Je le relirai	dès que	ce sera nécessaire.
Je l'apprendrai	au moment où	ce sera indispensable.
Je le commencerai	le jour où	je ne pourrai pas faire autrement.
Je le finirai		on me le demandera.
Je l'achèterai		on me le conseillera.
Je le vendrai		j'aurai le temps.
Je partirai là-bas		j'aurai plus de temps.
Je resterai ici		je serai libre.
J'irai en Irlande		je serai tout à fait libre.
Je le rejoindrai		il le faudra.

I	II	III
9. *Ecrivez*	*quand*	*vous arriverez (à Paris).*
Ecrivez-nous	aussitôt que	vous partirez (de Rome).
Envoyez une carte	dès que	ils arriveront (des Etats-Unis).
Envoyez-moi un mot	au moment où	ils partiront (pour l'Angleterre).
Envoyez-nous un mot		vous les verrez.
Téléphonez		vous saurez quelque chose
Téléphonez-nous		tout sera prêt.
		tout sera terminé.

I	II	III	IV
10. *Dans*	*un instant*	*je vais aller*	*chez le coiffeur.*
	un moment	tu vas aller	chez le docteur.
	peu de temps	nous allons aller	chez le tailleur.
	quelque temps	vous allez aller	chez le pâtissier.
	une minute	ils vont aller	à Prisunic.
	deux minutes	j'irai	aux Galeries Lafayette.
	une minute ou deux	tu iras	au restaurant.
	deux ou trois minutes	nous irons	au théâtre.
	quelques minutes	vous irez	au cinéma.
	un quart d'heure	ils iront	au musée du Louvre.
	une demi-heure	il pourra aller	à l' Arc de Triomphe.
	une heure et demie	il faudra aller	à l'hôtel.

	I	II	III
11.	*(Oui) dites-lui que c'est*	*mon*	*ami(e).*
	(Non) ne lui dites pas que c'est	son	ennemi(e).
	Soyez assez aimable pour lui dire que c'est	notre	meilleur ami.
	Ne craignez pas de lui dire que c'est	votre	adresse (personnelle).
	N'hésitez pas à lui dire que c'est	leur	avis.
	Dites-lui que ce n'est pas		affaire.
	Rappelez-lui que c'est		idée.
	N'hésitez pas à lui dire que c'était		appareil.
	Dites leur que ce n'était pas		animal favori.
	Insistez sur le fait que ce sera		unique espoir.
	Ne craignez pas de lui dire que ce serait		unique possibilité.

	I	II	III
12.	*Dites-lui que c'est*	*mon*	*nom.*
	Dites leur donc que c'est	son	livre (de français).
	C'est	votre	ami.
	Ce n'est pas	notre	quartier.
	C'est peut-être	leur	chapeau.
	Je peux voir		parapluie.
	Quand avez-vous vu		portefeuille.
	Peut-être que c'est		briquet.
	Je crois bien que c'est		trousseau de clefs.
	Est-ce que ce n'est pas		imperméable.

	I	II	III
13.	*Je trouve*	*qu'il*	*fait froid.*
	Tu trouves		fait très froid.
	Il trouve		fait aussi froid qu'hier.
	Nous trouvons		fait plus froid qu'hier.
	Vous trouvez		fait plus froid que la semaine dernière.
	Ils trouvent		fait vraiment très froid.
	Ne trouvez-vous pas		fait chaud.
	Trouve-t-il		fait trop chaud pour la saison.
	Est-ce que tu ne trouves pas		fait moins chaud ce matin.
	Trouve-t-elle		fait vraiment très chaud.
	Pierre trouve-t-il		
	Françoise trouve-t-elle		

le passé composé

	I	II	III	IV
1.	*Hier*	*j'ai travaillé*	*pendant*	*une heure.*
	Avant-hier	je me suis promené dans les rues		une bonne heure.
	Lundi dernier	j'ai lu		une petite heure.
	Cette semaine	j'ai fait de la musique		au moins d'une heure.
	La semaine dernière	j'ai fait du tennis		plus d'une heure.
	Il y a deux jours	j'ai fait du piano		une heure et demie.
	Il y a huit jours	j'ai assisté à une conférence		une demi-heure.
	Il y a quinze jours	j'ai visité un musée		un quart d'heure.
	Aujourd'hui	je suis resté chez moi		un quart d'heure au plus.
	Ce matin	j'ai attendu Henri à la gare		longtemps.
	Cet après-midi	je me suis promené en voiture		pas mal de temps.
	Dans la soirée	je me suis promené à bicyclette		quelques instants.

le passé composé

	I	II	III
2.	*Je vous ai attendu*	*pendant*	*dix bonnes minutes.*
	J'ai travaillé		un quart d'heure.
	J'ai écouté la radio		plus d'un quart d'heure.
	J'ai écouté des disques		une demi-heure.
	J'ai regardé la télé		une bonne demi-heure.
	J'ai fait des lettres		une heure et demie.
	J'ai fait des devoirs		quelques minutes.
	J'ai appris des leçons		quelque temps.
	J'ai lu des romans		quelques instants.
	J'ai cherché mes gants et ma cravate		longtemps.
	J'ai été sur la plage		peu de temps.
	J'ai été à la campagne.		des heures.

le passé composé

	I	II	III
3.	*Je suis parti*	*de la maison*	*il y a deux jours.*
	Je suis rentré	de chez moi	il y a huit jours.
	Je suis revenu	de chez eux	il y a eu hier huit jours.
	Je suis arrivé	de chez mes parents	il y a quinze jours.
		de chez mes amis	avant-hier soir.
		de l'aéroport	hier matin.
		du bord de la mer	ce matin.
		de la campagne	aujourd'hui.
		de la montagne	à quatre heures ce matin.
		d'Angleterre	à midi.
		des Etats-Unis	avec deux jours d'avance.
		de Suisse	avec deux jours de retard.

Exercices oraux

	I	II	III
4.	*Je me souviens du jour*	*où*	*j'ai eu un accident d'auto.*
	Personne ne se souvient du mois		j'ai failli me noyer.
	Qui se souvient encore de l'année		je suis parti pour la France
	Peu de gens se souviennent de l'année		je suis rentré en Amérique.
	Tous mes amis se souviennent du jour		je suis allé en Angleterre.
	Qui se souviendrait du jour		j'ai quitté le Japon.
	Je me rappelle le jour		j'ai traversé l'Atlantique.
			j'ai pris l'avion pour la première fois.
	Tout le monde se rappelle le mois		j'ai passé mon examen.
	Qui se rappelle l'année		j'ai échoué à mon examen.
	Je n'ai pas oublié le jour		j'ai été reçu à mon examen.

CINQUIEME LEÇON

l'imparfait

	I	II	III
1.	*Hier*	*je me demandais*	*s'il était ici.*
	Hier matin	il se demandait	si c'était le mien.
	Hier soir	ne vous demandiez-vous pas	s'il était fatigué.
	Avant-hier	vous demandiez-vous	s'il était souvent ici.
	L'autre jour	je ne savais pas	s'il devait revenir.
	L'autre soir	il ne savait pas	ce que c'était.
	Il y a huit jours	savait-il	où j'étais.
	Il y a quinze jours	ne savait-il pas	où vous étiez.
	Ce matin	qui savait	ce qu'il faisait.
	Cet après-midi	qui pouvait dire	lequel c'était.
	Aujourd'hui	qui pouvait savoir	lequel était le bon.
	La semaine dernière		laquelle était la bonne.

l'imparfait

	I	II	III
2.	*J'avais l'impression*	*que*	*tout était arrangé.*
	On avait l'impression		tout était réglé.
	On se rendait compte		l'affaire était classée.
	Il était évident		
	Il semblait		tout le monde était d'accord.
	Certains prétendaient		il était impossible de s'entendre.
	D'autres assuraient		
	Il apparaissait		la question était loin d'être réglée.
	On voyait nettement		tout était fini.
			tout était à revoir.
	On croyait bien		il valait mieux de ne pas en parler.
			l'on avait renoncé à tout.

Exercices oraux

	I	II
3.	*J'étais sûr que*	*le ciel était d'un bleu profond.*
	J'avais l'impression que	le ciel était d'un noir d'encre.
	On se rendait compte que	la mer était d'un vert émeraude.
	Il était évident que	la forêt de pins était d'un vert sombre.
	Il semblait que	
	Certains prétendaient que	sa veste était rouge sang.
	Il apparaissait que	son uniforme était bleu horizon.
	On voyait nettement que	
		son pull-over était vert sapin.
		sa cravate était gris perle.

	I	II	III
4.	*Je crois*	*qu'il*	*le prononçait comme ça (cela).*
	Je suppose	qu'elle	
	J'imagine		parlait français couramment.
	Je pense		choisissait toujours le meilleur.
	Je croyais		le cachait quelque part.
	Je supposais		l'appelait.
	J'imaginais		allait le voir souvent.
	Je pensais		était assis(e) là-bas.
	Il essayait de me faire croire		nous attendait ici.
	C'est une erreur de croire		habitait au Japon.
	Peut-on croire		allait à Paris très souvent.
			les connaissait tous.

	I	II	III
5.	*Lorsque*	*vous êtes arrivé*	*je lisais.*
	Quand	vous êtes rentré	je travaillais.
	Au moment où	vous êtes revenu	je regardais par la fenêtre.
	A l'heure où	vous êtes venu nous voir	je dormais.
	Le matin où	vous êtes venu ici	je me reposais.
	Le soir où	vous êtes revenu nous voir	je faisais la sieste.
	La nuit où	vous êtes revenu ici	je prenais mon petit déjeuner.
	Le jour où	vous êtes retourné à la maison	je déjeunais.
		vous êtes entré chez nous	
		vous avez téléphoné	je dînais.
			j'attendais des amis.
			je m'attendais à une visite.

	I	II	III
6.	*Il a vu*	*qu'il*	*faisait jour.*
	Il s'est aperçu		faisait nuit.
	Il a constaté		faisait froid.
	Il a dit		faisait plus froid.
	Il a assuré		faisait très chaud.
	Il a prétendu		faisait trop chaud.
	Il a trouvé		pleuvait.
	Il a pensé		neigeait.
	Il a déclaré		y avait de la brume.
	Il a juré		y avait du brouillard.
	Il nous a dit		allait pleuvoir.
	Il nous a assuré		allait faire froid.

	I	II	III
7.	*Je l'avais*	*su*	*depuis hier.*
	Tu l'avais	vu	depuis ce moment-là
	Jean l'avait	revu	depuis ce jour-là.
	Françoise l'avait	rencontré	depuis ce matin-là.
	Nous l'avions	mis ici	depuis mardi.
	Vous l'aviez	laissé là	depuis l'été.
	Ils l'avaient	oublié	depuis le mois dernier.
	L'avions-nous	perdu	depuis longtemps.
	Est-ce que Jean l'avait	trouvé	avant-hier.
	Est-ce qu'elle l'avait	acheté	vers midi.
	Claire et Françoise l'avaient-elles	vendu	cet après midi.

SIXIEME LEÇON

	I	II	III
1.	*Je le vois*	*et*	*je lui annonce la nouvelle.*
	Je la vois		je lui dis ce qui s'est passé.
	Je vais voir Henri		je lui raconte tout.
	Je vais le voir		je lui expose toute l'affaire.
	Je cherche à le voir		je lui demande son avis.
	J'essaie de le voir		je lui conseille de ne pas y aller.
	Je la rencontre		je lui donne mon avis.
	Je le retrouve		je lui dis ce que j'en pense.
	Je la rejoins		je lui suggère de s'en occuper.
	Je l'appelle		je lui conseille d'y aller tout de suite.
	Je lui téléphone		je lui conseille de lui en parler.
	Je lui écris		je lui conseille de leur en parler.

	I	II	III
2.	*Je le vois*	*approcher*	*lentement.*
	Je la vois	venir	très lentement.
	Je les vois	revenir	doucement.
	Le voyez-vous	monter	tout doucement.
	La voyez-vous	descendre	rapidement.
	Les voyez-vous	y aller	vite.
	Je vois Pierre	y monter	assez vite.
	Je vois Claire	en revenir	très vite.
	Je vois Pierre et Marie	en remonter	aussi vite que possible.
	Voyez-vous Jean	en descendre	le plus vite possible.
	Entendez-vous Claire	monter l'escalier	avec précaution.
	Voyez-vous nos amis	descendre l'escalier	en courant.

	I	II	III	IV
3.	*Achetez*	*-le*	*-moi*	*tout de suite.*
	Vendez	-la	-lui	immédiatement.
	Cédez	-les	-nous	sans attendre.
	Donnez		-leur	sans plus attendre.
	Prêtez			vite.
	Cherchez			au plus vite.
	Préparez			au plus tôt.
	Faites			dès que possible.
	Dites			dès lundi.
	Apprenez			avant samedi.
	Confiez			avant la fin du mois.
	Rapportez			maintenant.

les négations

	I	II
4.	*Il y a quelque chose*	*dans la rue.*
	Il n'y a rien	dans la maison.
	Il n'y a rien du tout	dans le jardin.
	Il n'y a presque rien	sur le plancher.
	Il y avait quelque chose	sous la table.
	Il n'y avait rien du tout	au plafond.
	Il n'y avait presque rien	à la cave.
	Je ne vois rien	au sous-sol.
	Je ne voyais rien	au grenier.
	Nous ne verrons rien	au rez-de-chaussée.
	Il sera impossible de voir quoi que ce soit	en haut.
	Vous ne verrez absolument rien	en bas.

les négations

	I	II	III	IV
5.	*Non*	*je ne veux*	*voir*	*personne.*
	Donc	je ne peux	regarder	personne d'autre.
	Alors	je ne souhaite	parler à	personne d'autre que lui.
	Dans ce cas	je ne désire	entendre	personne d'autre qu'elle.
	Dans ces conditions	je n'ai besoin de	écouter	
	Dans l'état où je suis	je n'aurai besoin de	me souvenir de	
	Dans la situation où je me trouve	je n'ai envie de	me rappeler de	
	Pour le moment	je n'aurai envie de	penser à	
	Pendant quelque temps	je ne pourrai	m'occuper de	
	D'ici lundi		rendre visite à	
	D'ici la fin du mois		recevoir	
	D'ici quelques jours		rencontrer	

	I	II	III	IV
6.	*C'est*	*la première*	*fois que*	*je le vois.*
	Oui, c'est	la deuxième		je le rencontre.
	Mais oui, c'est	la troisième		je m'en sers.
	Je crois que c'est	la quatrième		je l'essaie.
	Je crois bien que c'est	la cinquième		je l'emploie.
	Il me semble que c'est	la sixième		j'en ai besoin.
	Il me semble bien que c'est	la septième		je lui parle.
	C'est vraiment	la huitième		je lui en parle.
	C'est certainement	la neuvième		j'en entends parler.
	C'est sûrement	la dixième		je l'entends parler.
	Bien sûr, c'est	la onzième		j'ai de ses nouvelles.
	Bien entendu, c'est	la douzième		j'ai un coup de téléphone de lui.

	I	II
7.	*Je le ferai*	*aujourd'hui.*
	Je ne le ferai pas	demain.
	Vous ne pourrez pas le lui dire	cette semaine.
	Il viendra	la semaine prochaine.
	Il ne viendra pas	ce mois-ci.
	Il le saura	cette année.
	Nous pourrons venir ici	cette fois-ci.
	Vous le verrez	dimanche.
	Je ne pourrai pas le voir	dimanche prochain.
	Il faudra le faire	à deux heures moins le quart.
		en juillet.
		au printemps, en été, en automne, en hiver.

	I	II	III
8.	*J'ai*	*bien*	*dix minutes.*
	Tu as	encore bien	dix minutes à attendre.
	Claire a	encore au moins	dix minutes d'attente.
	Il a	plus de	un quart d'heure avant qu'elle arrive.
	Nous avons	bien plus de	un bon quart d'heure.
	Vous avez moins de		une demi-heure avant son arrivée.
	Ils ont	bien moins de	un quart d'heure avant de partir.
	Il y a	au plus	un quart d'heure avant d'arriver.
	Il y a bien	tout au plus	une heure avant son départ.
	Il reste	tout juste	une heure avant notre départ.
	Il nous reste	à peu près	dix minutes avant la représentation.
	Je crois qu'il y a	environ	vingt bonnes minutes avant la fermeture.

	I	II	III	IV	V
9.	*Oh, non*	*il*	*ne*	*m'a pas*	*vu.*
	Bien entendu,	elle		vous a pas	vue.
	Non	Jean			reconnu.
	C'est pourquoi	Marie			reconnue.
	Peut-être que				compris.
	Ça va,				comprise.
	Eh bien				attendu.
	Tant mieux				attendue.
	Tant pis				rencontré.
	C'est dommage,				rencontrée.
	Et puis,				aidé.
					aidée.

SEPTIEME LEÇON

	I	II
1.	*Si vous voulez*	*je conduirai Catherine à l'école.*
	Si tu veux	je mènerai Catherine à l'école.
	Si j'y pense	j'emmènerai son amie avec elle.
	Si j'ai le temps	je la ramènerai ce soir chez vous.
	Si j'ai un moment	je les amènerai d'abord toutes les deux à la maison.
	Si c'est possible	je vous amènerai aussi notre ami Jean-Jacques.
	Si je peux	je les ramènerai chez eux en voiture.
	Si le temps le permet	nous mènerons les enfants au cirque.
	Si je suis à l'heure	je porterai son sac qui est trop lourd pour lui.
	Si je ne suis pas retardé	je porterai mes lettres urgentes à la poste.
	Si j'ai ma voiture	je vous apporterai les clefs de ma maison avant de partir.
	Si je n'ai pas de visite au dernier moment	je rapporterai des photos de mon voyage.

	I	II	III	IV
2.	*Il le*	*ferait*	*certainement*	*s'il n'était pas si fatigué.*
	Il la	dirait	sûrement	s'il n'était pas si occupé.
	Il les	raconterait	probablement	s'il en avait le temps.
		lirait	sans doute	si c'était utile.
		examinerait	sans aucun doute	si c'était nécessaire.
		apprendrait	peut-être	si c'était indispensable.
		commencerait	volontiers	s'il y était obligé.
		finirait	bien volontiers	s'il n'avait rien d'autre à faire.
		donnerait	avec plaisir	s'il le fallait.
		achèterait	sans hésiter	s'il le fallait absolument.
		céderait	de bon cœur	si vous lui disiez qu'il le faut.
		vendrait	bien qu'à regret	si vous le lui demandiez.

	I	II	III
3.	*Tout s'arrangerait*	*si*	*vous en parliez à votre ami.*
	Tout ceci s'arrangerait		vous vous en occupiez.
	Toute l'affaire s'arrangerait		vous ne vous en occupiez pas.
	Tout irait bien		vous vous en occupiez un peu.
	Tout irait mieux		vous vous en occupiez sérieusement.
	Tout irait beaucoup mieux		vous ne faisiez rien.
	Tout serait clair		vous ne disiez rien.
	Tout serait très clair		vous veniez me voir assez vite.
	Tout serait beaucoup plus clair		vous veniez me voir de temps en temps.
	Tout serait vite fini		vous les laissiez tranquilles.
	Il n'y aurait plus de difficultés		vous attendiez quelque temps.
	Il n'y aurait plus d'ennuis		vous attendiez son retour.

	I	II	III	IV
4.	*Je le*	*ferais*	*si*	*j'avais le temps.*
	Je la	nettoierais		je n'avais rien à faire.
	Je les	chercherais		j'étais toujours ici.
		apprendrais		je restais là.
		prendrais		je le pouvais.
		préparerais		il le fallait.
		essaierais		j'étais libre.
		mettrais		je voulais.
		ôterais		je n'étais pas si occupé.
		regarderais		je n'avais pas tant à faire.
		relirais		c'était nécessaire.
		enverrais		c'était indispensable.

	I	II	III	IV	V
5.	*Oui*	*je le*	*ferais*	*si j'avais*	*le temps.*
	Mais oui		lirais		un peu de temps.
			relirais		un peu plus de temps.
	Sûrement		préparerais		du temps.
	Certainement		apprendrais		du temps libre.
	Evidemment		apprendrais mieux		beaucoup de temps.
	Vraiment		chercherais		des loisirs.
	Assurément		nettoierais		quelques loisirs.
	Certes		réparerais		beaucoup de loisirs.
	Bien sûr		achèterais		un jour libre.
	Sans doute		enverrais		des vacances.
	Précisément		renverrais		seulement un jour libre.

	I	II
6.	*Pourriez-vous me dire*	*comment vous écrivez ce mot?*
	Ne pourriez-vous pas me dire	comment vous prononcez ce mot?
	Pourriez-vous me rendre le service de me dire	si ce mot est écrit correctement?
	Voulez-vous être assez aimable pour me dire	si ce mot peut s'employer partout?
	Voulez-vous avoir l'obligeance de me dire	si ce mot peut se dire n'importe où?
	Voudriez-vous me dire	si ce mot est familier ou grossier?
	Voudriez-vous me rendre le service de me dire	si cette expression peut s'employer couramment?
	Vous serait-il possible de me dire	si cette phrase est d'usage courant?
	Auriez-vous l'obligeance de me dire	si on doit dire «je vais à bicyclette»?
	Cela vous dérangerait-il de me dire	si ceci est correct?
	Est-ce que cela vous ennuierait de me dire	si cela se dit couramment?
	Cela vous ennuierait-il de me dire	si cela se dit souvent?

	I	II	III	IV	V
7.	*J'aurais voulu*	*y rester*	*quelques*	*heures*	*de plus.*
	J'aurais aimé	rester là		jours	encore.
	J'aurais souhaité	rester chez eux		semaines	
	J'aurais bien voulu	rester avec eux		instants	
	Aurais-tu aimé	rester auprès de lui			
	Aurait-il souhaité	rester auprès d'eux			
	Aurait-elle souhaité	être avec eux			
		être parmi eux			
		travailler			

HUITIEME LEÇON

	I	II	III	IV
1.	*Il est nécessaire*	*qu'il le*	*fasse*	*tout de suite.*
	Il est indispensable	qu'elle le	garde	maintenant.
	Il est possible		prenne	aujourd'hui.
	Il est impossible		dise	dès aujourd'hui.
			remarque	en ce moment.
	Il est utile		laisse	dans ces conditions.
	Il est souhaitable		jette	sur le champ.
	Il est regrettable		commence	ici.
	Il se peut		finisse	là.
			achète	chez lui.
	C'est dommage		vende	chez eux.
			brûle	tout(e) seul(e).

	I	II	III
2.	*Je souhaite qu'il*	*vienne*	*maintenant.*
	Je désire qu'il	y vienne	à présent.
	Je demande qu'il	vienne ici	à temps.
	Je veux qu'il	y pense	aussitôt.
	Je voudrais qu'il	pense à tout	tout de suite.
	J'aimerais qu'il	l'attende	au plus tôt.
		attende les autres	incessamment.
		s'en occupe	dès aujourd'hui.
		s'occupe de tout	dès demain.
		s'occupe des autres	dès que possible.
		arrive	avant lundi.
		parte	le mois prochain.

	I	II	III	IV	V
3.	*Il faut*	*qu'on*	*fasse*	*quelque chose de*	*facile.*
	Il faudra	qu'il	dise		simple.
	Il faudrait	qu'elle	raconte		bien.
	Il est souhaitable	que Claire	entreprenne		bon.
	Nous souhaitons	que Jean	commence		intéressant.
	Je demande		prépare		utile.
	Nous conseillons		lise		agréable.
	Nous exigeons		apprenne		nouveau.
	Ils voudraient		achète		moderne.
	Ils souhaiteraient		donne		grand.
	Pierre aimerait		explique		intelligent.
			arrange		sérieux.

	I	II	III	IV
4.	*Nous voulons*	*que*	*ces jeunes gens*	*aillent à Paris.*
	Nous désirons		ces jeunes filles	restent ici.
	Nous souhaitons		nos amis	s'en aillent bientôt.
	Nous exigeons		tous	partent immédiatement.
	Nous demandons		toutes	restent encore quelques jours.
			tous les étudiants	n'aillent pas en Suisse.
	Nous défendons		toutes les élèves	ne s'en aillent pas tout de suite.
	Nous regrettons		eux aussi	achètent des voitures d'occasion.
			elles aussi	prennent l'avion.
			eux tous	apprennent à conduire.
				apprennent le chinois.
				parlent russe.

	I	II	III
5.	*Il faut*	*que j'aille*	*là-bas.*
		que tu ailles	plutôt là.
		qu'il aille	là.
		que nous allions	plus loin.
		que vous alliez	plus près.
		qu'ils aillent	à proximité
		que je sois	assez loin.
		que tu sois	loin d'ici.
		qu'il soit	à l'étranger.
		que nous soyons	à Londres.
		que vous soyez	en Amérique.
		qu'ils soient	aux Etats-Unis.

	I	II	III	IV
6.	*Il faut que*	*j'en*	*fasse*	*un(e).*
	Il fallait que		prenne	deux.
	Il faudra que		voie	trois, etc.
	Il faudrait que		garde	un peu.
	Il aurait fallu que		commande	beaucoup.
	Faut-il que		envoie	quelques-uns.
	Fallait-il que		demande	assez.
	Faudra-t-il que		achète	peu.
	Ne faut-il pas que		prête	une grande quantité.
	Ne fallait-il pas que		emprunte	une petite quantité.
	Ne faudra-t-il pas que		envoie	un petit nombre.
	N'aurait-il pas fallu que		donne	un grand nombre.

	I	II
7.	*Je crains*	*qu'il ne vienne.*
	Nous craignons	qu'il y pense.
	Vos amis craindraient-ils	qu'il le fasse.
	J'ai peur	qu'il parte.
	J'avais peur	qu'il y aille.
	J'empêcherai	qu'il revienne.
	Empêcheras-tu	qu'elle l'emporte.
	Nous éviterons	qu'ils le condamnent.
	Nous ne doutons pas	qu'il les voie.
	Peux-tu douter	qu'il les voie longtemps.
		qu'il aille plus mal.

	I	II	III	IV
8.	*Il dit*	*que*	*c'est*	*très drôle.*
	Je pense		c'était	bizarre.
	Vous trouvez		ce sera	faux.
	Nous croyons		ce n'est pas	vrai.
	Ils supposent		ce n'était pas	intéressant.
	Je sais		ce ne sera pas	ennuyeux.
	Je vous assure		ce ne serait pas	utile.
	Il explique		ça semble	fermé.
	Elle est sûre		ça pourrait être	ouvert.
			ça devrait être	la même chose qu'hier.
			ça ne devrait pas être	quelque chose de très différent.
				rouge.

le subjonctif – le passé du subjonctif

	I	II	III	IV
1.	*Je suis*	*étonné(e)*	*qu'il*	*soit ici.*
	Elle est	content(e)	qu'elle	soit à Paris.
	Jeanne est	ennuyé(e)	que Jean	soit en Angleterre.
		satisfait(e)	que Claire	soit parti(e).
		contrarié(e)		soit déjà parti(e).
		mécontent(e)		soit parti(e) sans laisser d'adresse.
		fâché(e)		compte revenir.
		heureux, heureuse		ne compte pas revenir.
		peiné(e)		soit de retour lundi.
		furieux, furieuse		ne soit pas de retour avant mardi.
		surpris(e)		soit absent(e) une semaine.
				ne revienne plus ici.

le subjonctif

	I	II	III	IV
2.	*Je trouve*	*drôle*	*qu'il ne*	*comprenne pas.*
		curieux		vienne pas.
		extraordinaire		revienne pas.
		bizarre		se rende compte de rien.
		regrettable		travaille pas.
		ridicule		fasse rien.
		ennuyeux		parte pas.
		étonnant		se décide pas.
		formidable		l'encourage pas.
		grotesque		s'y oppose pas.
				se repose pas.
				rentre pas.

le subjonctif

	I	II	III	IV
3.	*Ça m'est égal*	*qu'*	*il*	*vienne.*
	Ça m'est absolument égal	que	elle	revienne.
	Ça me plaît		Jean	y aille.
	Ça me fait plaisir		Claire	s'en aille.
	Ça m'ennuie		votre ami	le fasse.
	Ça m'ennuie un peu			le dise.
	Ça m'ennuie beaucoup			le remarque.
	Ça me contrarie			le fasse remarquer.
	Ça me surprend			en parle.
	Ça m'intrigue			n'y pense pas.
	Ça m'étonne			y pense.
				s'y intéresse.

Exercices oraux

I	II	III	IV
4.	*Ça m'étonnerait*	*qu'il*	*arrive*	*tout de suite.*
	Ça m'ennuierait	qu'elle	parte	aujourd'hui.
	Ça m'intéresserait	que Claire	vienne	dès aujourd'hui.
			s'en aille	demain.
		que votre ami	y aille	après-demain.
	Ça me contrarierait		aille là-bas	ce matin.
	Ça me fâcherait	que votre amie	reste ici	cet après-midi.
			n'arrive pas	demain matin.
	Ça me plaît		ne parte pas	demain soir.
	Ça me contrarie		ne s'en aille pas	cette semaine.
	Ça me fâche		n'aille pas à Paris	pour le week-end.
	Ça m'arrange bien		n'aille pas le voir	

I	II	III
5.	*Partons*	*pour qu'il puisse*	*prendre son billet.*
	Partons vite	pour que Jean puisse	prendre tous les billets.
	Partons tout de suite	pour qu'elle puisse	être prêt(e) à l'heure.
	Venez	pour que Marie puisse	avoir son train.
	Venez vite		avoir le train de 18 h 50.
	Pressez-vous		avoir le prochain avion.
	Pressez-vous donc		être à temps à Orly.
	Arrangez-vous		le retrouver dans la foule.
	Prenez vos dispositions		le revoir.
	Attendez-le(-la)		lui donner ses bagages.
	Aidez-le(-la)		lui remettre son billet.
	Faites votre possible		lui dire «au revoir».

I	II	III	IV
6.	*Il sait*	*que*	*Jean*	*se trompe.*
	Il dit		son frère	a tort.
	Il croit		son beau-frère	a raison.
	Il pense		sa sœur	est parti(e).
	Il se dit		sa belle-sœur	est rentré(e).
	Il déclare		son père	est de retour.
	Il est sûr		son beau-père	ne reviendra pas.
	Il suppose		sa mère	nous écrira bientôt.
	Il assure		sa belle-mère	viendrait si on l'invitait.
	Il affirme		son neveu	restera aux Etats-Unis.
	Il certifie		sa nièce	partagerait si on le lui demandait.
	Il prétend		sa tante	lui aurait donné cette bague.

les pronoms possessifs

	I	II
1.	*Lui avez-vous dit que c'est*	*le mien?*
	Lui avez-vous dit que c'était	la mienne?
	Lui avez-vous expliqué que ce sera	le sien?
	Est-ce	la sienne?
	Est-ce que c'est	le nôtre?
	Etait-ce	la nôtre?
	Est-ce que c'était	le vôtre?
	N'est-ce pas	la vôtre?
	N'était-ce pas	le leur?
	Peut-être était-ce	la leur?
	Etes-vous sûr que c'est	celui de Jean?
	Etes-vous sûr que c'était	celui de Pierre?

les pronoms possessifs et démonstratifs

	I	II	III
2.	*Je dois*	*prendre*	*le mien/la mienne.*
	Je lui dis de	laisser	le sien/la sienne.
	Dites-lui de	garder	le/la nôtre.
	Ils nous diront de	conserver	le/la vôtre.
	Je ne peux pas	commencer	le/la leur.
	Je ne veux pas	finir	les nôtres.
	Je ne dois pas	regarder	les vôtres.
	Je n'ose pas	examiner	les leurs.
	Dites-leur donc de	étudier	celui de Jean.
	Conseillez-lui de	attendre	celle de Jean.
	Défendez-lui de	prêter	ceux de Jean.
	Demandez-lui de	donner	tous ceux de Jean.

les pronoms relatifs et démonstratifs

	I	II	III
3.	*Dis-moi*	*donc*	*ce qu'il fait.*
	Explique-lui		ce qu'ils font.
	Raconte-nous		ce qu'il devient.
	Dites-nous		ce que deviennent les Durand.
	Expliquez-nous		
	Expliquez-nous		ce qu'il a fait.
	Racontez-leur		ce qu'ils vont faire.
			ce qu'il a l'intention de faire.
			ce qu'il compte faire.
			ce qu'ils se proposent de faire.
			ce que les Dupont feront après cela.
			ce qui est arrivé.
			ce qui leur est arrivé.

	I	II	III
4.	*Je ne sais pas*	*ce qu'il faut faire*	*dans ce cas-là.*
	Nous ne savons vraiment pas	ce qu'il fallait faire	dans ces conditions.
	On devrait lui dire	ce qu'il faudra faire	pour cela.
	Je me demande	ce qu'il faudrait leur conseiller	pour arriver à quelque chose.
	Est-ce qu'on ne devrait pas lui dire	où il faut aller	pour réussir.
	Qui pourrait lui dire	où il fallait aller	pour obtenir un résultat.
	Ne devrait-on pas lui demander	où il fallait aller	pour qu'ils soient contents.
	J'aimerais mieux lui demander	à qui il faut s'adresser	pour leur donner satisfaction.
	Il vaudrait mieux lui demander	à qui il faut le dire	pour ne pas les décevoir.
	Pourquoi ne pas lui demander	à qui il faut en parler	pour régler cette affaire?
	Demandez-lui donc	qui il faudrait voir	pour en finir.
	Dites-nous donc	qui il faudrait envoyer	pour en finir avec cette affaire.

	I	II	III	IV
5.	*Je pense que*	*ce qui est intéressant*	*pour moi*	*c'est de les voir.*
	Je crois que	ce qui est nécessaire	pour toi	c'est de les voir tout de suite.
	Je trouve que	ce qui est utile	pour lui	c'est de les voir au plus tôt.
	Je suppose que	ce qui est indispensable	pour elle	c'est d'y aller.
	A mon avis	ce qui est souhaitable	pour nous	c'est d'y aller dès aujourd'hui.
			pour vous	c'est d'y aller vite.
			pour eux	c'est d'y retourner.
			pour Marie	c'est d'aller les voir.
			pour Jean	c'est de leur en parler.
			pour nos amis	c'est de le leur demander.
			pour les autres	c'est de ne pas perdre de temps.
			pour sa famille	c'est de le faire de suite.

ONZIEME LEÇON

	I	II	III
1.	*Voilà*	*quelque chose de*	*facile.*
	C'est		simple.
	Je trouve que c'est		étonnant.
	Je pense que c'est		stupéfiant.
	Ne trouvez-vous pas que c'est		drôle.
	Cette affaire est		intéressant.
	Ce projet est		ridicule.
	Vraiment, c'est		grave.
	Depuis le début, c'est		sérieux.
	Depuis notre retour, c'est		peu sérieux.
	Depuis qu'il s'en occupe, c'est		facile à comprendre.
	Maintenant, c'est		difficile à faire.

	I	II	III
2.	*Il le fait*	*souvent*	*la veille.*
	Il le lit	rarement	le lendemain.
	Il le prépare	toujours	le jour même.
	Il l'apprend	presque toujours	le jeudi.
	Il l'étudie	quelquefois	le matin.
	Il le commence	peu souvent	le soir.
	Il le finit	très souvent	à midi.
	Il le met	assez souvent	en été.
	Il le demande	assez rarement	en automne.
	Il le ferme	très rarement	en juillet.
	Il l'ouvre	généralement	en novembre.
	Il l'attend	habituellement	au début de janvier.

	I	II	III	IV
3.	*Plus*	*nous avons de travail*	*plus*	*nous sommes contents.*
	Moins	avons de vacances	moins	nous sommes fatigués.
		nous avons de loisirs		nous sommes heureux.
		nous allons à l'étranger		nous sommes satisfaits.
		nous voyageons		nous sommes gais.
		nous restons ici		nous sommes tristes.
		nous nous promenons		nous sommes occupés.
		nous marchons		ça nous ennuie.
		nous travaillons		nous nous ennuyons.
		nous sommes nombreux		nous nous distrayons.
		il fait chaud		nous nous réjouissons.
		il fait froid		nous nous amusons.

	I	II	III
4.	*Comment*	*trouvez-vous*	*notre repas?*
		avez-vous trouvé	notre maison?
		trouvent-ils	leur parc?
		ont-ils trouvé	sa famille?
		trouves-tu	ces gens-là?
		as-tu trouvé	le service?
		tes amis ont-ils trouvé	le discours du général?
		vos amis ont-ils trouvé	le costume de Monsieur Dupont?
		tes parents trouvent-ils	la robe de Mademoiselle Durand?
		tes parents ont-ils trouvé	
		les autres trouvent-ils	leur façon de parler?
		Jean a-t-il trouvé	leur manière de se comporter?

	I	II	III					*plaire*
5.	*J'aime beaucoup*	*être*	*en avion.*					
	Je n'aime pas beaucoup	voyager	en bateau.					
	Je n'aime guère	être longtemps	en voiture.					
	J'aime assez	passer du temps	en car.					
	J'aime bien	passer mon temps	en autocar.					
	Je ne déteste pas	faire un long voyage	dans le train.					
	Je déteste							
	J'ai horreur de							
	Ça ne me plaît guère de							
	Ça ne me plaît pas du tout de							
	Il m'est agréable de							
	Il m'est désagréable de							

DOUZIEME LEÇON

les infinitifs

	I	II	III	IV	V	VI	VII	VIII
1.	*Comme*	*c'est*	*agréable*	*de*	*passer*	*son temps*	*à*	*ne rien faire.*
		c'était	bon			des heures		lire.
		ce sera	bien			des jours		écrire.
		ce serait	amusant			une heure		rêver.
			utile			une heure		travailler.
						entière		
						la matinée		se reposer.
						la soirée		se promener.
						la journée		en parler.
						la semaine		en discuter.
						une heure de		s'en occuper.
						plus		
						un après-		y penser.
						midi de		
						plus		
						un jour de		y réfléchir.
						plus		

---

les infinitijs

	I	II	III	IV
2.	*Il est*	*utile*	*de le faire*	*souvent.*
	Il semble	inutile	de le dire	tout de suite.
	Il paraît	facile	d'en parler	sur le champ.
		difficile	de parler de ces gens-là	n'importe quand.
		possible	d'en discuter	quand l'occasion se présente.
		impossible	de s'en occuper	quand on vous en parle.
		agréable	de s'y intéresser	quand on vous demande votre avis.
		désagréable	de faire semblant d'y croire	quand on veut savoir ce que vous en pensez.
		bien	d'étudier la question	quand on est entre amis.
		délicat	d'en dire quelques mots	quand on est en famille.
		juste	de faire allusion à cette affaire	en public.
		ridicule	de rappeler ces événements	en présence d'étrangers.

Exercices oraux

	I	II	III	IV	V	VI
3.	*Il*	*me*	*dit*	*de la*	*faire*	*aujourd'hui.*
	Elle	te	conseille	de la	refaire	dès aujourd'hui.
	Pierre	nous	suggère	de les	voir	demain.
	Claire	vous	demande		revoir	demain au plus tard.
		lui	propose		donner	après-demain.
		leur	promet		rendre	dès ce soir.
			ordonne		prendre	avant midi.
			commande		préparer	au plus tôt.
					apporter	le plus tôt possible.
					emporter	dès que possible.
					chercher	d'ici quelques jours.
					acheter	immédiatement.

	I	II	III	IV
4.	*Je vais*	*le*	*faire*	*tout de suite.*
	Je vais aller	la	chercher	à l'instant.
	Je viens	les	attendre	à l'instant même.
	Je cours		voir	immédiatement.
	Je monte		prendre	dans un instant.
	Je descends		acheter	pendant qu'il est encore temps.
			donner	avant qu'il revienne.
			prêter	avant qu'il parte.
			demander	avant qu'elle en parle.
			réclamer	avant que Jean le sache.
			réparer	avant qu'il fasse nuit.
			nettoyer	avant qu'il pleuve.

	I	II
5.	*Nous avons décidé de*	*visiter le musée.*
	Nous nous sommes décidés à	rendre visite à nos amis.
	Nous avons pensé à	aller voir nos amis.
	Nous avons songé à	dormir pendant quelques heures.
	Nous avons rêvé de	habiter à quelques kilomètres de la ville.
	Nous avons projeté de	suivre cette route pour arriver à la forêt.
	Nous avons imaginé de	faire quelques kilomètres dans la forêt.
	Nous avons jugé bon de	faire quelques kilomètres à pied.
	Nous avons jugé utile de	faire quelques kilomètres à bicyclette.
	Nous avons pensé qu'il était indispensable de	faire quelques kilomètres en voiture.
	Nous avons espéré pouvoir	faire ce devoir.
	Nous comptions pouvoir	apprendre cette leçon.

	I	II	III	IV
6.	*Toutes les semaines*	*je passe*	*un quart d'heure*	*à lire.*
	Tous les mois	j'emploie	une demi-heure	à me reposer.
	Une fois par semaine	je consacre	une demi-heure	à me promener.
	Tous les deux jours		une heure et demie	à dormir.
	Tous les huit jours		deux heures et demie	à faire la sieste.
	Tous les quinze jours		un après-midi	à travailler.
	Une fois par mois		un moment	à faire une promenade.
	Quand je suis libre		quelque temps	à faire une promenade à bicyclette.
	En hiver		tout mon temps	à faire des promenades en voiture.
	Quand il pleut		peu de temps	à faire de la musique.
	Quand il fait beau		tous mes moments de loisirs	à jouer au football.

	I	II	III
7.	*Il est sorti*	*après*	*avoir parlé.*
	Il est rentré	avant de/d'	avoir pu parler.
	Il est parti	sans	avoir pu lui parler.
	Il est reparti		l'avoir vu.
	Il s'en est allé		avoir pu le voir.
	Elle s'en est allée		avoir pu la voir.
	Il nous a quittés		avoir pu les voir.
	Il nous a dit «au revoir»		avoir dit où il allait.
	Il nous a dit «adieu»		avoir dit ce qu'il comptait faire.
	Il est monté dans sa voiture		avoir dit quand il reviendrait.
	Il a pris le bateau		avoir dit ce qu'il ferait.
	Il a pris l'avion		avoir dit s'il reviendrait.

	I	II	III
8.	*Quand*	*je l'aurai vu*	*nous partirons.*
	Dès que	tu l'auras lu	nous commencerons.
	Aussitôt que	il l'aura fini	nous le recommencerons.
		vous l'aurez revu	nous en parlerons.
		ils l'auront reçu	nous nous en occuperons.
		le moment sera venu	nous le relirons.
		ses parents seront partis	nous étudierons la question.
		ils seront allés là-bas	nous verrons de quoi il s'agit.
		ils seront arrivés	nous saurons ce qu'il y a.
		ils seront tous arrivés	nous saurons ce qu'ils ont.
		ils seront revenus	nous saurons ce qui se passe.
		ils seront repartis	nous saurons qui va s'en occuper.

TABLEAU DES VERBES

Infinitif et participes	Indicatif			
	Présent	**Imparfait**	**Passé simple**	**Passé composé**
parler	je parle	parlais	parlai	ai parlé
(*et tous les*	tu parles	parlais	parlas	as parlé
verbes de la	il parle	parlait	parla	a parlé
1ère conjugaison)	nous parlons	parlions	parlâmes	avons parlé
parlant	vous parlez	parliez	parlâtes	avez parlé
parlé	ils parlent	parlaient	parlèrent	ont parlé
finir	je finis	finissais	finis	ai fini
(*et tous les*	tu finis	finissais	finis	as fini
verbes de la	il finit	finissait	finit	a fini
2e conjugaison)	nous finissons	finissions	finîmes	avons fini
finissant	vous finissez	finissiez	finîtes	avez fini
fini	ils finissent	finissaient	finirent	ont fini
rendre	je rends	rendais	rendis	ai rendu
(*et tous les*	tu rends	rendais	rendis	as rendu
verbes de la	il rend	rendait	rendit	a rendu
3e conjugaison)	nous rendons	rendions	rendîmes	avons rendu
rendant	vous rendez	rendiez	rendîtes	avez rendu
rendu	ils rendent	rendaient	rendirent	ont rendu
acquérir	j'acquiers	acquérais	acquis	ai acquis
acquérant	tu acquiers	acquérais	acquis	as acquis
acquis	il acquiert	acquérait	acquit	a acquis
	nous acquérons	acquérions	acquîmes	avons acquis
	vous acquérez	acquériez	acquîtes	avez acquis
	ils acquièrent	acquéraient	acquirent	ont acquis
aller	je vais	allais	allai	suis allé(e)
allant	tu vas	allais	allas	es allé(e)
allé	il/elle va	allait	alla	est allé(e)
	nous allons	allions	allâmes	sommes allé(e)s
	vous allez	alliez	allâtes	êtes allé(e)(s)
	ils/elles vont	allaient	allèrent	sont allé(e)s
asseoir (s')	je m'assieds	m'asseyais	m'assis	me suis assis(e)
asseyant	tu t'assieds	t'asseyais	t'assis	t'es assis(e)
assis	il/elle s'assied	s'asseyait	s'assit	s'est assis(e)
	nous nous asseyons	nous asseyions	nous assîmes	nous sommes assis(e)s
	vous vous asseyez	vous asseyiez	vous assîtes	vous êtes assis(e)(s)
	ils/elles s'asseyent	s'asseyaient	s'assirent	se sont assis(e)s

atteindre
(voir **peindre**)

	Conditionnel	Impératif	Subjonctif	
Futur	**Présent**		**Présent**	**Imparfait**
parlerai	parlerais		parle	parlasse
parleras	parlerais	parle	parles	parlasses
parlera	parlerait		parle	parlât
parlerons	parlerions	parlons	parlions	parlassions
parlerez	parleriez	parlez	parliez	parlassiez
parleront	parleraient		parlent	parlassent
finirai	finirais		finisse	finisse
finiras	finirais	finis	finisses	finisses
finira	finirait		finisse	finît
finirons	finirions	finissons	finissions	finissions
finirez	finiriez	finissez	finissiez	finissiez
finiront	finiraient		finissent	finissent
rendrai	rendrais		rende	rendisse
rendras	rendrais	rends	rendes	rendisses
rendra	rendrait		rende	rendît
rendrons	rendrions	rendons	rendions	rendissions
rendrez	rendriez	rendez	rendiez	rendissiez
rendront	rendraient		rendent	rendissent
acquerrai	acquerrais		acquière	acquisse
acquerras	acquerrais	acquiers	acquières	acquisses
acquerra	acquerrait		acquière	acquît
acquerrons	acquerrions	acquérons	acquérions	acquissions
acquerrez	acquerriez	acquérez	acquériez	acquissiez
acquerront	acquerraient		acquièrent	acquissent
irai	irais		aille	allasse
iras	irais	va	ailles	allasses
ira	irait		aille	allât
irons	irions	allons	allions	allassions
irez	iriez	allez	alliez	allassiez
iront	iraient		aillent	allassent
m'assiérai	m'assiérais		m'asseye	m'assisse
t'assiéras	t'assiérais	assieds-toi	t'asseyes	t'assisses
s'assiéra	s'assiérait		s'asseye	s'assît
nous assiérons	nous assiérions	asseyons-nous	nous asseyions	nous assissions
vous assiérez	vous assiériez	asseyez-vous	vous asseyiez	vous assissiez
s'assiéront	s'assiéraient		s'asseyent	s'assissent

Infinitif et participes	Indicatif			
	Présent	**Imparfait**	**Passé simple**	**Passé composé**
avoir	j'ai	avais	eus	ai eu
ayant	tu as	avais	eus	as eu
eu	il a	avait	eut	a eu
	nous avons	avions	eûmes	avons eu
	vous avez	aviez	eûtes	avez eu
	ils ont	avaient	eurent	ont eu
battre	je bats	battais	battis	ai battu
battant	tu bats	battais	battis	as battu
battu	il bat	battait	battit	a battu
	nous battons	battions	battîmes	avons battu
	vous battez	battiez	battîtes	avez battu
	ils battent	battaient	battirent	ont battu
boire	je bois	buvais	bus	ai bu
buvant	tu bois	buvais	bus	as bu
bu	il boit	buvait	but	a bu
	nous buvons	buvions	bûmes	avons bu
	vous buvez	buviez	bûtes	avez bu
	ils boivent	buvaient	burent	ont bu
conclure	je conclus	concluais	conclus	ai conclu
concluant	tu conclus	concluais	conclus	as conclu
conclu	il conclut	concluait	conclut	a conclu
	nous concluons	concluions	conclûmes	avons conclu
	vous concluez	concluiez	conclûtes	avez conclu
	ils concluent	concluaient	conclurent	ont conclu
conduire	je conduis	conduisais	conduisis	ai conduit
conduisant	tu conduis	conduisais	conduisis	as conduit
conduit	il conduit	conduisait	consuisit	a conduit
	nous conduisons	conduisions	conduisîmes	avons conduit
	vous conduisez	conduisiez	conduisîtes	avez conduit
	ils conduisent	conduisaient	conduisirent	ont conduit
connaître	je connais	connaissais	connus	ai connu
connaissant	tu connais	connaissais	connus	as connu
connu	il connaît	connaissait	connut	a connu
	nous connaissons	connaissions	connûmes	avons connu
	vous connaissez	connaissiez	connûtes	avez connu
	ils connaissent	connaissaient	connurent	ont connu
coudre	je couds	cousais	cousis	ai cousu
cousant	tu couds	cousais	cousis	as cousu
cousu	il coud	cousait	cousit	a cousu
	nous cousons	cousions	cousîmes	avons cousu
	vous cousez	cousiez	cousîtes	avez cousu
	ils cousent	cousaient	cousirent	ont cousu

	Conditionnel	Impératif	Subjonctif	
Futur	Présent		Présent	Imparfait
aurai	aurais		aie	eusse
auras	aurais	aie	aies	eusses
aura	aurait		ait	eût
aurons	aurions	ayons	ayons	eussions
aurez	auriez	ayez	ayez	eussiez
auront	auraient		aient	eussent
battrai	battrais		batte	battisse
battras	battrais	bats	battes	battisses
battra	battrait		batte	battît
battrons	battrions	battons	battions	battissions
battrez	battriez	battez	battiez	battissiez
battront	battraient		battent	battissent
boirai	boirais		boive	busse
boiras	boirais	bois	boives	busses
boira	boirait		boive	bût
boirons	boirions	buvons	buvions	bussions
boirez	boiriez	buvez	buviez	bussiez
boiront	boiraient		boivent	bussent
conclurai	conclurais		conclue	conclusse
concluras	conclurais	conclus	conclues	conclusses
conclura	conclurait		conclue	conclût
conclurons	conclurions	concluons	concluions	conclussions
conclurez	concluriez	concluez	concluiez	conclussiez
concluront	concluraient		concluent	conclussent
conduirai	conduirais		conduise	conduisisse
conduiras	conduirais	conduis	conduises	conduisisses
conduira	conduirait		conduise	conduisît
conduirons	conduirions	conduisons	conduisions	conduisissions
conduirez	conduiriez	conduisez	conduisiez	conduisissiez
conduiront	conduiraient		conduisent	conduisissent
connaîtrai	connaîtrais		connaisse	connusse
connaîtras	connaîtrais	connais	connaisses	connusses
connaîtra	connaîtrait		connaisse	connût
connaîtrons	connaîtrions	connaissons	connaissions	connussions
connaîtrez	connaîtriez	connaissez	connaissiez	connussiez
connaîtront	connaîtraient		connaissent	connussent
coudrai	coudrais		couse	cousisse
coudras	coudrais	couds	couses	cousisses
coudra	coudrait		couse	cousît
coudrons	coudrions	cousons	cousions	cousissions
coudrez	coudriez	cousez	cousiez	cousissiez
coudront	coudraient		cousent	cousissent

Infinitif et participes	Indicatif			
	Présent	**Imparfait**	**Passé simple**	**Passé composé**
courir courant couru	je cours tu cours il court nous courons vous courez ils courent	courais courais courait courions couriez couraient	courus courus courut courûmes courûtes coururent	ai couru as couru a couru avons couru avez couru ont couru
couvrir (voir **ouvrir**)				
craindre craignant craint	je crains tu crains il craint nous craignons vous craignez ils craignent	craignais craignais craignait craignions craigniez craignaient	craignis craignis craignit craignîmes craignîtes craignirent	ai craint as craint a craint avons craint avez craint ont craint
croire croyant cru	je crois tu crois il croit nous croyons vous croyez ils croient	croyais croyais croyait croyions croyiez croyaient	crus crus crut crûmes crûtes crurent	ai cru as cru a cru avons cru avez cru ont cru
cueillir cueillant cueilli	je cueille tu cueilles il cueille nous cueillons vous cueillez ils cueillent	cueillais cueillais cueillait cueillions cueilliez cueillaient	cueillis cueillis cueillit cueillîmes cueillîtes cueillirent	ai cueilli as cueilli a cueilli avons cueilli avez cueilli ont cueilli
détruire (voir **conduire**)				
devoir devant dû, dus, due(s)	je dois tu dois il doit nous devons vous devez ils doivent	devais devais devait devions deviez devaient	dus dus dut dûmes dûtes durent	ai dû as dû a dû avons dû avez dû ont dû
dire disant dit	je dis tu dis il dit nous disons vous dites ils disent	disais disais disait disions disiez disaient	dis dis dit dîmes dîtes dirent	ai dit as dit a dit avons dit avez dit ont dit

	Conditionnel	Impératif	Subjonctif	
Futur	Présent		Présent	Imparfait
courrai	courrais		coure	courusse
courras	courrais	cours	coures	courusses
courra	courrait		coure	courût
courrons	courrons	courons	courions	courussions
courrez	courrez	courez	couriez	courussiez
courront	courraient		courent	courussent
craindrai	craindrais		craigne	craignisse
craindras	craindrais	crains	craignes	craignisses
craindra	craindrait		craigne	craignît
craindrons	craindrions	craignons	craignions	craignissions
craindrez	craindriez	craignez	craigniez	craignissiez
craindront	craindraient		craignent	craignissent
croirai	croirais		croie	crusse
croiras	croirais	crois	croies	crusses
croira	croirait		croie	crût
croirons	croirions	croyons	croyions	crussions
croirez	croiriez	croyez	croyiez	crussiez
croiront	croiraient		croient	crussent
cueillerai	cueillerais		cueille	cueillisse
cueilleras	cueillerais	cueille	cueilles	cueillisses
cueillera	cueillerait		cueille	cueillît
cueillerons	cueillerions	cueillons	cueillions	cueillissions
cueillerez	cueilleriez	cueillez	cueilliez	cueillissiez
cueilleront	cueilleraient		cueillent	cueillissent
devrai	devrais		doive	dusse
devras	devrais	dois	doives	dusses
devra	devrait		doive	dût
devrons	devrions	devons	devions	dussions
devrez	devriez	devez	deviez	dussiez
devront	devraient		doivent	dussent
dirai	dirais		dise	disse
diras	dirais	dis	dises	disses
dira	dirait		dise	dît
dirons	dirions	disons	disions	dissions
direz	diriez	dites	disiez	dissiez
diront	diraient		disent	dissent

Infinitif et participes	Indicatif			
	Présent	Imparfait	Passé simple	Passé composé
dormir dormant dormi	je dors tu dors il dort nous dormons vous dormez ils dorment	dormais dormais dormait dormions dormiez dormaient	dormis dormis dormit dormîmes dormîtes dormirent	ai dormi as dormi a dormi avons dormi avez dormi ont dormi
écrire écrivant écrit	j'écris tu écris il écrit nous écrivons vous écrivez ils écrivent	écrivais écrivais écrivait écrivions écriviez écrivaient	écrivis écrivis écrivit écrivîmes écrivîtes écrivirent	ai écrit as écrit a écrit avons écrit avez écrit ont écrit
éteindre (voir **peindre**)				
être étant été	je suis tu es il est nous sommes vous êtes ils sont	étais étais était étions étiez étaient	fus fus fut fûmes fûtes furent	ai été as été a été avons été avez été ont été
faillir failli			je faillis tu faillis il faillit nous faillîmes vous faillîtes ils faillirent	ai failli as failli a failli avons failli avez failli ont failli
faire faisant fait	je fais tu fais il fait nous faisons vous faites ils font	faisais faisais faisait faisions faisiez faisaient	fis fis fit fîmes fîtes firent	ai fait as fait a fait avons fait avez fait ont fait
falloir fallu	il faut	il fallait	il fallut	il a fallu
fuir fuyant fui	je fuis tu fuis il fuit nous fuyons vous fuyez ils fuient	fuyais fuyais fuyait fuyions fuyiez fuyaient	fuis fuis fuit fuîmes fuîtes fuirent	ai fui as fui a fui avons fui avez fui ont fui

	Conditionnel	Impératif	Subjonctif	
Futur	Présent		Présent	Imparfait
dormirai	dormirais		dorme	dormisse
dormiras	dormirais	dors	dormes	dormisses
dormira	dormirait		dorme	dormît
dormirons	dormirions	dormons	dormions	dormissions
dormirez	dormiriez	dormez	dormiez	dormissiez
dormiront	dormiraient		dorment	dormissent
écrirai	écrirais		écrive	écrivisse
écriras	écrirais	écris	écrives	écrivisses
écrira	écrirait		écrive	écrivît
écrirons	écririons	écrivons	écrivions	écrivissions
écrirez	écririez	écrivez	écriviez	écrivissiez
écriront	écriraient		écrivent	écrivissent
serai	serais		sois	fusse
seras	serais	sois	sois	fusses
sera	serait		soit	fût
serons	serions	soyons	soyons	fussions
serez	seriez	soyez	soyez	fussiez
seront	seraient		soient	fussent
ferai	ferais		fasse	fisse
feras	ferais	fais	fasses	fisses
fera	ferait		fasse	fît
ferons	ferions	faisons	fassions	fissions
ferez	feriez	faites	fassiez	fissiez
feront	feraient		fassent	fissent
il faudra	il faudrait		il faille	il fallût
fuirai	fuirais		fuie	fuisse
fuiras	fuirais	fuis	fuies	fuisses
fuira	fuirait		fuie	fuît
fuirons	fuirions	fuyons	fuyions	fuissions
fuirez	fuiriez	fuyez	fuyiez	fuissiez
fuiront	fuiraient		fuient	fuissent

Infinitif et participes	Indicatif			
	Présent	Imparfait	Passé simple	Passé composé
haïr haïssant haï	je hais tu hais il hait nous haïssons vous haïssez ils haïssent	haïssais haïssais haïssait haïssions haïssiez haïssaient	haïs haïs haït haïmes haïtes haïrent	ai haï as haï a haï avons haï avez haï ont haï
joindre joignant joint	je joins tu joins il joint nous joignons vous joignez ils joignent	joignais joignais joignait joignions joigniez joignaient	joignis joignis joignit joignîmes joignîtes joignirent	ai joint as joint a joint avons joint avez joint ont joint
lire lisant lu	je lis tu lis il lit nous lisons vous lisez ils lisent	lisais lisais lisait lisions lisiez lisaient	lus lus lut lûmes lûtes lurent	ai lu as lu a lu avons lu avez lu ont lu
mentir mentant menti	je mens tu mens il ment nous mentons vous mentez ils mentent	mentais mentais mentait mentions mentiez mentaient	mentis mentis mentit mentîmes mentîtes mentirent	ai menti as menti a menti avons menti avez menti ont menti
mettre mettant mis	je mets tu mets il met nous mettons vous mettez ils mettent	mettais mettais mettait mettions mettiez mettaient	mis mis mit mîmes mîtes mirent	ai mis as mis a mis avons mis avez mis ont mis
mourir mourant mort	je meurs tu meurs il/elle meurt nous mourons vous mourez ils/elles meurent	mourais mourais mourait mourions mouriez mouraient	mourus mourus mourut mourûmes mourûtes moururent	suis mort(e) es mort(e) est mort(e) sommes mort(e)s êtes mort(e)(s) sont mort(es)
naître naissant né	je nais tu nais il/elle naît nous naissons vous naissez ils/elles naissent	naissais naissais naissait naissions naissiez naissaient	naquis naquis naquit naquîmes naquîtes naquirent	suis né(e) es né(e) est né(e) sommes né(e)s êtes né(e)(s) sont né(e)s

	Conditionnel	Impératif	Subjonctif	
Futur	Présent		Présent	Imparfait
haïrai	haïrais		haïsse	haïsse
haïras	haïrais	hais	haïsses	haïsses
haïra	haïrait		haïsse	haït
haïrons	haïrions	haïssons	haïssions	haïssions
haïrez	haïriez	haïssez	haïssiez	haïssiez
haïront	haïraient		haïssent	haïssent
joindrai	joindrais		joigne	joignisse
joindras	joindrais	joins	joignes	joignisses
joindra	joindrait		joigne	joignît
joindrons	joindrions	joignons	joignions	joignissions
joindrez	joindriez	joignez	joigniez	joignissiez
joindront	joindraient		joignent	joignissent
lirai	lirais		lise	lusse
liras	lirais	lis	lises	lusses
lira	lirait		lise	lût
lirons	lirions	lisons	lisions	lussions
lirez	liriez	lisez	lisiez	lussiez
liront	liraient		lisent	lussent
mentirai	mentirais		mente	mentisse
mentiras	mentirais	mens	mentes	mentisses
mentira	mentirait		mente	mentît
mentirons	mentirions	mentons	mentions	mentissions
mentirez	mentiriez	mentez	mentiez	mentissiez
mentiront	mentiraient		mentent	mentissent
mettrai	mettrais		mette	misse
mettras	mettrais	mets	mettes	misses
mettra	mettrait		mette	mît
mettrons	mettrions	mettons	mettions	missions
mettrez	mettriez	mettez	mettiez	missiez
mettront	mettraient		mettent	missent
mourrai	mourrais		meure	mourusse
mourras	mourrais	meurs	meures	mourusses
mourra	mourrait		meure	mourût
mourrons	mourrions	mourons	mourions	mourussions
mourrez	mourriez	mourez	mouriez	mourussiez
mourront	mourraient		meurent	mourussent
naîtrai	naîtrais		naisse	naquisse
naîtras	naîtrais	nais	naisses	naquisses
naîtra	naîtrait		naisse	naquît
naîtrons	naîtrions	naissons	naissions	naquissions
naîtrez	naîtriez	naissez	naissiez	naquissiez
naîtront	naîtraient		naissent	naquissent

Infinitif et participes	Indicatif			
	Présent	**Imparfait**	**Passé simple**	**Passé composé**
offrir (voir **souffrir**)				
ouvrir ouvrant ouvert	j'ouvre tu ouvres il ouvre nous ouvrons vous ouvrez ils ouvrent	ouvrais ouvrais ouvrait ouvrions ouvriez ouvraient	ouvris ouvris ouvrit ouvrîmes ouvrîtes ouvrirent	ai ouvert as ouvert a ouvert avons ouvert avez ouvert ont ouvert
paraître (voir **connaître**)				
partir partant parti	je pars tu pars il/elle part nous partons vous partez ils/elles partent	partais partais partait partions partiez partaient	partis partis partit partîmes partîtes partirent	suis parti(e) es parti(e) est parti(e) sommes parti(e)s êtes parti(e)(s) sont parti(e)s
peindre peignant peint	je peins tu peins il peint nous peignons vous peignez ils/elles peignent	peignais peignais peignait peignions peigniez peignaient	peignis peignis peignit peignîmes peignîtes peignirent	ai peint as peint a peint avons peint avez peint ont peint
plaindre (voir **peindre**)				
plaire plaisant plu	je plais tu plais il plaît nous plaisons vous plaisez ils plaisent	plaisais plaisais plaisait plaisions plaisiez plaisaient	plus plus plut plûmes plûtes plurent	ai plu as plu a plu avons plu avez plu ont plu
pleuvoir pleuvant plu	il pleut	il pleuvait	il plut	il a plu

Futur	Conditionnel		Impératif	Subjonctif	
	Présent			**Présent**	**Imparfait**
ouvrirai	ouvrirais			ouvre	ouvrisse
ouvriras	ouvrirais	ouvre		ouvres	ouvrisses
ouvrira	ouvrirait			ouvre	ouvrît
ouvrirons	ouvririons		ouvrons	ouvrions	ouvrissions
ouvrirez	ouvririez		ouvrez	ouvriez	ouvrissiez
ouvriront	ouvriraient			ouvrent	ouvrissent
partirai	partirais			parte	partisse
partiras	partirais	pars		partes	partisses
partira	partirait			parte	partît
partirons	partirions		partons	partions	partissions
partirez	partiriez		partez	partiez	partissiez
partiront	partiraient			partent	partissent
peindrai	peindrais			peigne	peignisse
peindras	peindrais	peins		peignes	peignisses
peindra	peindrait			peigne	peignît
peindrons	peindrions		peignons	peignions	peignissions
peindrez	peindriez		peignez	peigniez	peignissiez
peindront	peindraient			peignent	peignissent
plairai	plairais			plaise	plusse
plairas	plairais	plais		plaises	plusses
plaira	plairait			plaise	plût
plairons	plairions		plaisons	plaisions	plussions
plairez	plairiez		plaisez	plaisiez	plussiez
plairont	plairaient			plaisent	plussent
il pleuvra	il pleuvrait			il pleuve	il plût

Infinitif et participes	Indicatif			
	Présent	Imparfait	Passé simple	Passé composé
pouvoir pouvant pu	je peux, puis tu peux il peut nous pouvons vous pouvez ils peuvent	pouvais pouvais pouvait pouvions pouviez pouvaient	pus pus put pûmes pûtes purent	ai pu as pu a pu avons pu avez pu ont pu
prendre prenant pris	je prends tu prends il prend nous prenons vous prenez ils prennent	prenais prenais prenait prenions preniez prenaient	pris pris prit prîmes prîtes prirent	ai pris as pris a pris avons pris avez pris ont pris
recevoir recevant reçu	je reçois tu reçois il reçoit nous recevons vous recevez ils reçoivent	recevais recevais recevait recevions receviez recevaient	reçus reçus reçut reçûmes reçûtes reçurent	ai reçu as reçu a reçu avons reçu avez reçu ont reçu
résoudre résolvant résolu	je résous tu résous il résout nous résolvons vous résolvez ils résolvent	résolvais résolvais résolvait résolvions résolviez résolvaient	résolus résolus résolut résolûmes résolûtes résolurent	ai résolu as résolu a résolu avons résolu avez résolu ont résolu
rire riant ri	je ris tu ris il rit nous rions vous riez ils rient	riais riais riait riions riiez riaient	ris ris rit rîmes rîtes rirent	ai ri as ri a ri avons ri avez ri ont ri
savoir sachant su	je sais tu sais il sait nous savons vous savez ils savent	savais savais savait savions saviez savaient	sus sus sut sûmes sûtes surent	ai su as su a su avons su avez su ont su
sentir (voir **mentir**)				

	Conditionnel	Impératif	Subjonctif	
Futur	Présent		Présent	Imparfait
pourrai	pourrais		puisse	pusse
pourras	pourrais		puisses	pusses
pourra	pourrait		puisse	pût
pourrons	pourrions		puissions	pussions
pourrez	pourriez		puissiez	pussiez
pourront	pourraient		puissent	pussent
prendrai	prendrais		prenne	prisse
prendras	prendrais	prends	prennes	prisses
prendra	prendrait		prenne	prît
prendrons	prendrions	prenons	prenions	prissions
prendrez	prendriez	prenez	preniez	prissiez
prendront	prendraient		prennent	prissent
recevrai	recevrais		reçoive	reçusse
recevras	recevrais	reçois	reçoives	reçusses
recevra	recevrait		reçoive	reçût
recevrons	recevrions	recevons	recevions	reçussions
recevrez	recevriez	recevez	receviez	reçussiez
recevront	recevraient		reçoivent	reçussent
résoudrai	résoudrais		résolve	résolusse
résoudras	résoudrais	résous	résolves	résolusses
résoudra	résoudrait		résolve	résolût
résoudrons	résoudrions	résolvons	résolvions	résolussions
résoudrez	résoudriez	résolvez	résolviez	résolussiez
résoudront	résoudraient		résolvent	résolussent
rirai	rirais		rie	risse
riras	rirais	ris	ries	risses
rira	rirait		rie	rît
rirons	ririons	rions	riions	rissions
rirez	ririez	riez	riiez	rissiez
riront	riraient		rient	rissent
saurai	saurais		sache	susse
sauras	saurais	sache	saches	susses
saura	saurait		sache	sût
saurons	saurions	sachons	sachions	sussions
saurez	sauriez	sachez	sachiez	sussiez
sauront	sauraient		sachent	sussent

Infinitif et participes	Indicatif			
	Présent	**Imparfait**	**Passé simple**	**Passé composé**
servir servant servi	je sers tu sers il sert nous servons vous servez ils servent	servais servais servait servions serviez servaient	servis servis servit servîmes servîtes servirent	ai servi as servi a servi avons servi avez servi ont servi
sortir (voir **partir**)				
souffrir souffrant souffert	je souffre tu souffres il souffre nous souffrons vous souffrez ils souffrent	souffrais souffrais souffrait souffrions souffriez souffraient	souffris souffris souffrit souffrîmes souffrîtes souffrirent	ai souffert as souffert a souffert avons souffert avez souffert ont souffert
suffire suffisant suffi	je suffis tu suffis il suffit nous suffisons vous suffisez ils suffisent	suffisais suffisais suffisait suffisions suffisiez suffisaient	suffis suffis suffit suffîmes suffîtes suffirent	ai suffi as suffi a suffi avons suffi avez suffi ont suffi
suivre suivant suivi	je suis tu suis il suit nous suivons vous suivez ils suivent	suivais suivais suivait suivions suiviez suivaient	suivis suivis suivit suivîmes suivîtes suivirent	ai suivi as suivi a suivi avons suivi avez suivi ont suivi
taire (se) (voir **plaire**)				
tenir tenant tenu	je tiens tu tiens il tient nous tenons vous tenez ils tiennent	tenais tenais tenait tenions teniez tenaient	tins tins tint tînmes tîntes tinrent	ai tenu as tenu a tenu avons tenu avez tenu ont tenu
traduire (voir **conduire**)				

	Conditionnel	Impératif	Subjonctif	
Futur	Présent		Présent	Imparfait
servirai	servirais		serve	servisse
serviras	servirais	sers	serves	servisses
servira	servirait		serve	servît
servirons	servirions	servons	servions	servissions
servirez	serviriez	servez	serviez	servissiez
serviront	serviraient		servent	servissent
souffrirai	souffrirais		souffre	souffrisse
souffriras	souffrirais	souffre	souffres	souffrisses
souffrira	souffrirait		souffre	souffrît
souffrirons	souffririons	souffrons	souffrions	souffrissions
souffrirez	souffririez	souffrez	souffriez	souffrissiez
souffriront	souffriraient		souffrent	souffrissent
suffirai	suffirais		suffise	suffisse
suffiras	suffirais	suffis	suffises	suffisses
suffira	suffirait		suffise	suffît
suffirons	suffirions	suffisons	suffisions	suffissions
suffirez	suffiriez	suffisez	suffisiez	suffissiez
suffiront	suffiraient		suffisent	suffissent
suivrai	suivrais		suive	suivisse
suivras	suivrais	suis	suives	suivisses
suivra	suivrait		suive	suivît
suivrons	suivirions	suivons	suivions	suivissions
suivrez	suivriez	suivez	suiviez	suivissiez
suivront	suivraient		suivent	suivissent
tiendrai	tiendrais		tienne	tinsse
tiendra	tiendrais	tiens	tiennes	tinsses
tiendra	tiendrait		tienne	tînt
tiendrons	tiendrions	tenons	tenions	tinssions
tiendrez	tiendriez	tenez	teniez	tinssiez
tiendront	tiendraient		tiennent	tinssent

Infinitif et participes	Indicatif			
	Présent	**Imparfait**	**Passé simple**	**Passé composé**
vaincre	je vaincs	vainquais	vainquis	ai vaincu
vainquant	tu vaincs	vainquais	vainquis	as vaincu
vaincu	il vainc	vainquait	vainquit	a vaincu
	nous vainquons	vainquions	vainquîmes	avons vaincu
	vous vainquez	vainquiez	vainquîtes	avez vaincu
	ils vainquent	vainquaient	vainquirent	ont vaincu
valoir	je vaux	valais	valus	ai valu
valant	tu vaux	valais	valus	as valu
valu	il vaut	valait	valut	a valu
	nous valons	valions	valûmes	avons valu
	vous valez	valiez	valûtes	avez valu
	ils valent	valaient	valurent	ont valu
venir	je viens	venais	vins	suis venu(e)
venant	tu viens	venais	vins	es venu(e)
venu	il/elle vient	venait	vint	est venu(e)
	nous venons	venions	vînmes	sommes venu(e)s
	vous venez	veniez	vîntes	êtes venu(e)(s)
	ils/elles viennent	venaient	vinrent	sont venu(e)s
vêtir	je vêts	vêtais	vêtis	ai vêtu
vêtant	tu vêts	vêtais	vêtis	as vêtu
vêtu	il vêt	vêtait	vêtit	a vêtu
	nous vêtons	vêtions	vêtîmes	avons vêtu
	vous vêtez	vêtiez	vêtîtes	avez vêtu
	ils vêtent	vêtaient	vêtirent	ont vêtu
vivre	je vis	vivais	vécus	ai vécu
vivant	tu vis	vivais	vécus	as vécu
vécu	il vit	vivait	vécut	a vécu
	nous vivons	vivions	vécûmes	avons vécu
	vous vivez	viviez	vécûtes	avez vécu
	ils vivent	vivaient	vécurent	ont vécu
voir	je vois	voyais	vis	ai vu
voyant	tu vois	voyais	vis	as vu
vu	il voit	voyait	vit	a vu
	nous voyons	voyions	vîmes	avons vu
	vous voyez	voyiez	vîtes	avez vu
	ils voient	voyaient	virent	ont vu
vouloir	je veux	voulais	voulus	ai voulu
voulant	tu veux	voulais	voulus	as voulu
voulu	il veut	voulait	voulut	a voulu
	nous voulons	voulions	voulûmes	avons voulu
	vous voulez	vouliez	voulûtes	avez voulu
	ils veulent	voulaient	voulurent	ont voulu

	Conditionnel		Impératif	Subjonctif	
Futur	**Présent**			**Présent**	**Imparfait**
vaincrai	vaincrais			vainque	vainquisse
vaincras	vaincrais		vaincs	vainques	vainquisses
vaincra	vaincrait			vainque	vainquît
vaincrons	vaincrions		vainquons	vainquions	vainquissions
vaincrez	vaincriez		vainquez	vainquiez	vainquissiez
vaincront	vaincraient			vainquent	vainquissent
vaudrai	vaudrais			vaille	valusse
vaudras	vaudrais		vaux	vailles	valusses
vaudra	vaudrait			vaille	valût
vaudrons	vaudrions		valons	valions	valussions
vaudrez	vaudriez		valez	valiez	valussiez
vaudront	vaudraient			vaillent	valussent
viendrai	viendrais			vienne	vinsse
viendras	viendrais		viens	viennes	vinsses
viendra	viendrait			vienne	vînt
viendrons	viendrions		venons	venions	vinssions
viendrez	viendriez		venez	veniez	vinssiez
viendront	viendraient			viennent	vinssent
vêtirai	vêtirais			vête	vêtisse
vêtiras	vêtirais		vêts	vêtes	vêtisses
vêtira	vêtirait			vête	vêtît
vêtirons	vêtirions		vêtons	vêtions	vêtissions
vêtirez	vêtiriez		vêtez	vêtiez	vêtissiez
vêtiront	vêtiraient			vêtent	vêtissent
vivrai	vivrais			vive	vécusse
vivras	vivrais		vis	vives	vécusses
vivra	vivrait			vive	vécût
vivrons	vivrions		vivons	vivions	vécussions
vivrez	vivriez		vivez	viviez	vécussiez
vivront	vivraient			vivent	vécussent
verrai	verrais			voie	visse
verras	verrais		vois	voies	visses
verra	verrait			voie	vît
verrons	verrions		voyons	voyions	vissions
verrez	verriez		voyez	voyiez	vissiez
verront	verraient			voient	vissent
voudrai	voudrais			veuille	voulusse
voudras	voudrais			veuilles	voulusses
voudra	voudrait			veuille	voulût
voudrons	voudrions			voulions	voulussions
voudrez	voudriez		veuillez	vouliez	voulussiez
voudront	voudraient			veuillent	voulussent

Glossaire

Index des expressions de vocabulaire

bas (le) 208
basket 69
bateau 234
bateau à voile 234
bâton 136, 198, 236
battre 5
bavardage 278
beau 69
beau-frère 262
beau-père 262
beaucoup de 106
bêche 300
belle-mère 262
belle-sœur 262
ben quoi! 164
besoin 12
beurre 103
bibliothécaire 308
bibliothèque 171, 284
bicyclette 71
bidet 172
bien 138
bien cuit 101
bien élevé 254
bientôt 96
bifteck 101, 138
bijouterie 101
bikini 234
billes 64, 94
biscuit 134
blanc 88
blond 11
blouson 11
bœuf 39, 101
bond 278
bonhomme 64, 328
bordure 194
bottines 278
bouche 10, 11
boucherie 99
bouclés 11
boudin 88
boueux 206
bouffée 328
bouger 162, 192, 280
bouillir 208
boulangerie 99
bouquet 107
bouquin 326
bousculer 134
bout 62, 70, 190
bouteille 107
boutique 99
boyau 34
bras 10, 11
brebis 39
brie 103

brioche 103
brochure 324
brouhaha 34, 278
brouillés 169
brouillon 278
broussaille 28
brousse 28
broyer 280
bruit 92
brûlant 200
bûche 208
bûcheron 206
bulletin 302, 305
bureau 172
but 88
c'en était trop! 202
ça m'arrange 64
ça ne fait rien 70
cadeau 88
cadet 263
cafétéria 284
cafetière 171
caler 192
camarade 4
camembert 103
camion de déménagement 228
campeur 235
camping 235
canard 39, 101
cancre 4, 324
canif 166
canne à pêche 235
canne à sucre 8
cantine 384
caoutchouc 198
capot 71
car 132, 328
carafe 107
caravane 192
carottes 102
carrelage 138
cartable 2
case 6
casquette 11
cassé 11
casser 60, 92
casseroles 171
cave 170
ce n'est pas la peine 90
ceinture 11
céleri 102
céleste 34
célibataire 263
censeur, proviseur-adjoint 284, 306
cependant 373
cerf 39

cerf-volant 196
cerises 103
cerveau 4
chagrin 302
chair 26
chaise 172
chambre 172
chameau 39, 192
champ 8
champignons 102
chance 12
chandail 6, 11
chapeau 11
charcuterie 100
charpenté 298
chasse 234
chasser 234
chasseur 234
chat 39
châtain 11
château de sable 194, 234
chaud 12, 69
chaudron 208
chaussettes 11
chaussures 11
chaussures de ski 236
chemin 190
cheminée 170
chemise 11
chemisier 11
cher 28
cheval 39, 69
cheveux 10, 11
cheville 10
chèvre 103
chez 90, 334
chien 39
chiffonné 96
chirurgien 306
choisir 90
choqué 268
chou 102
chou-fleur 102
chouchou 4
choucroute 62
chouette 4
chut! 162
cime 28
cinéaste 308
circulation 136
citation 326
citrons 103
clair-obscur 324
clairière 196
clameur 280
clignotant 71
cloche 169

cochon   39
cocotte   171
cœur   10, 12
cœur sec   324
coffre   71
coiffeur   100
coin   62
col   96
col roulé   11
collage   190
collant   11, 132
colle   198
collège   278
coller   162
comme tout   88
commerçant   307
commerce   307
commode   172, 328
communal   298
comprendre   136
comptable   307
compte rendu   278
compter   90
comptoir   90, 171
concierge   308
concombres   102
constater   324
contact   71
contre   334
contredire   226
copain   2
copie   326
copine   2
coq   39
coque   162
coquillage   234
coquilles St. Jacques   102
Coran   6
coranique   6, 32
corbeau   39
corps   10
corrigé   326
costume de bain   11, 234
côté   92
coton   11
cou   10
coude   10
coup   13, 92
coup d'état   170
coup d'œil   170
coup de foudre   170
coup de grâce   170
coup de main   170
coup de pied   170
coup de poing   4, 170
coup de soleil   170, 234
coup de téléphone   170

cour de récréation   284
courir   60, 88
courroux   206
cours   28
cours et matières   283
course nordique   236
courses   60, 68
court   11
cousin   263
coutelas   300
couture   100
couvercle   164
couvert   94
couverture   172
crainte   278
cravate   11
crème   103
crémerie   100
creuser   234
crevé   71
crevettes   102
crier   34, 206
crispé   206
crochu   12
crocodile   39
croissant   103
cuir   11
cuire   194
cuisine   171
cuisinier   308
cuisinière   171
culotte   298
d'abord   190, 336
d'ailleurs   300
d'habitude   200
d'un trait   192
dactylo   308
dans   333
de   333
de bonne heure   94, 164
de crainte que   256
de grande taille   11
de haut   170
de large   170
de long   170
de nouveau   64
de petite taille   11
de plus   336
de taille moyenne   2, 11
de temps en temps   181
débarrasser   224
décevoir   302
déchiré   6
découper   198
défendre   60, 247
dehors   164, 254
démarrer   71, 136

demeure   206
demeurer   280
demi-pensionnaire   284
dentiste   308
dents   10, 34
dépendre   132
déplier   328
depuis   20, 88, 334
député   307
déranger   136
derrière   334
dès   334
des tas de   62, 90, 226
désespéré   202
désolé   268
dessiner   8, 190
dessous   4
dessus   4
devant   132, 334
devant (le)   200
devenir   28, 136
deviner   162
devoir   92, 132
dinde   39, 101
dindon   39
directeur   307
directrice   307
disque   198
divan   171
djellaba   6
doigts   10
dommage   132
donc   336
donner sur   258
dont   194
dortoir   284
dos   10, 12
douche   172
doucher   36
doué   8
douter   247
douzaine   107
dramaturge   36
drap   172
dresser   235
droit   10, 30, 96, 306
drôlement   88, 258
du monde   254
du tout   64
dur   169
eau courante   224
ébaucher   32
ébouriffés   2, 11
ébréché   228
échapper   8, 280, 286
écharpe   11
éclair   208

éclater 34
écorché 302
écraser 94
écriture 8
écrivain 308
édredon 172
effleurer 206
effrayé 30
effroi 28
eh bien! 162
élan 280
éléphant 39
élève 2
élever 278
emballage 200
embêtant 64
embêté 66, 258
embêter 90
emmener 132, 143, 230
emmuré 298
émouvant 326
empêcher 166, 247, 302
emplir 278
emploi du temps 285
emporter 226
en 334
en autobus 70
en autocar 70
en auto-stop 70
en avion 70
en avoir assez de 140
en bas de 334
en effet 4
en face de 334
en fin de compte 328
en haut de 334
en même temps 181
en outre 336
en retard 66
en somme 336
en tout cas 96, 298
en vélo 70
en voiture 70
encadrer 278
enchanté 268
encore 94
encre 8
encrier 190
endroit 198, 224
enfance 8
enfiler 200
enfin 336
enfoncer 200
enlever 134
ennui 94, 166, 324
énoncer 278
enseignement 283

ensemble 132
ensuite 336
entendre 136
entonner 28
entrailles 280
entraîner 280
entre 334
entretenir 32
envie 13
envoyer 96
épais 12
épaule 10
épeler 278
épicerie 100
épicier 34
épinards 102
épine 26
époque 181
éprouver 34, 278
équipe 6
érable 198
esclave 26
escrime 69
espoir 278
essayer 200
essence 71
essuie-glace 71
essuyer 140
état 307
étincelant 280
étoiler 192
étonné 28, 64, 224, 268
être d'accord 256
être en train de 2
être pressé 164
étroit 200, 324
évanouissement 278
éveiller 324
évier 171
éviter 326
exécuter 138
exiger 247
exprès 254
exténué 28
externe 284
fabrique 66
fâché 11, 224, 268
façon 198
facteur 162, 308
factrice 308
faillir 162
faim 12
faire des yeux 254
faire dodo 164
faire du sport 261
faire la classe 136
faire la loi à 202

faire passer pour 200
faire peur 70
faire semblant de 70, 230
faire signe 70
faire signe de la main 62
faire une drôle de tête 162
fait-tout 171
farouche 32
fauteuil 171
féerie 32
femme 263
femme au foyer 308
femme de ménage 308
femme-routier 308
fenêtre 170
fer 302
ferme 39
fermé 12
fessée 166
fesses 10
feu 235
feuille 198
feuilleter 200
fier 6, 164, 200
figure 96
filet 26
fille 263
fils 262
fin 12
finalement 336
fixation 236
fixe 280
flamand 138
fleuriste 90, 99
fleuve 28, 235
flot 28
foi 324
foie de veau 101
fois 182
fonctionnaire 307
fond 228
football 69
football américain 69
formation 278
formules de commandes 200
foudre 328
fouiller 326
foule 278
four 171
four à micro-ondes 171
fourmillant 298
fourrer 90
frais 69, 230, 298
fraises 103
framboises 103
francophone 2
frapper 134

fratricide 36
frayeur 34
freiner 71
freins 136
frêle 12
frère 262
frisés 11
frisson 280
froid 12, 69
fromage 103
front 10
frotter 302
fruits 103
fruits de mer 102
fuir 6
fusée 196
fusil 234
gagner 198
gaîté 300
galet 228
gants 11
garagiste 308
garçonnet 298
garder 60
gardien 88
gâteau 88, 103
gauche 10
genou 10
gibier 234
gifle 92, 256
gigot 101
gilet 11
girafe 39
girouette 170
gîte 208
glace 198
glacé 28, 194
glissades 138
glisser 138
goéland 194
gonfler 71
gorge 10, 12
gorgée 190
goût 190, 210
goûter 2
goûter (le) 254
grand 12
grand-mère 262
grand-père 262
grands (les) 298
grands-parents 262
gras 132
grave 254
grenier 170
grenouille 39
grignoter 34
grille 170

griot 26
gris-gris 36
grogner 28
gronder 60
gros 12
grouillement 34
groupe 107
gruyère 103
guidon 71
guignol 226
gymnastique 69
habitude 13
hache 206
haie 170
hanches 10
haricot vert 102
harnacher 36
hauteur 170, 196
hebdomadaire 286
hélice 256
heure 179
hippopotame 39
hockey 69
homard 39, 102
homme au foyer 308
honte 12
horde 28
horloge 169
hors de 370
huile 71
huile solaire 234
huître 62
huîtres 102
hurler 206
il paraît 164
il se peut que 247
il vaut mieux 140, 254
il y a 26
île 8, 194
imprimeur 308
industrie 307
industriel 307
infirmier 306
infliger 202
ingénieur 300, 308
innocent 11
inquiet 62
insinuer 300
instituteur 306
institutrice 200, 306
interdire 247
interne 284
invité 256
jadis 206
jaillir 328
jaloux 96
jambe 10, 12

jambon 101
jean 11
jetée 234
joindre 280
joue 10
jouer à (un jeu) 254, 261
jouet 64
jour 68
journaliste 307
journée 6, 66
juge 306
jupe 11
jurer 328
jusqu'à 192, 298, 334
képi 11
kilo 107
klaxon 71
l'esprit lent 326
l'un et l'autre 300
lacer 198
lâcher 96, 134, 256
lainages 228
laine 11
laisser 134
lait 103
lampe 171
lampion 280
lancer 30
langoustes 39
langue 10
lapin 39, 101
lard 62
largeur 170
lavabo 172
lave-vaisselle 171
le long de 190, 334
lecture 324
légume 90, 102
lendemain 34, 192
lettre (formules et
  vocabulaire) 211
lèvres 10
lier 278
linceul 206
linge 302
lion 39
lisse 298
lit 172
litre 107
loin 62, 94, 200
loin de 371
long 11
longtemps 138
longueur 170
loucher 166
louer 224
loup 39

lueur 280
luge 236
lune 194
lunettes de soleil 234
machine à laver 171
magasin 101
magistrat 306
magnan 26
maigre 200
maillot 11, 234
main 2, 10, 13
maire 307
mais 373
maison 170
maître 4
maître nageur 234
maîtresse 4
mal 12, 70
maladroit 206
malgré 4
manche 11, 200
manie 278
manier 300
manquer 94
manuel 326
marché 68, 101
mari 263
marin 307
marine 307
marron 298
marronnier 220
matelas 234
mauvais 69
méchant 94
médecin 306
médecine 306
meilleur 348
même 278
mémé 60
ménagère 338
mener 143
mensuel 286
menteur 94
menton 10
mépris 328
mer 234
mère 263
Midi 224
miettes 134
mieux 348
mignon 90
militaire 307
millefeuille 103
minable 224, 258
mine 2
mineur 308
ministre 307

mites 202
mixer 171
moche 230
mode 200
moins de 106
moitié 90, 107
moment 182
moniteur 236
montagne 236
monter 192, 235
montre 169
montre-bracelet 162
mordre 34, 62
mouette 234
mouiller 190
moules 102
mouton 39, 101
moyen 324
muet 210
mugir 28
mur 170
muret 170
musclé 12
nage libre 226
nager 234
naguère 28
nappe 208
natation 69
nattes 4
navet 102
ne... guère 278
ne... que 2, 300
néanmoins 373
neuf 60, 192
neveu 262
nez 10, 12
ni... ni 32
nièce 263
niveau 280, 326
noir 11
non plus 166, 324
notaire 306
noueux 206
nourriture 101
nuit 68
obéir 136
obom 36
odorat 210
œil 10, 12
œufs 103
œuvre 324
offrir 8, 96
oie 39, 101
oignons 102
ombre 206
omelette 169
oncle 263

ongles 10
or 373
oranges 103
ordonner 247
oreille 10, 12
oreiller 172
orgueil 328
oser 258, 298
ou 336
oublier 134
ouïe 210
ours 39
ours en peluche 256
ouvert 11, 12
ouvrier 307
ouvrier d'entretien 308
P.D.G. 307
pagne 6
paillotte 26
pain 102
pain de campagne 102
paix 26
palabres 26
palmier 192
pamplemousses 103
panier 190
panne 71
pantalon 11
par 334
par conséquent 336
par contre 336
par delà 34
par deux 132
par hasard 88
par le train 70
par terre 64
paraître 32, 190
parasol 234
parcourir 34
pare-brise 71
pare-chocs 71
pareil à 324
parfois 182, 324
parfumerie 100
parmi 26, 302
partager 2, 324
partie 94, 198
partie de pêche 226
pas 192
passage clouté 136
passer le doigt 138
patin 69, 198
patinoire 6
pâtisserie 62, 99, 103
patron 99
paupière 10, 256
paysan 8

requin 39
ressortir 166
rester 60
restes 194
retentir 28, 206
réussir 2
réveil 169, 172
réverbère 280
révolu 26
rez-de-chaussée 170
rhinocéros 39
ricaner 28
ricocher 230
rideau 171
rigoler 136, 254
rigolo 256
rive 30
rivière 235
riz 102
robe 11
robinet 171
romancier 36
rompre 300
rônier 28
roquefort 103
rôti 101
roue 71
rouler 71
routier 308
roux 11
royaume 34
ruban 11
ruban gommé 198
rude 328
ruisseau 235
s'agir de 224
s'apaiser 28
s'approcher de 140, 192
s'arrêter 71, 92
s'attendre à 96
s'écarter 28, 256
s'échapper 286
s'écouler 278
s'écraser 190
s'effrondrer en sanglots 302
s'élancer 198
s'en aller 60
s'en faire 96
s'endormir 38
s'entasser 206, 280
s'entraîner 96, 226
s'épuiser 302
s'essuyer les yeux 302
s'habiller 38
sable 234
sac à dos 235
sac de couchage 235

sage 138
saignant 101
saigner 202
sain 36
salle de bains 172
salle de classe 284
salle de séjour 171
salon 171
sang 36
sanglier 28, 39
sanglots 34
sans trêve 26
sauf 138, 258
saumon 39, 102
saut à ski 236
saute-mouton 140
sauter 280
savane 28
savoir (le) 300
scientifique 308
se baigner 234
se battre 92
se briser 202
se bronzer 234
se coiffer 38
se concrétiser 34
se consumer 208
se contenter 34
se coucher 38
se déchirer 92
se demander 38
se dessécher 302
se faire 92
se faire une idée 200
se fondre 328
se garer 132
se hâter 206
se laver 38
se livrer 326
se mêler de 134
se mettre 276
se mettre à 256
se mettre à table 162
se mettre en colère 202
se mettre en rangs 132
se moquer de 38, 258
se noyer 234
se passer la langue sur les
    lèvres 138
se passer la main sur la
    figure 230
se passionner 8
se pencher 64, 202
se plaindre 164
se promener 38
se relever 202
se remettre à 96

se rendre 202
se reposer 196
se retenir 256
se réveiller 34, 38
se salir 138
se servir de 169
se soulager de 278
se souvenir 38
se tenir 138
se traduire 278
seau 192, 234
sec 134
séchoir 171
secours 71
séduire 326
selle 71
selon 192
semelle 298
sens 134
sensible 326
sentier 206
sentir 90
sérieux 2
serpent 39
serrer 30
serviette 172, 234
servir 169
servir à 162, 169
servir de 169
seul 60, 88
short 11
siècle 181
siège 71
sifflet 198
singe 39, 254
sinon 254
ski 236
ski (nautique) 69, 234
ski alpin 236
ski de fond 236
skieur 236
slip 11, 234
société 307
sœur 262
soie 11
soif 12
soigné 298
sole 102
soleil 69
solennel 280
songe 196
sonner 94
sonnette 170
sorcier 28
sous 62
souffrant 302
souhaiter 143, 247

Index